本书获

淮北师范大学学术著作出版基金资助

淮北师范大学马克思主义理论校级重点学科资助

教育部人文社会科学研究青年基金项目《近代中国城市
灾害与社会应对》（编号 11YJC770091）资助

赵良宇 著

环境·经济·社会
近代徐州城市社会变迁研究
（1882—1948）

中国社会科学出版社

图书在版编目（CIP）数据

环境·经济·社会：近代徐州城市社会变迁研究：1882～1948 / 赵良宇著.
— 北京：中国社会科学出版社，2015.9
ISBN 978-7-5161-6418-1

Ⅰ. ①环… Ⅱ. ①赵… Ⅲ. ①城市－社会变迁－研究－徐州市－
1882～1948 Ⅳ. ①K295.33

中国版本图书馆 CIP 数据核字 (2015) 第 146941 号

出 版 人	赵剑英
责任编辑	路卫军
特约编辑	王　娟
责任校对	嵇建波
责任印制	李寡寡

出　　版	中国社会科学出版社
社　　址	北京鼓楼西大街甲 158 号
邮　　编	100720
网　　址	http://www.csspw.cn
发 行 部	010-84083685
门 市 部	010-84029450
经　　销	新华书店及其他书店

印　　刷	北京君升印刷有限公司
装　　订	廊坊市广阳区广增装订厂
版　　次	2015 年 9 月第 1 版
印　　次	2015 年 9 月第 1 次印刷

开　　本	710×1000　1/16
印　　张	18.25
插　　页	2
字　　数	271 千字
定　　价	66.00 元

凡购买中国社会科学出版社图书，如有质量问题请与本社营销中心联系调换
电话：010-84083683

目　录

导　言

一　研究现状与研究目的

1. 研究现状

城市史研究是窥探近代中国社会的一个重要窗口。通过对近代城市的研究，可加深对近代中国经济与社会变迁的了解。海内外学者关注近代中国城市史研究，其目的可以说都是为了更深刻而具体的了解近代的中国。

（1）国外近代中国城市史的研究

最早对中国近代城市进行研究的是西方学者。迄今为止，西方学术界研究近代中国城市的著作不仅数量多，而且有影响力的也颇多。不少国内学者的研究受到西方学者的影响较为显著。其中富有影响力的有墨菲的《上海：现代中国的钥匙》①、罗威廉的《汉口：一个中国城市的商业与社会1796—1889》、鲍德威的《中国的城市变迁：1890—1949年山东济南的政治与发展》②、魏斐德的《上海警察1927—1937》③等。这些著作直接推动了西方学术界对近代中国城市史的研究。在此基础上，施坚雅等人编著的《中华帝国晚期的城市》《两个世界中间的中国城市》汇集了众多理论探讨和个案研究的成果，从新的角度研究中国城市发展的特点，提出了关于中国集市体系和宏观区域理论。施坚雅把中国划分为9个宏观区域，并引入了中心边际说，认为每一宏观区域都包括中心和边缘两部分，并认为中华帝国晚

---

① [美]罗兹·墨菲：《上海：现代中国的钥匙》，上海人民出版社1986年版。

② [美]鲍德威：《中国的城市变迁：1890—1949年山东济南的政治与发展》，张汉等译，北京大学出版社2010年版。

③ [美]魏斐德：《上海警察1927—1937》，上海古籍出版社2004年版。

期城市化发展表现为集市和城镇的蓬勃兴旺。① 这对中国学者城市史研究影响较大。

约翰·霍普金斯大学罗威廉的两卷本著作《汉口：一个中国城市的商业与社会1796—1889 》与《汉口：一个中国城市的冲突和社区（1796—1895）》中，通过大量搜集地方文献，从经济、社会、市政和市民生活等各个方面进行了分析，认为清末汉口已有相当规模的自治权，并且指出中国城市的变革是自发的，是内在原因在起作用，而不是一般所认为的只有在西方势力进入中国后中国城市变革才得到启动。② 他的这一观点对于考察近代中国城市的发展与社会变迁是很有借鉴意义的。

对城市社会史的研究越来越得到学者的重视。法国安克强、德国叶凯蒂、美国贺萧对上海妓女史的研究，论述了妓女与文人关系，其研究方法上具有重要的借鉴意义。王笛的《街头文化：成都公共空间、下层民众与地方政治，1870—1930》，以中国内陆城市成都作为研究对象，考察城市空间、下层民众、大众文化与地方政治的关系，以街头文化为中心，展示街头出现的各种文化现象，揭示了下层民众的生存空间和文化传统的丧失以及他们为自己命运所做的抗争。③ 卢汉超所著的《霓虹灯外：20世纪初日常生活中的上海》，从城市的各个细节入手，引用大量的文献资料，生动地展现出一幅近现代上海市井生活图景，并揭示了传统的力量在中国近代史上的重要地位。④

国外学者有关中国近代城市史的研究，在研究旨趣、方法和内容上与中国学者研究有所差异。为了解析城市社会的结构、成分及其变迁机制，

---

　① [美]施坚雅：《中华帝国晚期的城市》，中华书局2000年版。

　② [美]罗威廉：《汉口：一个中国城市的商业与社会1796—1889 》，鲁西奇译，中国人民大学出版社2005年版；《汉口：一个中国城市的冲突和社区（1796—1895）》，鲁西奇等译，中国人民大学出版社2008年版。

　③ [美]王笛：《街头文化：成都公共空间、下层民众与地方政治，1870—1930》，李德英译，中国人民大学出版社2006年版。

　④ [美]卢汉超：《霓虹灯外：20世纪初日常生活中的上海》，段炼等译，上海古籍出版社2004年版。

近代城市社会中的一些特殊群体或政治、经济、社会团体成为国外学者关注的焦点，如梁元生的《上海道台：研究转变中社会之联系人物 1843—1890》通过研究晚清上海道台这一特殊群体，展示19世纪中后期中国对内、对外政策的演变，中央与地方关系的变化，特别是上海社会结构与社会关系的变化。[①]澳大利亚学者马丁的《上海青帮》，在广泛搜集和利用中、法、日等国有关档案的基础上，深入地研究了1919—1937年间青帮在上海的活动。本书特别研究了青帮的活跃与民国时期上海特殊政治格局之间的关系，法租界社会管理的特点与青帮活动的关系，青帮与资产阶级、无产阶级、租界及华界当局等多方面政治力量的关系。[②]在方法论上，他们比较重视对城市进行定性分析和定量分析。这些理念和方法，一度影响着城市史研究的主流。西方学者对中国近代城市史研究的方法与经验，值得中国学者关注和学习。

应该指出的是，国外学者对中国近代城市的研究主要集中在上海、天津、汉口等一些大城市上，而他们对中小城市则关注不多。

（2）国内近代中国城市史的研究

城市在近代社会转型和文化变迁中具有十分重要的地位。自1980年代以来，转型中的近代城市越来越被国内学界所关注，城市史研究因而异军突起，成为一门新兴学科，并逐渐成为史学研究中的一个热点和重点。1986年，上海、天津、重庆、武汉四个近代新兴城市的研究被确定为国家"七五"社会科学重点研究项目，这是中国近代城市史研究作为一种学术潮流兴起的起点。

中国近代城市史研究虽然起步晚，但发展较快。在近代单体城市研究、近代区域城市研究、近代城市整体研究、城市经济、政治、文化和社会等各个层面的研究取得了令人瞩目的进展，并在近代中国城市理论框架和研

---

① 梁元生：《上海道台：研究转变中社会之联系人物 1843—1890》，陈同译，上海古籍出版社2003年版。

② [澳]马丁：《上海青帮：1919—1937年的政治与有组织犯罪》，美国加利佛尼亚大学出版社1996年版。

究方法上有突破性进展①。

中国近代城市史理论研究取得的进展，主要表现在关于近代城市史研究的目的、意义，近代城市史研究的主要对象，城市化与近代化，近代化与半殖民地化，城市的体系、布局、城市的功能、结构、城乡关系、城市发展的动力等理论问题上进行了较为深入的探讨；不少学者提出，初步形成"结构——功能学派""综合分析学派""社会学派"以及"新城市史学派"等不同的近代中国城市史研究理论模式。②

从综合研究来看，张仲礼等主编的《东南沿海城市与中国近代化》《长江沿江城市与中国近代化》③，隗瀛涛主编的《中国近代不同类型城市综合研究》④以及茅家琦主编《横看成岭侧成峰——长江中下游城市近代化的轨迹》⑤等著作代表了该领域的较高成果。何一民新近所著的《近代中国城市发展与社会变迁》是一部系统地研究近代中国城市发展与社会变迁互动关系的著作，对近代中国城市发展和社会变迁的过程进行了深入的剖析，探讨近代中国城市发展的动力、规律和兴衰的原因，城市发展与社会变迁的关系、城市发展的特点和社会变迁的一般规律。理论研究的多样化，一方面反映了学者们思维十分活跃，另一方面也对具有中国特色的近代城市史研究理论体系的形成和中国近代城市史研究的深入起了十分重要的推动作用。⑥

近代中国城市史研究在 1980 年代兴起之初，研究者主要围绕少数新兴的大城市开展研究，力图从整体上说明各城市的地理、经济、政治、文化

① 曾业英主编：《五十年来的中国近代史研究》，上海书店出版社2002年版。

② 何一民，曾进：《中国近代城市史研究的进展、存在问题与展望》，《中华文化论坛》，2000年第4期。

③ 张仲礼等主编：《东南沿海城市与中国近代化》，上海人民出版社，1996年版；《长江沿江城市与中国近代化》，上海人民出版社2002年版。

④ 隗瀛涛：《中国近代不同类型城市综合研究》，四川大学出版社1998年版。

⑤ 茅家琦等著：《横看成岭侧成峰——长江中下游城市近代化的轨迹》，江苏人民出版社1993年版。

⑥ 何一民：《近代中国城市发展与社会变迁》，科学出版社2004年版。

的多层次结构状态及其演变的过程，并且注意到各城市的文化特色。单体城市研究逐渐出现了普遍化和深入化。1990年代以来，单体城市研究仍然是近代中国城市史研究的一个热点，出现了两个趋势：一是单体城市研究的范围大大拓展，从对四个新兴城市的研究拓展到对其他更多的城市进行研究，从对大城市研究向中小城市、从通商口岸城市向其他类型的城市研究扩展，如关于北京、成都、济南、广州、苏州、无锡、杭州、昆明、沈阳、大连、自贡、本溪、鞍山、洛阳等城市都有一批研究成果问世；二是单体城市研究向多层次、多角度、多学科交叉研究深入发展，对城市的经济、政治、文化、建筑、社会生活、阶级阶层等领域的研究都有一些较有分量的成果。

大多数关于单体城市研究的专著都是以城市的各层面为切入点，分层面进行研究，许多著作把目光转移到对在中国社会内部起作用的内在机制以及社会变迁的研究上来。从近几年发表的有关的城市史的论文和著作来看，有关城市社会的主题明显占了很大部分。从城市人口、家庭、婚姻、社会结构、社团组织、宗教、习俗与风尚到流氓、黑社会、娼妓等都成为研究的主题。如忻平《从上海发现历史——现代化进程中的上海人及其社会生活》，是近年来关于中国近代城市社会研究具有代表性的一本专著。[1] 刘海岩的《空间与社会：近代天津城市的演变》一书中，作者选择了这个交叉性的领域做出了一项颇有新意的研究。把生态、空间与社会结合在一起，从新的视角重新审视近代天津，使我们对抗19—20世纪之交天津社会的近代化历程。[2] 这些对研究近代单体城市是很有借鉴意义的。

在近代单体城市研究方面，具有代表性的论著有：张仲礼主编的《近代上海城市研究》[3]，隗瀛涛主编的《近代重庆城市史》[4]，皮明庥主编的《近代

---

[1] 忻平：《从上海发现历史——现代化进程中的上海人及其社会生活》，上海人民出版社1996年版。

[2] 刘海岩：《空间与社会：近代天津城市的演变》，天津社会科学出版社2003年版。

[3] 张仲礼：《近代上海城市研究》，上海人民出版社1990年版。

[4] 隗瀛涛：《近代重庆城市史》，四川大学出版社1991年版。

武汉城市史》①，罗澍伟主编的《近代天津城市史》②，何一民主编的《变革与发展——中国内陆城市成都现代化研究》③，沈毅著的《近代大连城市经济研究》④，陈荣华、何友良所著《九江通商口岸史》⑤和李玉著的《长沙的近代化启动》⑥等，这些专著各具特色，具有较高的学术水平。

中国近代城市史研究虽然取得诸多显著成就，但是无论是理论上的，还是具体研究上仍有很多问题和不足。其中在研究领域和选题方面存在的问题和不足，值得我们注意。目前，关于单体城市研究主要集中在少数大中城市，而中国各地差异巨大的大多数的中小城市和小城镇的研究还处于薄弱或空白状态。单体城市研究的这种状况严重地制约了区域城市史研究和整体宏观研究的全面展开。

另一个值得重视的问题是，单体城市的研究和城市各层面研究的现状致使从经济角度研究区域城市史的成果相对较多，而从文化、社会等角度进行近代城市史研究的成果偏少。这种状况的出现与研究难度直接相关，也与理论和方法的贫乏有直接的联系。目前已有学者提出应综合研究近代城市史，从政治、经济、文化、社会等方面多角度揭示城市之间，城乡之间的联系形式和联系内容。另一方面，加强近代城市的文化和社会研究，也最有可能在学术上创新，应该引起城市史研究者的高度重视。

（3）关于近代徐州城市的研究

徐州城市历史悠久，素有"兵争要地""五省通衢"之称，历来在全国政治、经济格局中占有特殊地位。对于古代徐州城市的研究，学术界论及较多。而对于近代徐州城市的研究，学术界的研究取得了一些成果，如王林绪先生主编的《徐州交通史》，对近代徐州城市区域交通体系的形成

---

① 皮明庥主编：《近代武汉城市史》，中国社会科学出版社1993年版。

② 罗澍伟主编：《近代天津城市史》，中国社会科学出版社1993年版。

③ 何一民：《变革与发展——中国内陆城市成都现代化研究》，四川大学出版社2002年版。

④ 沈毅：《近代大连城市经济研究》，辽宁古籍出版社1996年版。

⑤ 陈荣华，何友良：《九江通商口岸史》，江西教育出版社1985年版。

⑥ 李玉：《长沙的近代化启动》，湖南教育出版社2000年版。

做了大量资料的整理。① 赵明奇在其主编的《徐州自然灾害史》② 中整理了近代徐州自然灾害方面的部分资料。刘怀中编著的《古今征战在徐州》③ 对近代在徐州发生的战争事件进行了较为详细的介绍。邓毓昆、李银德的《徐州史话》对近代徐州城市的历史也做了一些叙述。④ 单树模先生在《江苏城市历史地理》一书中的"徐州历史地理"部分，对近代徐州城市的发展变迁做了概述。⑤

徐州师范大学的余明侠教授对徐州近代史研究用力颇多。他著有《徐州煤矿史》，书中对近代徐州煤矿经营开采的历史做了详细的考察和研究，揭示了徐州煤矿近代化的历程。对徐州煤矿近代化研究的论文有余明侠教授的《左宗棠和徐州近代化煤矿》《抗日战争时期的徐州煤矿》⑥ 和孙海泉教授的论文《胡恩燮父子与徐州煤矿的现代化》⑦。余明侠教授在《晚清时期（1882—1911）徐州近代工业发展概述》一文中对晚清徐州的工业进行了考察，总结了徐州近代工业发展状况、特点及其历史地位。⑧

蔡云辉的《战争与中国近代衰落城市研究》中从战争与近代衰落城市之间的关系角度对近代徐州城市发展的特点进行了探究，指出徐州近代城市发展呈现阶段性衰落。⑨ 姜新的《苏北近代工业史》对于徐州城市近代工业状况也做了较好的探析，提出了很多有益的观点，是研究近代徐州的重

---

① 王林绪：《徐州交通史》，中国矿业大学出版社1988年版。

② 赵明奇主编：《徐州自然灾害史》，气象出版社1994年版。

③ 刘怀中编著：《古今征战在徐州》，解放军出版社1988年版。

④ 邓毓昆、李银德：《徐州史话》，江苏古籍出版社1990年版。

⑤ 南京师范学院地理系江苏地方史研究室编：《江苏城市历史地理》，江苏科技出版社1982年版。

⑥ 余明侠：《左宗棠和徐州近代化煤矿》，《史林》1987年第1期；《抗日战争时期的徐州煤矿》，《江海学刊》，2005年第4期。

⑦ 孙海泉：《胡恩燮父子与徐州煤矿的现代化》，《徐州教育学院学报》1999年第2期。

⑧ 余明侠：《晚清时期（1882—1911）徐州近代工业发展概述》，《学海》2000年第1期。

⑨ 蔡云辉：《战争与中国近代衰落城市研究》，社会科学文献出版社2006年版。

要参考著作。[①]

宋曼萍的论文《城市职能转型与空间结构演化研究——以徐州市为例》，以徐州市为例，从历史的角度对徐州的城市职能和空间结构演变进行了系统的分析和研究。文章指出，徐州是一个历史文化古城，从诞生到现在已有4000多年的历史。受城市发展的社会经济背景影响，城市职能实现了多次转型，同时城市的空间结构也不断地随之调整，从而实现城市职能和空间结构的相互适应，促进了城市的持续发展。该文首先从城市职能的转变入手，也分析和论及了近代徐州城市职能的转变，徐州从早期的以政治军事职能为主的城市职能开始向工矿业和商贸职能转变。

肖爱玲的论文《徐州城市历史地理浅论》，从城市历史地理角度，对徐州市赖以生存与发展的环境基础及其演变做了圈阅为系统的分析和探讨，推测与论证了历史时期徐州城市的规模；根据地形、地势及政治、经济、交通形势发展变化的特点，分析、论证了历史时期徐州城市发展的特性及其规律。[②]

此外，徐州市政协文史资料办公室编的《徐州文史资料》、铜山县政协文史资料办公室编著的《铜山县文史资料》和由徐州地方志办公室编的《徐州史志》保存和记载了大量有关近代徐州城市的发展与社会变迁的历史资料。

尽管目前近代徐州城市的研究已经取得一定的成绩，但仍然存在不足之处。对于徐州近代城市的发展与社会变迁未能做出系统、全面和深入地研究。而至今学术界对于近代徐州城市没有专史研究，这与作为淮海区域经济与社会发展的中心城市的历史地位是不相称的。因此，在研究近代徐州城市发展与社会变迁上，无论是微观的还是宏观方面，都有很大的拓展空间。

2. 研究目的

本书选取近代徐州城市史作为研究课题，主要出于以下考虑：

---

① 姜新：《苏北近代工业史》，中国矿业大学出版社2001年版。

② 肖爱玲：《徐州城市历史地理浅论》，陕西师范大学硕士论文，2001年。

（1）就近代中国城市史研究而言，中小城市研究是目前研究的薄弱环节

目前对中国近代城市的研究，学术界逐渐将目光转向中小城市。作为落后的苏北地区的一个中小城市，近代徐州从传统的军事政治中心城市开始向近代工商业城市转变，有着与上海、天津、汉口等大城市不同的发展轨迹和特点。研究近代徐州，有助于把握中国近代中小城市发展的规律和特点，以及近代城市发展的不平衡性和差异性。

（2）就江苏地方史研究而言，徐州所在的苏北地区的研究很少受到关注

从江苏地方史研究来看，国内外研究苏南经济和社会发展的著作汗牛充栋，硕果累累，而有关苏北经济和社会发展史研究却非常稀少，有限的成果又包含在整个江苏经济和社会发展史研究中。在诸多江苏地方史的著作中，苏北经济和社会发展史的特殊性被冲淡，被掩盖，甚至被抹杀。如研究江苏现代化的著作《中国现代化的区域研究，江苏省（1860—1916）》①就是一个典型的代表。因而近代徐州城市的研究，具有填补学术空白的意义。

（3）就徐州历史研究而言，近代徐州的研究成果极少

古代徐州的历史研究，尤其是两汉文化研究备受关注，而近代徐州的研究显得极为薄弱。这可能与有关近代徐州的资料欠缺有一定的关系。通过研究近代徐州城市，揭示其发展的历史轨迹和规律，有助于为徐州现代化建设提供很好的借鉴。

二　研究思路与构架

社会变迁是一个长期的错综复杂的互动过程，任何社会变迁都不是单一或少量因素促成的，而是众多因素聚合与撞击的结果，要在时间的流动中把握他们相互作用的形式及形成的发展趋势，揭示其独特的历史规律性。

---

①　王树槐：《中国现代化的区域研究　江苏省》，台北："中研院"近代史研究所，1984年6月。

　　近代中国城市顺应历史潮流，逐渐由传统城市向近代城市过渡，是在许多因素作用下进行的。外国资本主义的入侵、西方文化的冲击、地区传统经济发展的程度以及地区文化传统等诸多因素，都影响着近代中国城市的发展进程。这些因素有内部的，有外部的；有自觉的，也有非自觉的。在不同地区，各种因素发挥着不同作用，并相互影响，形成不同的合力。正是这种不同的合力推动着各个城市的发展走着不同的道路，取得不同的结果。

　　传统的徐州是军事重镇和区域政治中心城市，军事因素和政治因素主导着城市发展和社会变迁。受到各种因素的影响，近代徐州开始向近代工商城市转变。在这种转变中，特定的地理环境和历史传统决定了近代徐州城市的发展快慢和特色；而新式交通体系的形成给近代徐州带来了发展的机遇；经济结构的变动是近代徐州城市发展与社会变迁的内在动力；中国社会中的灾荒、战乱的影响与发达城市的辐射是近代徐州城市发展的外在因素。城市社会救助、教育变革、交通工具的演进等社会条件对近代徐州城市发展产生了重要的影响。

　　基于此种考虑，本书从环境、经济、社会三个方面来考察近代徐州城市的社会变迁，以揭示近代徐州城市由传统向近代转变的根源所在。本书对近代徐州考察是以1882年徐州煤矿的经营性开采为起点，1948年徐州解放为终点。本书主要分为三个部分。

　　第一部分从历史条件与环境的变动来考察近代徐州城市发展演变的基础和前提。

　　第一章从自然环境和人文历史环境方面来考察徐州城市发展的条件。环境的变动及人文历史条件对徐州城市的近代变迁起着重要的制约作用。文中分析和考察了徐州的自然环境、自然资源的状况及历史变动，认为这是徐州城市发展与变迁的重要基础和条件。

　　第二章着力探讨了徐州近代交通的变革，这是影响近代徐州城市发展的一个极其重要的环境条件，同时交通的近代化也是徐州城市社会变迁的重要内容之一。水路交通的发达与否决定着古代徐州城市的兴衰，明清的漕运对徐州古代城市的发展也有着非同寻常的意义。然而近代水运的衰落对徐州近代的发展产生了重要影响。而近代化的交通体系的形成则得益于津浦铁路和陇海铁路的修筑与通车。近代徐州公路的建设相比苏南地区较晚，而且发展较为落后，尽管如此，近代公路的建设在地方政府的努力下也取得一些成果，为新中国徐州的公路发展打下了重要基础。它在一定程度上加强了徐州与徐属各地的联系，同时也大大改善了徐州同江苏其他各地以及与周边邻省地区如山东、河南、安徽之间的交通环境，从而在一定程度上推动了徐州近代工商业的发展。

本书的第二部分是从城市经济角度来考察徐州近代城市社会变迁。

第三章阐述了近代工业的发展演变，着重分析了近代徐州工业发展的特点以及影响近代徐州城市工业发展的因素。徐州城市的经济工业的转型体现着传统经济结构的胎记。近代徐州工业的发展演变是传统因素与现代因素同时并存、相互交融的过程。近代徐州的工业发展是缓慢的。从1882年徐州煤矿开采经营，徐州有了城市经济中前所未有的新因素——近代工业。这标志着徐州工业近代化的起步和发展。但是徐州近代工业发展是缓慢的，在城市经济中所占比重是相当低的。徐州的近代化缺乏工业基础，局限了徐州城市的经济吸引力和辐射力。这是近代许多中小城市所共同具有的一些特征。

第四章深入探究了近代徐州城市商业的变迁。近代徐州由于已有的城市规模，优越的地理位置和交通条件、充足的资源，自民国初年以来逐渐朝商业化城市转向。徐州商业的近代化主要表现在城市商业结构的变动，商业组织的革新，商人地位的提高等。近代徐州商业活动日益频繁，新式商业不断兴起，商业范围逐渐扩大。而商业组织的革新则是城市社会变动的突出表现，主要就是新式商业组织即商会的成立，并承担新的任务。

第五章探讨了徐州城市金融业近代的发展演变及其特点。近代徐州金融业的发展有传统金融业，如钱庄、典当等行业的长期存在，并在1930年代以前在徐州金融业中占据优势地位，发挥着重要的调节社会经济和民众生活的作用。而新式银行业的发展在徐州是缓慢的，直到1930年代逐渐占据主导地位。这里充分地显示了政府对金融业的控制力在不断加强。本章对金融业在近代徐州发展的制约因素也做了考察。

本书的第三部分是关于徐州近代城市社会文化与社会生活的变迁。本文并没有罗列城市社会文化和社会生活的诸多方面，而是选择了较好体现近代徐州城市社会文化和城市社会生活演变的若干主题，如城市教育、城市物质文化（交通工具）、城市社会灾乱及社会救助。这些方面既是近代徐州城市社会变迁的重要表现，同时也是影响近代徐州城市社会变迁的重要因素。

第六章考察了近代徐州城市所遭受的灾乱及其特点并分析了产生灾乱的原因。灾乱从城市空间、社会管理、社会救助等方面对徐州近代城市社会都有着重要的影响。近代徐州城市社会救助和慈善事业相比较传统的社会救助发生了很大的改变。其中教养结合就是政府随着自身力量的增强而在社会救助中的作用也变得越来越突出。但社会救助所需的大量物资和款项，再加上官员的腐败，往往使政府的作用又变得无力，于是，民间社会力量在社会救助中得以充当着重要的角色，显示其在城市社会事务管理中的影响力，当然其作用不可避免地受到政府的限制。

第七章讨论了近代徐州城市教育的变迁。城市教育在近代徐州的发展具有自身的发展特色。当然它也包含有其他城市与地区近代教育发展的一些内容和特点。从一个侧面也反映了近代中国教育曲折的发展历程。

第八章以交通工具的演变为中心来考察近代徐州城市物质文化嬗变的轨迹及特点，并探讨了交通工具的演变与徐州城市的社会变迁的互动关系。近代徐州城里出现过轿子、小车、人力车等交通工具，并且成为主要的城市交通工具，而西洋马车没有出现，其他先进的新式交通工具如汽车等在徐州古城没有得到迅速发展。交通工具的落后在一定程度上制约了近代徐州城市发展。

本书的主旨在于通过对徐州城市环境、城市工商业、城市社会等方面的考察和分析，以探寻这个古城在近代历史的变迁及其原因，以推动关于中国中小城市的近代变迁的深入研究。

三　学术创新与研究方法

1. 创新之处

学术研究是需要有所创新的，没有创新就没有学术上的进步。然而学术上的创新并非易事。就历史学方面的创新而言，要突破前人的观点，挖掘更多、更新的史料并加以整理、辨析，还要有理论和研究方法上的改进，这些都需要花费更多的时间和功夫。在前人研究的基础上，本文试图在近代中小城市方面做些探索。

（1）目前学术界城市史研究逐渐向中小城市研究转变。而对徐州近代城市的研究一直很薄弱。本书以近代徐州城市为研究对象，从城市环境、经济、社会文化等多角度对近代徐州城市进行了分析和研究，探讨了近代徐州城市的社会变迁及其规律，以丰富和推动关于近代徐州城市史的研究。

（2）本书以环境与城市发展的关系为视角，分析了徐州近代发展的自然条件和人文历史环境基础，并着重分析了近代交通的变革对徐州城市社会变迁的作用。

（3）本书以城市灾害学为视角，分析了近代徐州灾荒和战乱的状况及其特点，探讨了灾乱对徐州城市发展的重要影响。本书还以交通工具的演变为视角考察了近代徐州城市的社会变迁规律和特点。

（4）本书虽没有专章论述徐州城市与区域其他城市及乡村的关系，但在探讨徐州城市社会变迁的具体问题时充分考虑到徐州在区域经济社会中的地位和作用，通过考察徐州与沿海诸如上海、南京、青岛、济南、天津等一些大城市之间的关系，以揭示徐州近代发展变迁的外在动力或影响。本书将近代徐州放在江苏省整个省域中加以考察，通过分析徐州城市与苏南城市之间的差距，以此揭示近代徐州城市发展的独特规律及落后于江南城市的原因所在。

2. 研究方法

（1）本书综合运用了历史学、社会学、地理学、经济学等学科理论与方法，对近代徐州城市发展与社会变迁进行系统的梳理和探索性研究，以期揭示近代徐州城市发展变迁的轨迹、规律。

（2）本书在研究中注重运用比较研究方法。一方面，就近代徐州城市的不同发展阶段进行纵向的比较。另一方面，还注意对近代徐州城市与江苏其他地区之间的横向比较。

（3）本书在研究中运用了大量的档案、文史资料及地方史志等资料。需要说明的是，资料的匮乏是研究近代徐州城市史面临的重要问题。江苏虽然是文化发达的人文荟萃之地，但这在很大程度上是指苏南，南宋以来，苏南一直是国家的财赋之区，受到官方的重视，留下很多档案。民间文人骚客更留下了浩如烟海的著作笔记。因此，苏南地区的研究材料和国内外研究成果都是极为丰富的。相比之下，徐州等苏北地区的材料则少得可怜。徐州市的档案馆里，顶多是一本本敌伪人员、国民党员的花名册等材料，而真正有价值的材料则很少。而保存在江苏省档案局的有关徐州城市的档案以及第二历史档案馆保存的有关徐州城市方面的档案也是极少的。

由于战乱的原因，原有的徐州地方报纸没有得到较好的保存，十分可惜。李大坤在《徐州报业春秋》中，曾谈到编写报业史的艰难："要系统全面地整理报史，难度相当大。一是报刊资料匮乏，新中国成立前三年连一份完整的资料也没有，抗战前更不必说了；二是抗战前办报人多数作古，少数年事已高，记忆力不佳；三是文书档案残缺不全。"[①] 徐州报纸种类多，但出版时间大多较短，保存不完整，且相当分散。而其他报纸如《申报》、《民国日报》等报纸对徐州的报道及记载是十分有限的。笔者曾费些工夫试图搜寻徐州地方报纸，但毫无结果，这是研究徐州城市近代变迁资料上的缺憾。有关徐州近代的研究几乎是空白。资料的稀缺使得近代徐州城市的研究受到大大的限制。

本文还利用了大量的文史资料。对于文史资料的可靠性和可用性，不少学者持怀疑态度，甚至有的是完全加以否定。笔者认为，对于文史资料，不能完全加以舍弃不用。文史资料中有大量的是当时人亲身经历的或耳闻

① 李大坤：《徐州报业春秋》，中国矿业大学出版社1988年版，第308页。

目睹而记载下来的，虽然有时出现某些疏漏或错误，但经过甄别，还是值得采用的。对于徐州近代城市史研究来说，文史资料的利用是非常值得重视的。

至于当代编修的志书，也有一定的参考价值，如《徐州市志》及政府各部门各行业的专志。但是，由于当代修志一个原则是"详今略古"，所以《徐州市志》对于近代的徐州历史记载相当简略。可以说综合反映近代徐州城市发展变迁的志史是没有的，这也是本书写作的重要缘由之一。

第一章　环境与历史传统

城市与地区社会变迁与发展的不平衡性，决定我们考察一个城市或区域的经济社会变迁的时候，就应当注意研究这个城市或区域的自然环境和社会历史条件。自然环境，如位置、气候、地形和矿产资源，对生产的类型和布局、栽培作物的品种和产量、生产工具的种类、劳动者的劳动生产率、交通运输的方便与否等方面，对一个城市及其所在地区有不同程度的影响。在近代以前，自然环境对城市及地区的经济社会发展起着十分重要的作用。社会历史条件，就是通过人们的活动而在历史进程中所形成的一个地区的政治、军事、经济等因素和人口流动、阶级结构、宗教文化观念、社会心理乃至习俗上的与别的地区的差异。它往往形成一个地区的特色，制约着地区发展水平的高低、速度的快慢，甚至规范着地区发展的方向。[①]

在对近代城市历史的研究中，一般只注重对人文现象的研究，有关城市环境的因素大都只为地理学家所关注。当我们把研究视角转向环境与人文社会的综合研究时，就会发现从历史到现实，环境对徐州城市的发展与制约是不可忽视的。我们应该把城市史研究的目光更多地转向环境因素。

---

① 万灵：《常州的近代化道路：江南非条约口岸城市近代化的个案研究》，安徽教育出版社1999年版，第5页。

第一节　自然环境

就人类社会而言，自然环境与交通条件是两个极具影响力的因素。它们不仅决定了物产的分布、劳动的模式、交换的频率和书场的格局，甚至对人们风俗、交往方式、观念意识也产生不可抵御的模塑作用。[①]自然环境对于城市或一个地区的经济社会的影响很大，尤其是经济方面的发展，多受自然因素影响。居民之所以能致富，有利的地理条件是重要原因。在工业技术尚未发达时，地理环境条件就显得极为重要。地理位置、交通条件，又影响商业的发展，而商业不全是现代化的一项刺激因素，其发展与否，多由该地区之交通与产品而定。因此，自然生态环境往往是一个地区现代化的决定因素之一。自然环境和交通条件在徐州城市的发展过程中留下了鲜明的印记。

近代徐州城市的社会变迁，与这一地区相当独特的自然条件以及由此形成的社会结构和社会关系有着密切的联系。自然地理环境为城市的兴起和发展提供了必要的物质基础和保障，这主要体现在地形地貌、水文、土壤、气候等诸方面。

一　气候

徐州在气候区划上属暖温带的鲁淮区，具有从长江流域向黄河流域过渡的气候特点，而略近于黄河流域。其主要特征表现为：气候温和，光照充足，降水较为丰沛，四季分明。全年平均气温14℃，年降水量东部多于西部，930—800毫米不等，且季节变化、年际变化都较大。年日照时数在2280—2440小时之间，平均无霜期208天。

历史上徐州地区的气候并非是一成不变的，其变化与全国气候变迁趋势基本一致，大致经历了四个温暖期：公元前3000—前1000年，公元前

---

① 张海林：《苏州早期城市现代化研究》，南京大学出版社1999年版，第1页。

850 年—公元初，公元 600 年—1000 年，公元 1200 年—1300 年四个阶段，另有四个寒冷期：公元前 1000—前 850 年，公元初—600 年，公元 1000 年—1200 年，公元 1400 年—1900 年四个阶段。进入 20 世纪以来，气温有所回升，逐渐转暖。徐州气候的波动，影响着本地区农业生产的发展及河流径流量的变化，区域降水季节及年际变化的差异又易造成旱涝灾害性天气，继而对城市本身产生直接威胁。如汉和帝永元十四年至十六年间，因兖、豫、荆、徐等州"雨水淫过，多伤农功"，下诏予以减租贷种，继而于十六年夏四月，朝廷"遣三府掾分行四州，贫民无以耕者，为雇犁牛直"①。又据《明宪宗实录》卷一百八十一记载："成化十四年八月，巡按直隶监察御史范珠奏江北水灾，损伤苗稼。其间徐州尤甚，夏麦一空，秋禾失望，城垣坍塌，庐舍倾颓……暂且停征罢役，及将灾之地今年夏秋税粮量为除豁，以廷民困。"

二　山环水绕

我国古代城市一般都依托有利的自然条件，建在依山、傍原、临河之处，或者处于山涧、河谷之中，这样有利于城市地位的巩固和安全的保障。徐州城市的形成与发展正是依赖于山水环绕这一地理环境特征。

襟山带水的徐州城市依托于黄淮冲积平原，四周有 80 余个山头绵延环绕，山岭以相山山脉为主干，城南有云龙山、泰山、癞俐山、驴尾山，城北有子房山、青童山、九里山、铜山；在柳泉到利国之间有鸡鸣山、公鸡山、二郎山、牛头山、五童山等，海拔约在 100 米左右。地层大体属寒武纪之灰岩层，走向多作西南—东北向；城东的狼山、黑山、狄山等，走向均作西南—东北向，高度约在 70 米以下。②城西有楚王山、海山、丁塘山等诸山。峰峦叠嶂的地形特征，使得徐州自古以来即成为华北和中原向东南的门户，江淮之屏障，为"北国之重镇""南国之锁钥"③。

---

① （晋）司马彪：《后汉书》，卷四《和帝纪》，中华书局1965年版。
② 李长傅编著：《江苏省地志》，台北呈文出版社有限公司印行，据民国二十五年铅印本影印，1983年版。
③ 肖爱玲：《徐州城市地理浅论》，陕西师范大学硕士论文，2001年5月。

水源是城市建立和发展的重要自然环境因素。一般来说沿河的冲击低地、三角洲等，有充足的水源，而且行舟楫方便，是建城的理想之地。[①] 流经徐州的河流较多，而对徐州城市的形成与发展有着重要影响的主要有黄河、泗水、汴水、沂水、沭水等。

若从水系来看，徐州属淮河流域，区内水流由汴水、泗水汇入淮河。1194 年黄河从汴河经泗水夺淮入海；1855 年黄河北徙，致使原来的水系遭到破坏，留下的黄河故道从西部到东南横贯市区，成为徐州南北两部分实际分水线。北面之水流入微山湖和大运河，南面的水则汇集于云龙湖和注入洪泽湖。

泗水是淮河的一大支流，纵贯徐州地区。据《水经注》记载，它源出山东泗水县，经曲阜西流会洙水、菏水折向东南，于湖陵城入沛县境，于城北合泡水，经留城、茶城达徐州城东北，纳汴水沿徐州城东墙南下，过秦梁洪、徐州洪、百步洪三处险滩趋向东南，会濉水于淮阴后入淮河。[②]

汴水是与徐州城市兴起与发展至关重要的又一条河流。汴水自开封以下又称获水、汳水。[③] 获水西接自荥阳至开封之汴水，经商丘东北蒙县，东至徐州城西南回而北流，在城西北龚胜宅处转向东，至城东北入泗水，形成了徐州城三面环水的地理特征。[④]

泗水、汴水是徐州古代水运借以发展的两条重要河道。徐州境内其他河流，如沭、沂、房亭河、荆山河、奎河等在历史上对徐州城市的发展或多或少地产生了一些作用。奎河对古代徐州城市的发展具有非同寻常的意义。甚至到了近代、当代，奎河都对徐州城市的发展有着不可忽视的影响。如据同治《徐州府志》记载："明兵备陈文燧疏浚泄郡城水达于宿境"。"奎河在铜境者长一万九百九十三丈五尺。明季挑。乾隆二十二年水利案内，复疏浚以泄郡城之水。道光四年知府俞颖达请帑挑挖，自城西南石狗湖涵

---

① 何一民：《变革与发展——中国内陆城市成都现代化研究》，四川大学出版社2002年版，第79页。

② （北魏）郦道元：《水经注》，卷二十五《泗水注》，华夏出版社2006年版。

③ 陈怀荃：《黄牛集》，安徽教育出版社2000年版，第109页。

④ （北魏）郦道元：《水经注》，卷二十三《获水注》，华夏出版社2006年版。

洞桥至东南铜萧界贾家湖止，共工长一万余丈，升高桥梁十三座。按，河在奎山东故名。东逼黄河堤，一名支河。《明史·河渠志》：万历十八年河臣潘季驯挑奎山支河，起自苏伯湖，入小河，即此导源云龙山西石狗湖，北出苏堤，经山西麓，又北入郡外成，经亚父冢西，东经户部山后左受郡城积水又南出土城，经魁（奎）山东，又东南过伊家桥，左受魏家河水，又南至贾家桥，入萧县境。同治五年，徐海道李鸿裔捐帑重挑。"① 奎河不仅对徐州城市水灾的治理起着重要的作用，而且对于徐州城市的水路交通的改观及商业贸易的发展，有着十分重要的作用。它在历史上加强了徐州城市与南部乡村地区的经济社会联系。

河水的泛滥、气候的恶劣往往给徐州城市带来极大的灾害，有时是毁灭性的打击。徐州城市曾因河水的泛滥而遭受毁城的浩劫。但是，在公路、铁路没有出现之前，对于徐州来说，其地理优势是处于大河流域两岸以及便利的水上交通。

山环水绕的地形地貌奠定了徐州城市军事战略地位的重要性，自先秦时徐州即成为形胜之所在。

徐州城市自然地理环境的各要素相互制约，相互依存，共同影响着本地区自然环境的发展和演化进程。徐州城市就是在这样的自然环境基础上孕育和发展起来的。

第二节　城市空间的变迁

一　城墙

城墙，既出于军事防卫的需要，同时也是威严和权力的象征，因而城墙的建筑都很宽厚而坚固。用城墙围起来的城市，既是一座军事堡垒，又像一个死气沉沉的监狱，它给城市的发展做了物质性的限定。封闭的城市使城里人具有某种安全感。因而每到动乱时期，乡下有钱的地主士绅便纷

---

① 《同治徐州府志》，卷十一《山川考》。

纷逃往城里避难。但城墙对城里人也是一种限制，使他们失去了乡下人的自由自在，被封建官府控制得更紧了。

早在四千多年前的原始社会末期，徐州一带活跃着一个"彭"姓氏族，其活动中心在徐州西大彭村一带。当我国中原地区的夏王朝进入奴隶社会时，彭氏族也开始向奴隶社会过渡，跨进了阶级社会的门槛，建立了非常强盛的奴隶制方国，是夏王朝的属国。随着时间的推移，人口的不断增多，经济逐渐发展，为了防御洪水泛滥、野兽侵袭和敌人的掠夺，大彭国就选择了汴泗交流、环境优越之处修建原始村寨，作为政治中心，随后再逐渐扩大并发展为城邑，这便是徐州城最早的起源。

乾隆《徐州府志》记载：徐州"古有四城，一曰外城，相传为古大彭氏国，即春秋之彭城也。内有金城，又东北有小城，小城之西又有一城。"这段记载说明大彭氏国的都城就是春秋之彭城，但是根据我国古代城市发展史，刚刚进入阶级社会的城郭都不甚大，例如原始社会末期山东龙山文化的城堡等。大彭氏国的都城，因年代久远，有关的历史遗迹和文物都被黄河泛滥时所湮埋。这座大彭氏国都城的具体范围，尚难找到确切的证明，但大彭氏国建城则是可以肯定的。

春秋晚期，彭城属宋，成"彭城邑"。《战国策·赵策三》记载："千丈之城，万家之邑相望也。"当时的彭城未必有万家，但千家或数千家的可能性还是很大的。彭城邑虽然最早记载于鲁成公十八年（即周简王十三年，也就是公元前573年），但却不是它的始建年代。因此，徐州是江苏最古老的城邑。

春秋时期，诸侯国间争城掠地的战争日益加剧，特别是在周敬王三十四年（公元前486年），五国沟通江淮的邗沟；周显王八年（公元前361年）魏国的鸿沟和汴水等运河开通以后，地当汴泗汇合处的彭城，就成为江淮流域通往中原的水运枢纽，并逐渐发展为商业都会，其规模仅次于当时陶、卫，和汴水流域的大梁、睢阳相若。战国时期，由于在战略上彭城形势险要，宋国在魏国的威胁下，弃睢阳而迁都彭城。[①]

秦、汉之际，楚怀王和西楚霸王项羽虽然在秦汉之际定都彭城，但并

① 《同治徐州府志》，卷十一《建置考》。

无暇修筑因连年战争而残破不堪的彭城。

刘邦建立西汉以后，楚元王刘交建都彭城，刘交为了巩固其统治地位，曾在春秋战国时所建彭城的基础上，扩大范围，加筑城外城。外城城墙皆以石垒砌，高四丈，这是徐州城第一次将夯土所筑的城墙改为石建城墙，较之春秋战国时代的彭城有了较大的发展，而且更加坚峻严整，但它的规模大小及范围，已经无法考证。刘交扩建城时还"列堑环之"，即开挖了很深很宽的护城壕。①

西汉时期，一般的城墙都是用土夯筑而成，即使是都城长安也是如此。刘交用石垒城墙，高达四丈，如果史籍记载无误，这是西汉仅有的一座石城，可惜今天已无任何遗迹可寻。

东晋安帝义熙十二年（公元416年），"淋雨骤泻，汴水暴涨"，徐州城终于崩塌。这正值刘裕进驻徐州，策划北伐，遂立即着手重建徐州城。所建新城，悉以砖垒，"宏壮坚峻，楼橹赫奕，南北所无"。②根据《水经注》记载，这一城池就是《乾隆徐州府志》所指的东北小城。刘裕砖砌新城布局严整，城内市场在西门内附近，所以西门又称小市门。刘裕所筑之城，是徐州砖建城墙的开始。

东晋大司马琅琊王司马德安当时还筑过一城，这座城是根据项羽故台，构筑宫观阁而成的。这座城也就是《乾隆徐州府志》所指的"小城之西又有一城。"宋明帝秦始三年薛安都举城归北魏，直到南朝陈宣帝太建十年，吴明彻北伐围彭城，久攻不下，以泗水灌城，城再次被毁。③刘裕所建的砖城很可能毁于此时。

《元和郡县图志》记载，唐贞观五年，又开始重建徐州城，筑其外城。我国唐代普遍出现内外两重城墙。唐代的徐州城也不例外，有外城和子城，但其规模已不如刘裕所筑的城池宏壮了。唐代徐州城的南门成为白门，庞勋起义军占领徐州，唐朝军队就是利用起义军内部的叛徒内应外合，从白

---

① 《同治徐州府志》，卷十一《建置考》。

② 《铜山县志》（民国十五年刊），卷十《建置考》上。

③ 《铜山县志》（民国十五年刊），卷十《建置考》上。

门攻进城中的。

宋元时期，徐州城屡有修建。宋代熙宁十年徐州大水，郡守苏轼率全城军民筑东南堤，首起戏马台，尾属于城，徐州城赖以保全。水退后，苏轼又增筑徐州城，将城东门改建为大楼，命名为"黄楼"；并筑堤由南门直达云龙山，以备不虞。元丰元年，又改筑州外小城。[①]

金哀宗正大初年，徐帅完颜仲德叠石为基，增城之半，复又疏浚城隍引水以为固，这使金代的徐州城稍稍恢复了过去的规模。元代至正十一年，萧县人李二率众起义，占领徐州，至正十二年右丞相脱脱亲率大军进攻徐州，以石炮轰城，城尽毁，全城无辜百姓全遭杀戮。这是徐州城建成以来一次人为的最大浩劫。元朝统治者因农民起义的烽火四起，无力重新修复徐州故城，遂迁州城于奎山下，改徐州为武安州，这便是奎山下武安废城的由来。[②]武安废城明代被辟为广运仓，这是春秋以来徐州城的第一次迁城。

明代洪武年间各地都普遍增筑高峻的城墙。徐州作为南京的北大门，军事地位尤为重要，遂废弃武安州城，将州城重新迁回故址，新建规模宏壮的徐州城。城以砖石垒砌，周长九里余，城墙高三丈三尺，底宽相同，顶宽一丈一尺。护城壕深三丈许，宽亦如是。城堞二千六百三十八个，角楼三个，开四门。东门名"河清门"，西门叫"通汴门"，北门称为"武宁门"，南门曰"迎恩门"，驻守重兵，直隶京师。[③]

明代黄河河床抬高，从城内观河堤，状如仰斧。万历二年河水大涨，知州刘顺之等增堤环城护堤。护堤根据不同的地势、土质决定其高矮宽窄。经常受到水冲刷处多以竹笼贮石盘护堤基，果令城得不溃。明天启四年六月，河决奎山堤，半夜由东南灌城，城全部冲毁。兵备道杨廷槐署州事，乃请迁于州南二十里堡建新城，新城建十余月，给事中陆文献上"徐州不宜迁六议"，结果新城亦废。[④]这是徐州春秋以来的第二次迁城，直到崇祯元年，城中淤沙渐平，兵备道唐焕修复旧城，居民才陆续迁回城中，后数

①　《同治徐州府志》，卷十一《建置考》。
②　（明）宋濂等：《元史》，卷四十三《顺帝纪》，中华书局1976年版。
③　《同治徐州府志》，卷十一《建置考》。
④　《同治徐州府志》，卷十三《河防考》。

经修筑葺补，到崇祯八年才恢复旧观。这时将西门改为武安门，南门改为奎光门，东门和北门仍沿袭旧称。这次毁城，城中积沙四米、五米不等。

崇祯城完全按照洪武城的规模和布局修建，地上、地下建筑物大都重合，原来的街道仍为街道，公署、官舍、民房都在原址按原布局重建。新中国成立以来各项工程建设常常发现地下建筑物遗迹，大都是洪武城的遗址。

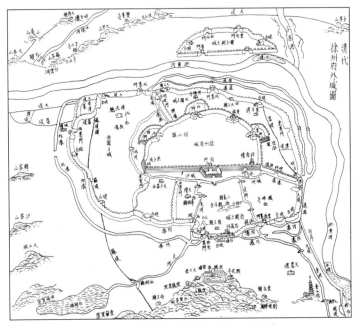

图1—1 徐州府外城图（清·同治）

清康熙七年七月十七日受郯城地震的波及，徐州城又毁，直至雍正二年方才修葺完固。嘉庆二年再加扩建，至嘉庆五年五月竣工，周长十四里半，大大超过洪武城的规模。鸦片战争后，太平军和捻军先后兴起，清政府企图以徐州为军事据点，阻挡太平军北伐和捻军攻打徐州，增筑了外城土垣。外城的不少城垣是在明万历年间知州刘顺之所筑环城护堤的基础上修筑的。东北土城筑于1855年，西关和南关土城筑于1858年，北关土城筑于1859年，外城设六门，炮台数十座。同时还在黄河以北的今坝子街筑城，开四门，设炮台两座，与府城隔河相望，互为掎角。① 这时的徐州城，规模

---

① 《同治徐州府志》，卷十一《建置考》。

宏大，城内街道整齐，府道衙门，都司察院等官阶林立，学宫、学府、祠堂、会馆等雕梁画栋，并有"五楼二观八大寺，七十二庵布其中"。[①]城内商业繁荣，商埠、店号、钱栈比比皆是。成为四省之交的产品集散地，至今有些街号仍可窥见当年的风貌。

元明两代，徐州城都曾另辟蹊径，易址新建，但又都在很短的时间内迁回故址。其余数千年，虽然历代屡有毁建，但都是在老城的旧址上重建的。故徐州形成城上叠城的奇观，并有城上城、井上井、街上街、府上府之说，在现地面以下三米、五米处都有完整的城址。

徐州城的地理位置极其重要。四周群山和黄河、奎河形成"楚山为城、出水为池"，水险城固的形势，人称是天造地设的军事重镇，屏障江淮，有一泻千里之势。徐州城又有舟车之便，为水陆交通要冲、漕运的咽喉之地，兼有滨水渔盐之利，所以无论是从地理形势，还是从军事、交通、经济、政治等来看，徐州城的城址都是极其理想的建城之所，这就是徐州城几千年一直延续至今，每次迁而复故的原因。

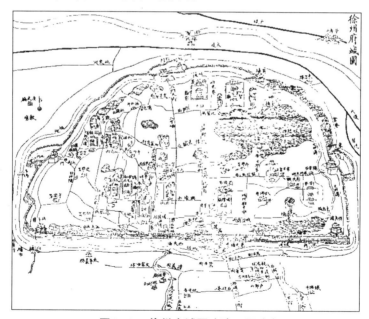

图1—2 徐州府城图（清·同治）

---

① 《同治徐州府志》，卷十八《古迹考》，卷十五《学校考》。

二　街道

徐州旧城区的道路分布为东密西疏，小路多，干道少，且多不贯通。1927年之前，以鼓楼街为中心的旧城区，四关各城门之间多无贯通干道，通行须绕城门，故黄河两岸有的地方还要以船摆渡。当时视为城区主要道路的东门大街、察院街、中道街、兴隆街、鼓楼街、道前街、北门大街等不过是宽4—6米的区街道路，古旧落后，交通十分不便。

1928年，军事当局拆除旧城垣，使内外城相连，城市空间进一步扩大。[①]东门大街与东新集大街（大马路）相连，通往南城的税课街（中道街）与上街、马市街、笊子街、南关下街互连相通；北关外土城坝子街道也与城区街道相通。1934年修延平路、建泽民桥之后，才与城区相通。1930年代之前，新筑道路不多，只增加北中正路、河清路、延平路3条街坊道路。1930年代末，有名可记的街巷为110条。

日伪时期，新辟了通往东火车站的启明路、庆云路、复兴路以及与启明路相连的民主路、崇文路、宣武路。抗战胜利后，徐州城区道路建设，局限于对一些道路的养护维护维修，没有新建工程。1948年底徐州解放时，市区道路有28条，总长31.1公里，道路面积24.59平方米。小街巷长度为86.6公里，面积20.74万平方米。[②]新中国成立前最宽的一条道路是淮海东路，路幅9—20米，长1678米。路面较好的街道，集中在城区几条主要干道和官署、宅第、商业繁华地区，而一般城市居民聚居的街坊、里巷基本上是坎坷不平的泥土路。

旧城区路面铺装材料，主要是板石。日伪时期，在新辟的几条主次干道上，铺装简易碎石路面和一条通往郭庄机场的低标号混凝土路。抗战胜利后，国民政府在大同街铺装了一条长570米，宽4米的沥青路面。除此之外，城区街道多系千年相沿的泥土路。据1949年统计，徐州城区路面结构有2类5种，即铺装路面和泥土路面，在铺装的路面中，有石板路、简

---

①　陈仲言：《徐州旧事四题》，《徐州史志》1987年第3期，第34页。

②　陈德新：《伸展着的城区道路》，《徐州史志》1987年第1期，第5页。

易碎石路，混凝土路、沥青路。①

表1—1　　　　　　　　徐州城各种路面结构比例

路面结构分类	石板路	沥青路	简易碎石路	混凝土路	土路
比重	13.70	0.65	33.00	2.60	50.05

资料来源：徐州市地方志编纂委员会编《徐州市志》，中华书局，1996年版，第711页。

清末至1948年底，历届政府对市政建设，既没有列资计划，也没有专项拨款，遇有所需，只能靠地方摊派捐筹。城市中某一街巷、下水道、需要维修整治，主要由沿街商号、住户按其经济能力认捐，市政建设被纳入"慈善公益"事业。

第三节　区域经济的发展

区域经济开发为徐州城市的形成与发展提供了充足的物质保障。城市是人口密集及居民以非农业人口为主的稳定的聚落，是生产、交换、消费的集中地，它通常是一个区域范围内政治、经济和文化的中心。所以城市的兴起和发展除一定的自然地理环境因素外，还必然要有相当的经济条件做后盾。这一经济因素在古代城市发展中主要是以其区域农业经济状况来衡量的，而农业经济发达程度又与该地区的水利灌溉水平紧密相连。

徐州优越的地理环境为本区域经济的发展提供了天然的有利条件。夏、商、周三代，徐州地区的淮、泗河道河槽深广，洪水为害并不严重，且人口稀少，土地利用率不高，加之湖泊沼泽众多，水源丰沛，土壤肥沃，气候温和，是理想的农业区域。徐州水稻种植的历史最早见于《周礼·职方氏》："青州其川淮、泗，其浸沂、沭……其谷宜稻麦。"《禹贡》载："淮、沂其乂，蒙、羽其艺，大野既潴，东原底平"，"厥田惟中上，厥赋中中"，

---

① 徐州市地方志编纂委员会编：《徐州市志》，中华书局1996年版，第711页。

可见，以徐州为中心的淮、沂、泗、沭等河流为该地早期农业的发展提供了良好的自然条件。春秋战国之际，各国相继变法，励精图治，对农田水利灌溉设施大加修治。《元和郡国图志》载："下邳、取虑（今睢宁西南），有蒲姑陂。"在《淮系年表》中亦有徐州春秋有蒲姑陂的记载。战国时，魏所开凿的鸿沟水系与流经徐州的获水相连，对获水流量有一定的调节作用。鸿沟水系"有余则用溉骓。百姓飨其利，至于所过往往引其水益用溉田畴之渠"①。

此外，徐州地处江、河、淮、济联通的关结点上，交通便捷，有利于各国间经贸联系。北方富庶的齐鲁之地和南方江淮地区的物产均在此集散，徐州一时成为著名的经济都会。②

继周代蒲姑陂以后，徐州一带又陆续修建了一批陂塘工程，东汉章帝元和三年（86年），下邳相张禹修复蒲姑陂，结果"溉熟田数百顷"，三国魏黄初中（224年左右），郑浑为沛郡太守，曾在萧县北修郑陂；此外，在新沂有东、西港头陂、铜山有马沟陂、安王陂、代陂、明星陂等，这些陂塘工程的修建，改善了徐州一带的农业生产条件，使该地区农业生产得以发展起来。汉献帝初平四年（193年），陶谦为徐州刺史时，当地"百姓殷盛，谷米封赡"，"流民多归之"③。徐州遂成沃土。

南北朝初期，徐州仍有"泰山之南，南至下邳、左沭右沂，田良野沃"④的良好生产条件。然而，由于连年战乱，灌溉设施年久失修，水稻种植面积大为减少。宋文帝于公元444年下诏曰："徐豫土多稻田，而民间专务陆作，可符二镇，履行旧陂，相率修立，并课垦辟。"⑤至北魏太和四年（480年）薛虎子任徐州刺史时，徐州又呈现出"水陆壤沃，清、汴通流，足盈激灌"的繁荣局面。薛虎子建议采取屯田措施，以"大获粟稻"⑥，使徐州地区的灌溉农业得以恢复和发展。

---

①　（汉）司马迁：《史记》，卷二十九《河渠书》，中华书局2005年版。

②　萧国钧：《春秋至秦汉之都市发展》，台北商务印书馆1984年版，第142页。

③　（晋）陈寿：《三国志》，卷八《魏书·陶谦传》，中华书局1984年版。

④　（梁）沈约：《宋书》，卷六十四《何承天传》，中华书局1974年版。

⑤　（梁）沈约：《宋书》，卷五《文帝纪》，中华书局1974年版。

⑥　（北齐）魏收：《魏书》，卷四十四《薛野猪传》，中华书局1974年版。

隋唐时，徐州地区的经济仍较发达。史念海先生在《开元、天宝之间黄河流域及其附近地区农业的发展》中论及："当时最为广大富庶的产粮区仍在关东各处，且远比秦汉时期广大，它不仅包括了秦汉时期的富庶产粮区，而且还达到太行山以东和淮水以北。"然自唐末藩镇割据，军阀混战以来，徐州经济便日趋凋敝，终于形成贫困不能自存的局面。

五代以后，徐州经济不复旧观，作物种类亦有变化。金代黄河南徙夺泗入淮后，在徐州一带连年泛滥，致使河床不断淤高，原有水利设施全部湮废，农作物由水田改为旱作。徐州地区自西周以来，气候及水土条件均发生了很大的变化。另外，随着江南地区的不断开发，我国经济重心自中唐以后逐渐向东南地区转移，徐州虽地处联系京城与江南富庶区域的中枢地位，但是其主要任务是确保漕运的畅通，城市自身的经济发展受到了较大影响，进而影响到城市的发展。

第四节　传统的政治地位

政治与城市的关系，在空间结构上的重要表现是行政中心设置与城市发展的关系。美国学者施坚雅研究上述关系的结果显示，中国绝大多数的大都会和区域城市同时也是行政中心地。他认为，中国城市体系可看作两大系统：一是市场中心系统，一是行政中心系统。前者是"一个为致仕官员、无籍绅士和巨商所左右的市场贸易系统，非官方的政治和重叠的亚文化群世界"，后者是"一个衙门及各级官员在阶梯式的行政职位之正式等级中依次展开的世界"。[①] 徐州自古即是水陆交通要道，南船北马的交汇处，曾经是西通中原、南达吴越的孔道，也是驿道要冲和漕运要津。徐州不仅是宋、楚故都，且居六大古都北京（距徐州640公里）、西安（距徐州280公里）、南京（距徐州300公里）和杭州（距徐州560公里）的腰部，背负鲁南山区，南临江淮平原，扼苏、鲁、豫、皖四省的咽喉，为六大古都的屏

---

① 吴怀连：《农村社会学》，安徽人民出版社1991年版，第93—96页。

障。诸种要素相互依存，相互制约，共同塑造着徐州城市的特殊政治地位。徐州历史曾有大彭、楚国、徐州、武安州等名称，徐州从大彭氏国伊始，或为封国的都城，或为军镇所在，或是州、郡、府的驻地，一直是苏鲁豫皖接壤地区的区域性政治中心。[①] 历代统治者都视徐州为政治重镇，在其夺取王位和巩固王朝统治中，徐州都有举足轻重之势。

战国时期，宋国从睢阳迁都彭城。宋为齐楚所灭，齐威王将田婴封于彭城。彭城属楚，楚宣王业曾封有彭城君。秦汉之际，直至唐宋金各代，徐州曾分封有彭城郡王、徐国公、彭城县侯等近40人。

我国古代全国政治中心主要在陕、豫、冀和江浙，徐州的地理位置和交通处于这三个地区的重心，又是四省结合部，五省通衢，背负鲁南山区，对江淮有高屋建瓴之势。因此，当古代社会经济中心南移、政治中心东移时，徐州的政治地位随之发生了变化。北宋以后历代统治者更加注意将徐州作为加强统治的区域性政治中心。近代则人为地将其分裂，划为苏鲁豫皖四省份而治之。

在我国古代王朝的更迭中，徐州往往处于左右着社会政治局势的演变的重要地位。

秦的统一标志着先秦以来形成的东西对峙局面暂时缓和下来，但这种缓和只是一种表面现象，因为武力统一的秦国是很难彻底消弭东方诸国中不安定因素的。自秦灭楚始，楚地就流传着"楚虽三户，亡秦必楚"的谶言。正是由于齐、楚等东方诸国的威胁，秦始皇在其有生之年进行了5次东巡，并死于途中。"彭城捞鼎"的故事，以及"立石东海上朐（今连云港市）界中，以为秦东门"[②] 的事实，即说明了秦始皇渴望获得天统的心理及威慑东方的用意。

秦末农民起义、西汉"吴楚之乱"都是以徐州一带为中心展开的。因而汉初高祖铲除异姓王之后，即以跟随他多年、备有文韬武略的异母弟刘

① 刘定汉：《当代中国的江苏》第四编，中国社会科学出版社1989年版，第386—387页。

② （汉）司马迁：《史记》，卷六《秦始皇本纪》，中华书局2005年版。

交为楚王，其目的之一是监视六国旧贵及地方豪强，二是防守汉室祖地，最终目的就是为了巩固其在东部的统治。

历史上常有南北相争的局势。尤其是在三国以后，南北相争态势更加明朗化，因而徐州的战略地位愈显重要。在南北相争中有三条界线，即黄河、淮河和长江三道防线，其中尤以黄淮之间最为重要。因此黄淮地区的争夺历来是南北对立势力的争夺焦点。徐州理所当然地成为争夺的重中之重了。刘宋文帝时，王玄谟论及彭城形势"南界大淮，左右清汴，城隍峻整，襟卫周固。自淮以西襄阳以北，经途三千，达于齐岱，六州之人，三十万户，常得安全，实由此镇"。后魏大将军尉元上表曰："彭城宋之要藩，南师来侵；莫不用之以陵诸夏。"[①]徐州南的埇桥是汴河中游的漕运的重要关卡，唐德宗时宰相李泌曾道："东南漕自淮达诸汴，徐之埇桥为江、淮计口。"徐州一失，是"失江淮也"。为此，他建议置重镇于徐州，"夫徐地重而兵劲，若帅又贤，即淄青震矣"，"繇是徐复为雄镇"[②]。顾祖禹曾强调徐州的重要性，他说："彭城之得失辄关南北之盛衰。"[③]近代黄兴也曾论及徐州形势："南不得此，无以图冀东，北不得此，无以窥江东，是胜负转战之地。"[④]以上说明在分裂时期，徐州所处的特殊政治地位。当然，在统一王朝内部，徐州形势仍非常重要。宋代定都开封，徐州"因地近京畿而成为南北襟要，京东诸邑安危所寄"；明初定都南京，徐州为其北大门；南北直隶的设置，也使得徐州处于全国政治统治的南北中枢地带。政治区位的优越性有力地保证了徐州城市的不断巩固与发展。

正是由于徐州城市政治地位的重要性和特殊性，清末裁撤漕运总督之后，清政府曾一度设立江淮行省。[⑤]其意图在于维护其政治统治，因为"淮

---

① （唐）李吉甫：《元和郡县图志》，中华书局1983年版，第223页。

② （宋）欧阳修、宋祁撰：《新唐书》，卷一五八《张建封传》，中华书局1975年版。

③ 顾祖禹：《读史方典纪要》卷二十九《江南·徐州》，中华书局1955年版。

④ 湖南省社会科学院编：《黄兴集》，中华书局1981年版，第225页。

⑤ 光绪三十年十二月二十二日（1904年），清廷正式宣布设立江淮省。见王先谦著：《光绪东华录》，台北大通书局1984版，第5265页。

徐一带民情强悍，伏莽滋繁"，"既裁漕督，必须改设大员震慑其间"。①

　　而到了近代，徐州政治地位下降，其行政影响的弱化对城市社会的发展影响是双重的。一方面，由于徐州城市对政治气候变化较弱的敏感性，经济发展的"自由度"大一些，经济规律的作用表现得更充分一些；另一方面，在政治力量的弱化，缺乏对徐州城市基础设施的投资；管理和控制的削弱，导致社会的失序，使徐州城市发展缺乏良好的条件。

第五节　兵家必争之地

　　"自古彭城列九州，龙争虎斗几千秋。"徐州历来就是兵家必争的战略要地。因而徐州自古以来就与战争结下了不解之缘。战争与徐州城市的历史兴衰息息相关。②

　　由于徐州有着优越的自然条件和地理位置，"楚山为城，楚水为池"，这种水险城固的形势，可谓天造地设的军事重镇，同时，徐州城又有舟车之便，为水陆交通要冲，漕运咽喉之地，因而决定了它战略地位的重要。徐州城区为群山环抱，在古汴水、泗水和谷水畅流时，东、西、北三面是水，故为易守难攻之地。周围大部分地区平坦开阔，便于展开兵力。这一地形，更增加了它战略地位的重要性。曾任徐州太守的苏东坡对徐州地势做了精辟概述："徐州为南北襟要，京东诸邑安危所寄也。其他三面被山，独其西平川数百里，西走梁宋，使楚人开关延敌，真若从屋上建瓴水也。土宜菽麦，一熟可资数岁。其城三面阻水，楼堞之下，以汴泗为池，惟南可通车马，而戏马台在焉，其高十仞，广袤百步，若用武之也，屯千人其

---

　　①　《东方杂志》，卷2第6期，第71—72页。
　　②　有学者对战争与徐州城市的关系做了一些探讨。如蔡云辉的《战争与近代衰落城市研究》中专门探究了战争对徐州城市的影响，文中的观点认为战争造成了徐州城市的阶段性的衰落。战争不仅对徐州城市造成了一些灾难，或者说制约了徐州城市的发展，但战争在一定程度上刺激了徐州经济、社会的发展，以至于提高了徐州城市的政治、军事地位。

上，铸城守之具，与城相表里。"① 为此，清代历史地理学家顾祖禹在其名著《读史方舆纪要》中指出："州（徐州）岗峦环合，汴泗交流，北走齐鲁，西通梁宋，自昔要害地也。"② 近人张謇曾说："淮徐一带地方，为中原缩毂之区，襟带江海，水陆交冲。不特东南各省运道所必经，而且近联齐鲁，遥拱畿疆，实为北洋第一重门户。"③

历代重大的军事行动，无论是南征、北伐、西讨、东进，往往首先争夺徐州，使之成为名闻天下的古战场，自古为"兵家必争之地"。据史料记载，历史上发生在徐州及其周围较大的战争的就有 200 余起，平均每 25 年就有一起较大的战争。早在初秋战国时期，为了争夺战略要地彭城邑，晋楚等进行了长达一年之久的彭城争夺战。

秦汉之际，徐州是楚汉相争的重要战场。刘邦率 56 万大军攻入彭城，项羽以 3 万精兵反攻，消灭刘邦军队 20 万，夺回了彭城，成为我国古代著名的以少胜多的战例。徐州历史上还是农民起义的风云激荡之地。几乎每一代的农民起义和徐州都有关系。其中秦末项羽、刘邦领导的起义灭秦的指挥中心就设在徐州，隋代的张大彪、唐代的庞勋、元代的芝麻李二等起义都是发生在徐州。

近代以来，因为津浦、陇海两大铁路的相继建成，我国沿海港口城市的迅速发展，经济中心的东移，徐州的战略地位显得愈益重要。直奉战争、中原大战莫不争夺徐州。抗日战争初期，以李宗仁为首的第五战区司令长官部驻守徐州，指挥了著名的台儿庄血战。歼敌 11000 多人。1948 年下半年，人民解放军在以徐州为中心，东起海州、西止商丘、北自临城、南达淮河的广大地区，发动了一次举世闻名的淮海战役，取得了胜利，"从根本上动摇了美帝国主义扶植下的蒋家王朝的反动统治，为中国人民解放军横渡长江、直捣南京、席卷江南、解放全中国奠定了胜利的基础"④。从某种意义上

---

① （宋）苏轼：《苏轼文集》，中华书局1986年版，第758页。

② （清）顾祖禹：《读史方舆纪要》，卷29《江南·徐州》，中华书局1955年版。

③ 清《德宗实录》第57册，卷488，中华书局1987年版，第913页。

④ 见毛泽东题写的《淮海战役烈士纪念塔碑文》。

说，一部徐州历史也就是一部战争史。同样，由于徐州军事战略地位的重要性，历代统治者在此进行的招募兵马、修筑工事、储备军需等军事活动，也在一定程度上促进了徐州城市的发展。

独特的地理位置，使徐州自古即为兵家必争之地。尤其在疆域分裂，东西纷争和南北对峙的情况下，徐州城市关系南北之盛衰。

第二章　交通的变革：近代徐州城市发展的动力

古今中外各个民族和国家，都非常重视交通工具的发明和交通路线的建设。交通是政治、经济、军事和文化活动的基础，是人类社会发展的必要条件。没有交通，人类的一切活动都无法开展。人类社会的发展和人们的日常活动，诸如生产活动、贸易往来、社会交往和信息传递等都离不开交通。一个国家和地区的经济繁荣和科学文化的发达等，必须有相应的交通条件。

近代徐州交通枢纽地位的形成，既是徐州近代化的条件，也是徐州走向近代化的表现。近代交通的变革是近代转型的表现。交通面貌的改变，给徐州城市的发展带来新的机遇和契机。

第一节　交通与近代城市的盛衰

一　交通与城市

交通与城市有着密切的关系。交通是城市发展必不可少的条件，交通便利是城市兴起与发展的基础与支柱。交通对于经济中心的兴盛，城镇的产生和发展，都具有至关重要的意义。古今中外的各类中心城市的形成，其原因可能千差万别，但都离不开一个条件，即优越的地理环境提供的交通条件。

在古代中国，在水陆交通便利的地区，形成了众多大小不等的城市。这些建立在水陆交通沿线的城市，需要从外界输入资源来满足城市中人们的生活用度。这些城市往往是帝国或王国统治的政治中心、军事中心，同时也兼有经济功能，属于地区经济中心（商业中心）。[1]在近代铁路、公路、航空等新式交通方式出现之前，地理的优势主要表现为地处大河流域两岸，以及便利的水上交通。而尤以大河交汇处为最重要的条件，如黄河沿岸、长江沿岸、运河沿岸城市。许多城市通过改善交通条件，增加新的运输方式，商贸活动频繁起来，人口不断积聚，都市化程度提高。近代新式交通出现以后，区域中心城市往往也是一个地区的交通枢纽。中国历史上的各地的大都会，不但是一个地区的政治经济中心，而且是一个辐射力很强的交通枢纽，因为没有便利的交通，就不可能加强统治和从事商贸活动。秦汉时期，我国就已经形成了以首都为中心辐射到四边地区的水陆交通网。以后历代王朝和各地大小统治者为了加强其统治，掠夺财赋，尽力促进水路交通，而民间频繁的经济活动则直接导致了某些交通枢纽城市的形成。

交通是城市用来完成帝国统治的重要条件或基础。政治上的相互交往、商品贸易的进行、文化及人才的交流等，都有赖于交通的发展。城市的形成需要有便利的交通条件。城市形成之后，交通条件的便捷将会进一步促进城市的发展。反过来，城市货物和人员的集散又刺激交通的进一步发展。

交通路线对城市的位置起着至关重要的作用。近代以前，交通运输的落后是造成中国城市不发达的重要原因之一。城市的选址，政治、军事因素起着重要的作用，但必然要考虑为生产、生活提供物资的交通问题。交通越方便，城市成长越迅速。交通方便与否对一个城市的兴衰是至关重要的。在我国城市发展史上，不少城市的繁华与兴盛得益于交通的便利和发达。也有一些城市在某些时期因交通条件的落后或发生改变时，走向衰落。最为引人注意的是，大运河的衰落，导致了沿河诸多城市走向没落。如扬州、淮安、临清等。这是非常明显的表现。

---

① 陶瀛涛：《中国近代不同类型城市综合研究》，四川大学出版社1998年版，第783页，陶瀛涛认为，交通沿线形成的城市，往往是一些政治中心和军事重镇。虽然也有一些纯属或兼属经济中心的城市，但在封建自然经济的制约下，为数不多。

二　近代交通与城市的盛衰

有学者在研究上海城市史时曾经指出："从城市发展史的角度考察，交通近代化是上海城市近代化的先导。因而，近代上海交通研究，在上海城市史研究之中，占有特殊的重要地位"。①其实许多近代城市的发展与社会变迁都与交通的变革有着密切的联系。

在清末同治光绪年间，铁路、轮船和邮电都先后兴办；而汽车公路之建造和民用航空之实行，也于国民政府成立后，正式开始。中国交通事业，逐渐走上现代化的道路。②近代新式交通的出现与发展，中国固有的城市布局发生了变化。铁路、公路的修筑，更深刻地改变了中国原有交通运输体系。这极大地带来了城市的整体布局以及城市功能的变革，并促使中国部分城市开始走向近代化。据有关学者统计，到1949年，中国大陆共有设市的城市140个，县城和建制市镇约2000个。③

进入近代以来，中国新式交通的引进和发展则在一定程度上促进了城市的发展，原有的城市体系受到冲击。如水运在近代形成了三大航线：北方沿海航线、东南沿海航线和长江航线，他们都以上海为汇聚点。随着轮船航运业的发展，主要航线上的城市都有较大的发展。这些城市凭借近代化的交通运输，与其他城市和地区建立起广泛的经济联系和信息交流，增强了城市的经济职能，提高了城市的辐射能力和吸引能力，城市规模逐渐扩大。沿江、沿海城市发展很快，其中天津、上海、武汉和重庆成为全国最重要的交通枢纽城市。

一批沿海城市和新的工商业城市如天津、青岛、唐山、济南、廊坊、丰台、新乡、郑州、石家庄等城镇因铁路发展而兴起。在华中、华东地区因交通而兴盛的重要商业城市则有南京、蚌埠、连云港等。江西省的樟树、温家圳、鹰潭等，因浙赣铁路的敷设而新兴，成为江西省内物资转运中心。

---

① 张仲礼：《近代上海城市研究》，上海人民出版社1990年版，第173页。
② 白寿彝：《中国交通史》，商务印书馆1993年影印版，第211页。
③ 戴均良：《中国城市发展史》，黑龙江人民出版社1992年版，第319页。

　　然而，还有一些市镇却因新式交通的开辟走向了衰落。大运河曾经是中国古代重要的交通运输线，隋唐时沿运河城市崛起，形成跨地区的南北商品流通网。宋元以后，虽有东南沿海商埠兴起，但运河仍然是最重要的商路，由于海运日趋发达，铁路不断修建，大运河不再是重要的交通要道，沿岸城市衰落下去，而一批新的交通枢纽城市却随之兴起。北方运河城市的衰落原因，据学者分析，主要是1911年津浦铁路通车后，中国南北路上运输几乎都以铁路代替了，大运河的运输量因而大减。而南方则因为海运及轮船运输的兴起使运河运输作用大为降低。如镇江、常州等江南商业巨镇在近代铁路开通的影响下，商业中心地位日益衰弱。清江浦地当淮、运两河的交点，封建时代江南漕粮悉集于此，又为从南方入京舍舟登陆的要道，曾有江北首府之称，是历史上的商业重镇。津浦铁路通车后，顿失旧时的繁盛景象。[①]

　　在黄淮地区，因新式交通的发展而兴起了众多的城镇。如大运河及黄河沿岸，古代社会中几条驿路和无数驿站、无数急递铺组成了水路交通网络，形成了许多座城市和市镇的城市群落。到了近代，黄淮地区的城市群的数量、面貌与结构发生了很大的变化。

第二节　传统交通的发展

　　徐州处于苏北丘陵地带，岗陵四合，水道纵横，具有襟山带水的特点。独特的地理位置和优势的山川形势使徐州自古就是东西南北的交通要冲。

　　近代徐州交通出现了从传统体系的解体到近代新式交通体系建立和发展的过程。这个过程同时促进了徐州城市社会的发展与变迁。

　　徐州地处苏鲁豫皖四省之交，古代汴泗交汇于此，运河和黄河傍城而

---

　　①　隗瀛涛：《中国近代不同类型城市综合研究》，四川大学出版社1998年版，第790页。

过；以彭城驿为中心的水陆驿道四通八达。便利的水陆交通与漕运是徐州城市兴起和发展的契机。先秦时期，徐州城从诸侯国的一般城邑一跃成为王国之都，并由此奠定了其特殊的政治地位，其决定性因素就是便捷的水陆交通条件。

徐州河流纵横交错，物产的富足极大地带动了交通运输的兴旺发达。水运和陆运是徐州地区内部及与外部交通的主要凭借手段。对内而言，发达的河流形成了有利的水运系统，乡村农民进城买卖货物、走门串户，城里的士绅和一般市民收租征粮、踏青扫墓、探亲访友，坐船走水道是非常便捷的途径。对外而言，通过黄河、大运河等水道，徐州可以通达南北东西各地，从而加强了对外联系。

一 水路交通

（1）古代徐州的水运

近代以前，传统的陆路运输成本高，效率低，水运是唯一能够提供大量廉价运输方式。水路运输，船舶载重量大，运输成本低，但运输速度较慢，受自然条件限制较大，宜用于运输大宗散装货物。自古以来，中国江河众多，水运十分发达，拥有舟楫之利。但皆以木帆船为主要的交通工具，使用人力加上简单的机械。[1] 因此，在水运条件便利的地区，城市兴起大都与航运条件有关。据统计，明初国内33个大中型工商城市中，有二分之一在运河附近，长江流域次之，沿海地区居三。[2]

古代徐州水陆交通都较为发达，而水运则更为发达且更为重要。徐州水路的发达，对徐州城市的发展作用是极为重要的。其城市的功能及地位，都与水路的兴衰有着紧密的联系。

古代徐州地区除以上几大河流以外，还密布很多地区性小河，他们与沂沭泗诸水相通，形成纵横交错的水路网络，具有水运之利。

春秋战国之际，由于兼并战争的逐渐升级，政治交往的密切，以及商

---

① 隗瀛涛：《中国近代不同类型城市综合研究》，四川大学出版社1998年版，第696页。
② 胡焕庸等编著：《中国人口地理》上，华东师范大学出版社1984年版，第246页。

业贸易的飞速发展，水路交通的发展比陆路更为迅速。水路交通，包括对自然水道的利用和运河的开凿两方面。在自然水道方面，徐州附近的泗水、汴水、淮河、沂水、沭水自古皆有舟楫之利，《禹贡》中记载的徐州古代便是"浮于淮、泗，达于河"。

春秋战国时期，彭城成为江淮流域通往中原水运的枢纽，逐步发展为商业都会。汉高祖时利用汴水和泗水，负担山东江淮流域漕粮河运，每年数十万担。东汉初年，地处汴泗交流处的彭城，成为江淮流域与都城洛阳的漕运枢纽，建安三年汴水淤塞。南北朝时期，东晋安帝义熙十二年（416年），汴水暴涨，徐州城毁。翌年刘裕破秦，汴水重新疏浚通航，就是从徐州乘舟南下建康。[1]

（2）运河的发展

隋代以后，徐州水运的发达主要依靠运河。我国河流的流向，基本上都是呈现为由东向西的自然走势，如黄河、淮河以及长江等几大水系，便是自西向东注入大海。我国河流这种流向布局，可以充分满足东西方向的航运需要，但南北方之间却缺乏自然河流联系，这便对南北方向通航带来了很大困难。于是从春秋战国时期，各地先后出现了许多人工运河，将南北各地的水系沟通联系

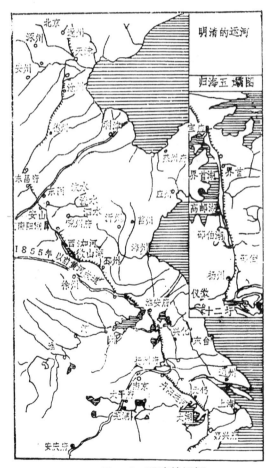

图2—1　明清的运河

---

[1]　《铜山县志》（民国十五年刊），卷十四《河防考》。

起来。历史上开凿的运河，主要目的就是要沟通长江、淮河与黄河之间的水路联系，而徐州正当江、淮与黄河的中间位置，便很自然地成为联结沟通南北交通航道的中枢城市。人工大运河的开凿，极大地便利了徐州与南北的交通。水路交通的发达进一步促进了当地经济的发展。历史上与徐州水路交通发展密切的运河有下列几条：

一是邗沟与菏水。春秋末年吴王夫差开凿的邗沟和菏水运河。邗沟联系着江、淮，菏水运河则使河、济与淮河相贯通。两处运河的开凿，使古代江、淮、河、济四渎得以畅通。而徐州恰处于此交通干线上，自徐州向北溯泗水而上至今鱼台县，转入菏水运河，至今定陶县东北的古菏泽入济水，转接黄河；向南则顺泗水而下至淮河，自淮阴入邗沟（今里运河），过扬州达京口入长江。运河使长江中下游地区与中原、齐鲁联结在一起，从而带动了长江中下游地区经济的发展。

二是鸿沟与汴水。在战国魏开挖的大沟运河基础上，陆续完善而形成的鸿沟运河和汴渠。它对徐州水运条件的发展改善起了很大的促进作用。公元前361年，魏国为将其黄河南北的两部分领土与国都大梁紧密联系起来，开凿了一条运河即大沟。后来大沟延伸到大梁城北，绕城东折而南行，注入沙水，再向南入颍水。[①]大梁至颍水之间的运河称为鸿沟，后因济水以北的大沟淤塞，自荥阳分河的济水便成了这条运河的主要水源；《史记·河渠书》把自荥阳分河的济水和与之相通的运河一并称为鸿沟，《汉书·地理志》又把从济水分流后的鸿沟称为浪荡渠，自楚汉以此划界，这段运河便逐渐获得了"鸿沟"的专名。鸿沟水源来自黄河，又有圃田泽调节，水量充沛，这使得与之相通的各自然河流水量大为增加，通航能力也有所提高。

汴水是与鸿沟相连的河流之一，其时汴水又称为汳水，自开封城北分流后，过商丘东又称为获水。获水在东汉王景治河以后通称为汴渠。汴渠形成以后，通往大梁、洛阳的路线越加便捷，徐州的经济和军事价值也因之而提高了。此后，许多王朝对汴渠均刻意加以维护，确保航运畅通。该河道在唐代景福二年前基本没有改变。

---

① （北魏）郦道元：《水经注》，卷二十二《渠水注》，华夏出版社2006年版。

三是隋唐大运河之通济渠。该运河虽不流经徐州城，但它所经徐州境内之埇桥（今宿州市）却是南来北往的交通要地，故徐州交通战略地位在隋唐时仍较为重要。唐末藩镇割据时，唐王朝失去对埇桥的控制，致使东南粮道不通，宫廷内部发生了粮荒。

四是元明清时期的京杭大运河。元代开凿大运河，沟通了五大河（海、黄、淮、江、钱塘江），是东部地区的南北大动脉。京杭大运河在苏北借用了泗水河道而流经徐州城下。徐州扼南北大运河要冲，其交通和军事地位大大加强。至正八年，升徐州为徐州路，并在徐州以南百步洪和吕梁洪两险滩设立差官，监督和协助江淮粮船过洪。[1]经过徐州每年北运京城贡粮400万石，总运为24万石赴蓟州仓，6万石运至天津，370万石运至京、通二仓。[2]

元、明、清三朝除元代漕粮尚多依赖海道外，明清对运河的依赖性均比较大，尤其是明代漕运大部分是由河运承担的。因而有明一代对运河的治理、整修和维护都十分重视。为确保粮船正常通行，明代在徐州运河上的两处急流险滩——吕梁洪和百步洪上建闸，对来往的船只实行编队制；并于沿途设立纤道，纤站和纤夫，政府专门调派1760多人专事漕运。明代每年经由徐州北上的粮船有12143艘，总运量400万石。[3]如果再加上来往客商船只，每年通过徐州的船只数目则相当可观了。明代大运河徐州段运输繁忙，乘船可达苏、鲁、豫、皖外，还可达河北，徐州水上运输的范围更广。

由于徐州到淮阴一段运河是借用泗水古道即黄河水道，因此运河经常受到黄河水患的影响，到了万历三十一年，开挖泇河运河，从微山湖东岸的韩庄，经台儿庄，利用泇河水到宿迁董沟会于黄河，以代替已经被黄河淤塞的旧运道，这样运河就避开黄河之险，漕运条件大为改善，1604年，漕船由泇河新运道通过已经占三分之二，而借用黄河旧道仅三分之一。1605年，通过泇河的漕船多达8000余艘，但泇河窄狭，回空船仍由徐州之黄河

---

①　王林绪：《徐州交通史》，中国矿业大学出版社1988年版，第72页。

②　《铜山县志》（民国十五年刊），卷十四《河防考》。

③　《铜山县志》（民国十五年刊），卷十四《河防考》。

南还。从此徐州就不再是漕运的必经之地了。①

随着中运河的开挖与通航，漕运船只直接经过徐州城下大为减少了。因而徐州在漕运中的地位从此骤然下降，这直接影响了徐州城市的经济与社会的发展。徐州城市的繁荣景象已不复存在了。通常人们认为是在晚清黄河改道，漕运改为海运，运河的淤塞导致了徐州城市暂时的衰落。其实不然，早在明朝晚期，中运河的开通，就使徐州城市的发展受到严重的影响。

清代漕运，除沿袭明制外，为管理漕运，还设立了专职漕运总督、粮道监兑、管粮通判及押运官等。这些官职都要经过考核，对漕运不力者，即革职或降级。然而，由于黄、淮决溢频繁，运道弊坏，清代漕运时通时阻。为维护航道，清政府每年都要花银数百万两，造成了极大的经济负担。道光四年（1824年），淮河又决于高家堰，运河枯竭，漕运不通，海运又起，河运至此衰落。黄河北徙后，徐州水运的枢纽地位大半丧失。

（3）漕运与徐州城市的兴衰

漕运兴废与古代徐州城市的盛衰息息相关。

运河的兴起，为封建王朝漕运的产生与发展创造了重要的条件。根据学者研究，中国漕运最早起源于秦朝。秦朝通过渭水、黄河以及黄河下游的济水、荷水及鸿沟等水道，将关东各地，包括远至黄海之滨的粮食物资，源源不断地漕运到国都咸阳。②后经汉至隋唐，历代都继承了漕运制度，建立了以国都为中心的漕运网。其漕运范围不断扩大，规模日益增大。以后历代统治者更为重视漕运，明清时期漕运达到鼎盛。随着封建王朝的衰落，漕运走向了衰亡。

徐州是漕运的咽喉要道。无论是漕粮西运，还是漕粮北运，徐州都处于十分重要的位置。

古汴水自西向东，古泗水由北向南，在城东北交河流向南注入淮水。古代的汴水、泗水和后来的黄河、京杭大运河构成徐州的水运系统。两汉时徐州就是江淮流域漕粮西运的重要通道。由于经过徐州城市的水路交通

---

① 《同治徐州府志》，卷十三《河防考》。

② 陈峰：《漕运与古代社会》，陕西人民教育出版社2000年版，第6页。

的发达，西汉王朝每年经山东、江淮等地经彭城运往都城的漕粮增加到 600 万石。①

隋时修筑大运河，大大便利了水上交通运输，此后隋唐都城所需漕粮，通过大运河，源源不断地从江淮地区经淮河，至徐州运到。因此，徐州处于大运河南北要冲，是商旅漕运通途。到唐代，开始设置了专管漕运的转运使，京城长安地区所需的粮食，主要是由扬州经淮河、汴水（经徐州）、黄河、洛水转运而来。最初，漕运分别由各河系船只分段接运，唐高宗时，江南漕船由扬州经淮河、入汴水（经徐州）、再转洛水直达洛阳。

宋朝定都开封，四通八达的汴河成为当时漕运的枢纽。史书记载："唯汴水横亘中国，首承大河，漕引江、湖。利尽南海，半天下之财赋，并山泽之百货，悉自此路而进。"② 以汴河为中心的漕运线路主要有三条，其中之一就是往东南，流入商丘、徐州由泗水入淮，可通江淮一带。③北宋时期，都城开封与徐州关系较为密切，徐州"地近京畿，为南北襟要，京东诸郡安危所寄"，④ 所以它的军事地位比隋唐时期更为重要。1194 年后，黄河流经徐州，使徐州成为南北商贾漕运的必经之地。

到元代时，为了供应京城大都的口粮和元朝对外作战的军粮，在 1279 年至 1294 年间，曾几次开发运河，南粮经徐州北运。而北方的豆、谷等农产品在漕运返航时又可运到南方，促进了南北物资交流。

明代，徐州东西有汴水，南北有泗水，与大运河相通，为我国古代东部水运的枢纽，京杭大运河开通后，泗水又成了大运河的一部分，那时徐州虽然位于四省的中心，因当时交通主要靠水运，运输十分繁忙，在徐州洪建闸，每年经徐州北上的粮船多达 12143 艘，总运量在 400 万担以上。⑤如果加上往来客商的船只，每年通过徐州的船只数量是相当可观的。明代还在徐州设户部分司，专司漕运。漕运使徐州成为外来客商的必经之地，成

① 王林绪：《徐州交通史》，中国矿业大学出版社1988年版，第28页。
② （元）脱脱等撰：《宋史》，卷九十三《河渠志》三，中华书局1977年版。
③ 王林绪：《徐州交通史》，中国矿业大学出版社1988年版，第48页。
④ （宋）苏轼：《苏轼文集》，中华书局1986年版，第758页。
⑤ 冠冠：《略述古代徐州的漕运和驿站》，《徐州史志》1986年第2期，第31页。

为四省之交的商业中心和物资集散地，并且成为古代黄淮流域重要的商业都会。正是作为古代重要的漕运通道，加强了徐州的历史地位，也为徐州传统向近代的转变，奠定了基础。

（4）城市水道

城市对水的控制主要包括防涝、疏浚水上交通通道、城区的排水与供水等。对河道的控制历来成为地方政府发展城市社会所面临的重要问题，河道对徐州城市功能的发挥有着重要作用。在明清时期，漕运是徐州城市的重要功能，要保证对北京漕粮的供给，必须保证运河的通畅。

在古代，徐州城市经常遭受洪水的威胁，防洪排涝一直是被动应付。这一点和北方的天津城市极为相似。古代徐州城市控制水道的主要设施：水闸、桥梁、堤坝、奎河的疏浚等。

徐州地方官员的一项重要职责是保证运河漕粮运输的畅通。明清王朝政府把漕运看作朝廷生存的命脉。明代漕运量每年一般为 200 至 300 万石左右，最高达 670 万石。到了清代，每年的漕粮平均达 400 万石，加耗三至四成，大约每年 500 万石，都要经由运河运往北京。黄海地区漕粮运至徐州后，需要倒载到运河的船上北上运往北京。徐州是漕运的重要枢纽和漕粮的贮存地。明清两代徐州建有漕仓，水上运输的发达使运河成为最繁忙的河道。城北北大关一带和城南奎河河道，成为各类船只的聚集地。但随着历代王朝的兴衰，运河年久失修，从公元 1522 年到新中国成立前的四百多年中，曾决堤近百次，造成水旱灾害 300 多次。后因津浦、陇海铁路的兴建，大运河的运输更日益逊色，到新中国成立前夕，不少地段，河床干涸，已

图2—2 清代官道局部图

不能通航了。

对徐州城市来说，更大的问题是频繁发生的水灾。历代徐州发生的水灾，是黄河的决溢，其不仅影响了大运河的通畅，并且直接威胁徐州的安全。历代政府都重视对徐州河道的治理。如明代著名的治水专家潘季驯、清代的靳辅都到过徐州进行防洪治水。明万历十八年（1590年），徐州大水，潘季驯和徐州兵备副使陈文燧共同主持开挖奎河，宣泄了潴水，解除了徐州的水患。[①]清咸丰五年（1655年），黄河北徙是徐州发展历史上的重要转折点。徐州完全失去了借以发展起来的水路运输的有利条件。

二　陆路交通

古代徐州陆路交通也较为发达。秦始皇东巡，在彭城捞鼎就筑有驰道。唐代的任山古道至今遗迹犹存。明清时期，徐州是北京至南京的驿传中心之一。

徐州所处的地理位置及地貌状况决定了其陆路交通也较为便利。徐州自古即为东南诸郡到中原的孔道，《左传》载"楚取彭城，以绝晋、吴之通路"。秦王朝修筑驰道，徐州就是一个重要的交通要道。据《史记·秦始皇本纪》记载："秦始皇第二次巡游东南方，从琅琊南下，过彭城，后渡淮河向西南方巡游。"《中国史稿地图集》中"秦统一图"所绘道路称大道，一条是由咸阳经洛阳、定陶、邹县、曲阜、泰山、历城、临淄、黄县、芝罘、成山、折而南行至琅琊，一直到江苏广陵（今扬州）、吴县（苏州）、钱塘（今杭州）、会稽（今绍兴），还有一条大道是由邹城向南经彭城、寿春、合肥，一直到长江边。据史念海先生考证，秦汉之际，徐州四周著名的陆路有八条：一为西经淮阳至洛阳达长安诸地之道；二为西北经山阳以至定陶之路；三为北经蕃、薛至鲁国达济南诸地之路；四为东北经东海，以至琅琊；五为南经淮阴循邗沟至广陵渡江达于会稽之路；六为经临淮、阴陵、东城南行，自丹阳渡江，以至江东诸郡；七为自徐州西行可至陈国、淮阳；

八为西南行渡淮，以至九江、寿春。①这八条道路将徐州与当时著名的经济都会均紧密地联系在一起，从而使徐州成为南北货物的集散地。秦汉时徐州四周的陆路交通状况奠定了本区的交通基础。此后，徐州陆路交通的发展在主干线上没有多大变化，仅在局部地区有所变动。

隋唐时期，以徐州为枢纽的陆路交通网络初步形成，奠定了后代徐州对外交通格局。隋朝修筑大运河，在河的两岸用泥土修筑成道路。在唐武德七年（624年），开凿徐州至吕梁运河段时，就继承隋朝的筑路法，把泥土堆在河岸旁筑成道路。当时徐州是州府驻地，陆路交通四通八达，向北143里通向沛县，175里通往丰县，向东南180里与下邳相通。另外还通向兖州、沂州、海州等地。②

宋代建都开封，徐州地近京畿，所以交通形势更为重要，开封与徐州间除有汴水水路相通外，还筑有"京东大道"，直接与徐州联系。

明代初年，以南京为起点，有8条干线道路通往全国重要城市。其中东去辽东都司路，就是由南京经过徐州，抵达辽东都司首府辽中卫。西去四川松潘卫路，由南京抵徐州后，西行经归德府、开封府、河南府至西安府，再西行至宝鸡折西南经凤县至成都府，再由成都至松潘卫。③永乐年间，明王朝迁都北京，北京是当时全国最大的商业城市，商旅云集，交通发达，干线道路向四方辐射，通往全国13布政使首府。④从北京经德州至济南府，南行350里到兖州府，又360里到徐州，1000里到南京。这是一条贯通南北的交通要道，凡江苏、浙江、江西、福建、两广朝贡京师，皆取此道。如到江西、广西路的交通干线是自北京经保定、真定府、济南府、兖州府、

①　史念海：《秦汉时代国内都会之分布及其交通之路线》，《文史杂志》第三卷1，2期合刊，1944年1月。

②　王林绪：《徐州交通史》，中国矿业大学出版社1988年版，第58页。

③　中国公路交通史编审委员会：《中国古代道路交通史》，人民交通出版社1994年版，第459页。

④　中国公路交通史编审委员会：《中国古代道路交通史》，人民交通出版社1994年版，第464—465页。

徐州至凤阳府、西南至江西九江，然后到达南昌府，最后南达广西桂林府。①

清代徐州的陆路交通进一步发展。通过徐州的官马大道有江西广东官路，这条路亦称使节路，因为一些国家使臣至京师多取此道。道光十八年（1838年），林则徐为钦差大臣，奉命到广州查禁鸦片，走的就是经德州、济南、徐州、凤阳、九江、南昌、赣州、韶关至广东的官道。②

三　驿传

徐州交通的发展在我国古代馆驿制度的演化中也有所反映。馆即馆舍，驿为邮驿。它们是我国古代交通设施中的重要组成部分，是与道路发展相适应的。我国馆驿制度产生于何时尚无定论，但大约至周代时便已出现，且有了一定的规模。孔子曾说过："德之流行，速于置邮而传命。"③秦汉时期是中国馆驿事业的重要发展时期。这一时期中，邮驿机构渐趋于规范化和标准化，并在全国普遍设立，形成了便捷的交通网络。

唐宋时馆驿事业进入了繁荣阶段，并取得了较大的进展，在州府间的驿道上设置驿站，为来往的官人、客商服务，同时驿站担任传递公文书信、货物运输的任务。当时一个重要现象是水驿的普遍出现。水陆道路上均设有驿馆，使路与驿完全配套。如唐代在徐州附近就设有任山驿④（徐州城西南30里）、大彭馆（徐州城东南，为官吏迎饯之所）等。宋时除设驿以外，还设置递铺，递送政府文书，并按邮送方法的不同，分为步递、马递、急脚递、水递四种。《宋史·职官志》记载："官文书则量其迟速以附步马急递。"⑤金时⑥，徐州为水陆交通枢纽，东西南北驿道上皆设铺，当时徐州为总铺，通讯网向四方辐射，有一铺、二铺、三铺、四铺……⑦

① 中国公路交通史编审委员会：《中国古代道路交通史》，人民交通出版社1994年版，第463页。

② 《钦定大清会典事例》，卷六百八十八、六百八十九"兵部、邮政、驿程"。

③ 《孟子注疏》，卷三《孟子·公孙丑上》，中华书局1957年版。

④ 《资治通鉴》卷二百五十《唐纪·懿宗咸通八年》。

⑤ （元）脱脱等：《宋史》，卷一百六十三《职官志》三，中华书局1977年版。

⑥ 1141年徐州划归金朝。

⑦ 王林绪：《徐州交通史》，中国矿业大学出版社1988年版，第61页。

元、明、清时是古代馆驿事业的极盛阶段。元代十一省遍设站赤，站赤分水陆两种。其交通工具不一，陆站有马、驴和车，水站有船、马、牛、驴和羊。水站之所以有马、牛等，这主要是因为水站往往是水陆相兼的。如至元二十四年（1287年），扬州省上言："徐州至扬州水马站，两各分置，夏月水潦，使臣劳苦。请徙马站附并水站一处安置，驰驿者白日马行，夜则经由水路……"①由此可知，徐州附近驿站是水陆并行，交互利用的。元代中书省设198处驿站，徐州境内有徐州（彭城驿）及丰、沛二县驿。

明、清邮驿制度沿用元制，且有所发展。明代在徐州设有很多供传递政府文书、中途换马或休息的驿站。较为著名的有：城东关的彭城驿（水驿）；东南的房村驿（水）；城东北90里的夹沟驿（水陆）；城外河东岸驿（陆）；城北利国驿、石山陆驿；城南50里的桃山驿等。这样形成了一个以徐州为中心，向四方辐射，水陆并用的驿道交通运输网络。

清代驿传有驿、站、塘、所、铺等，铺与铺的间距为10至20里。徐州州治内设有总铺，是本区的交通中枢，从"总铺"出发，向南6铺达宿州界、东南8铺达邳州界、向北7铺达山东峄县界、西北5铺达沛县界、西线3铺至萧县界。②此时徐州陆路交通四面八方是通畅发达的。这不仅是朝廷交通信息传递的网络，也是徐州与附近四乡及四方各地联系的通道。

清末，驿站制度名存实亡。1914年，驿站尽裁，代之而起的是近代铁路的产生。

第三节　近代交通的变革

近代以来，徐州水路交通走向衰落，但仍然发挥着一定的作用。而对近代徐州城市发展产生重大影响的是陆路交通，主要表现为铁路的开通，

---

① （明）宋濂等：《元史》，卷一百一《兵四·站赤》，中华书局1976年版。
② 《同治徐州府志》，卷十六《建置考》。

公路的建设与发展，逐渐形成了新式交通体系。新式交通的发展，使徐州逐渐成为近代重要的交通枢纽。这大大加强了徐州与各地之间的联系，推动了徐州经济社会的发展。交通的变革使徐州迎来了新的发展机遇。

一　近代水路交通

近代对徐州有着重要意义和影响的是黄河、奎河、运河等。水路的作用和影响已是一落千丈了。取代而起的是近代交通——铁路和公路等，这给徐州带来了深刻的社会变迁。

近代徐州的水运虽然已远不如昔，但仍然发挥着重要的作用。徐州与周边四乡往来的重要水路运道主要有：一是奎河。它位于铜山县之南部，在铜山境内长约34公里，其所汇合之河流有望州河、魏家河、二堡河等，沿岸之重要市镇为奎山、徐三村、杨庄等处；二是房亭河。此河位于徐州之东北部，在县内长约8公里，其沿岸所经过之重要市镇为东店子、侯集圩、单庄等处，沿河之水势平坦；三是荆山河。此河位于徐州之东北部，共长60公里，其所汇合之河流有新河、北房亭河、不牢河等，沿岸之重要市镇有梁山圩、汴塘等；四是故黄河。它贯穿徐州城区，共长148公里。沿岸所经过之重要地点为彭庄寨、郝寨、双沟镇等处。[①] 在徐州和周边城乡的商贸往来与社会交往中，奎河、黄河故道等河道航运仍然扮演着重要的角色。据有关资料记载："奎河作为水上通道，在徐州解放初期至新中国成立前后，市区袁桥一带的码头仍有舟楫往来，泊岸者日逾数十艘。[②]" 可见，水运在近代一直是长存不废的。

运河水运在近代黄河北徙后依然起到一定的作用，它在一定程度上发挥着与外地的经济贸易往来的作用。如1882年徐州煤矿开始进行开采与经营，其生产的大量煤炭是经过运河运往淮扬以及上海等江南各地。其

---

① 实业部国际贸易局：《中国实业志》（江苏省），第11编交通第3章水道，台北宗青图书出版公司1933年版，第157—158页。

② 耿继信：《三河一湖的变迁及解放后治理情况》，《徐州文史资料》第19辑，第66页。

日产量为百余吨，年产量约在三万吨左右。其销售市场为南京、上海等地。当时既无公路，又无铁路，煤炭是通过运河装船南下。这些煤炭对于1890年代前后刚刚起步的沪宁一带的新兴工业，在迫切需要能源供应的情况下，无疑是及时之雨。

运河航运是徐州早期煤炭外运的一个重要的航道。1910至1920年代徐州煤矿煤炭运销采取水陆并运，相互补充。当时贾汪煤矿公司在连通津浦铁路后，矿山生产的煤炭多数以铁路运输，铁路成为矿山的生命线。但是，为了争夺运河沿岸的煤炭市场，为了防备铁路运输的不测，贾汪公司不顾河道曲折，仍然坚持传统的水路运输，拨出相当数量的产品，由泉河装船经运河南运，后来的事实证明了这一决策的正确性。[①]平时，水运作为陆运的补充，当军阀混战阻碍铁路运销时，水运更显示出巨大的生命力。这从一个侧面反映了运河在近代仍然发挥了重要的作用。

即便是津浦铁路开通影响了徐州城市通过运河与南方各地的交往，但在近代相当长的时间里，铁路的作用还是受到很大的限制。运河航道仍然是徐州与南方各地联系的重要通道。根据档案资料显示，徐州城市及其周边地区的许多农产品运往上海、无锡等江南城市，是通过运河轮船运输的。[②]尽管运河在近代没有得到政府很好的治理和疏浚，没有明清时期航运那么发达，但其仍然在发挥着一定的作用。

二　近代铁路交通

铁路的修筑与开通给近代徐州带来了历史性机遇，深刻地影响着徐州城市经济社会的发展。

1. 铁路与近代城市的兴衰

19世纪下半叶，铁路传入中国。1876年，英国商人在上海修建的淞沪铁路，被认为是在中国土地上的第一条铁路。1881年，河北省唐山开平矿务局为了运煤修建了唐山至胥各庄的唐胥铁路。

---

① 余明侠：《徐州煤矿史》，江苏古籍出版社1991年版，第185页。

② 参见本文第四章有关部分。

　　中国铁路运输系统是在 20 世纪初才开始形成的。随着京奉、京汉、津浦等几条重要的国有干线和中东、胶济等铁路全线通车，1905 年前后中国开始初步有全国范围内的铁路运输。①

　　在 20 世纪初年，在中国收回利权运动中，出现了一个商办铁路的投资热潮。其时，进步的爱国人士认识到外国资本掠夺中国的铁路主权，是一种"灭国新法"，因而在各省掀起了自修铁路的运动。1912 年到 1937 年，全国增建铁路 11000 多公里，总长度达到 22000 公里，形成了近代中国铁路网的基本骨架。②

　　中国从 1876 年修建第一条铁路到 1945 年的 70 年中，中国大陆共有铁路 25523 公里。由于受战争的影响，到 1948 年底，全国铁路通车里程只有 1.1 万公里，到 1949 年可以通车的铁路也仅为 21989 公里。③

　　近代中国的铁路虽然线路稀少、技术经营水平低下，但在半殖民地半封建社会生产不发达的情况下，在近代交通运输业中日益显示出它的重要作用。铁路的设置，密切了内陆腹地同滨江沿海各大商埠、港口的联系，促进了一些穷乡僻壤同通都大邑的交往。铁路运输在近代中国出现之后很快就在运输系统中居于重要地位。据统计，在近代货运量最高年份，使用现代运输工具运输的货物量，铁路所承担的，与汽车和轮驳船比较，分别多到 17 倍和接近 11 倍。④

　　铁路的敷设比起其他交通方式来，对于城镇的兴衰影响更大。许许多多于车站附近的本不闻名的集镇或人烟稀疏村落，迅速兴起并一跃成为重要的城市或市镇；过去曾经繁盛一时的集镇由于未能受益于铁路运输的便利，则转趋衰落，甚至被淘汰了。⑤如东北一些城市长春、沈阳等，是在原有城镇的基础上进一步发展为近代城市的。有的是依托铁路新兴起的近代城市，如 19 世纪末，哈尔滨还是一个小渔村，中东铁路的修建使哈尔滨迅

① 宓汝成：《帝国主义与中国铁路》，上海人民出版社1980年版，第588页。
② 孙敬之主编：《中国经济地理概论》，商务印书馆1983年版，第491页。
③ 隗瀛涛：《中国近代不同类型城市综合研究》，四川大学出版社1998年版，第704页。
④ 宓汝成：《帝国主义与中国铁路》，上海人民出版社1980年版，第589页。
⑤ 隗瀛涛：《中国近代不同类型城市综合研究》，四川大学出版社1998年版，第791页

速发展为一个大城市。

石家庄在光绪二十六年是一个只有百户人家的荒凉农村，正太路修成后扩为集镇，后来平汉铁路由此通过，石家庄便成为连接河北、山西、河南的交通枢纽，一跃成为河北省商业重镇。另外，郑州、齐齐哈尔、佳木斯、济南、包头、蒙自、昆明等都是随着铁路建设而发展起来的商业城市。

然而，随着铁路的兴起和区域交通结构的改变，原有的货物流向和流量必将发生改变，使原有的一部分交通枢纽出现停滞乃至于衰退的现象，如大运河沿线的扬州、淮阴、临清，上海附近的浏河、嘉定等。

2. 徐州铁路交通枢纽的形成

铁路对徐州城市的发展起着极为重要的作用，是近代徐州繁荣的关键因素。铁路是近代徐州城市发展的催化剂，使近代徐州交通面貌焕然一新。津浦铁路和陇海铁路的先后开通，使徐州南通上海、南京、江南诸城市，北达济南、天津、青岛等大城市，西至郑州，东到新兴港口城市连云港，大大地缩短了与这些城市的距离，促进了大规模商旅的集结和流动，改变了交通结构和体系，改变了商路，建立了以铁路为主的近代化运输方式。这样徐州交通枢纽的重要性进一步突出。

（1）津浦铁路

津浦铁路在徐州与陇海铁路平交，贯通徐州枢纽，为南北交通要道，它北起天津，南至浦口，是我国华东地区赖以发展的钢铁命脉，它不仅促进了徐州工商业的发展，而且对我国政治经济、军事等各个方面，都有着一定的影响。

关于江苏与直隶间的铁道，1880年刘铭传始创议，曾纪泽、容闳继之，此后建议者甚多，也有商人筹款请办津镇路。[①]1894年中日战争后，清政府愈见衰弱。为了富国强民，江苏候补道容闳根据以前历次提案，再次奏请借用外资修建津镇铁路，得到清政府批准。[②]容闳提案有悖于列强独享在华权

---

① 《清德宗实录》，卷425，第24页；卷432，第15页。

② 宓汝成：《中国近代铁路史资料》，中华书局1963年版，第231页。

益的政策，遭到列强的百般非难，同时列强之间也展开了激烈的竞争，迫于压力，清政府竟撤销已批准给容闳的特许权，与竞争胜利的一方——英德签订了《津镇借款合同》共35条。①

1905年，各省多呈请自办铁路。②1907年，梁敦彦与德英公司接谈，议定分借款筑路为二事，使两公司不得借口干预路权。③12月10日，奏定正式合同，分南北两段。山东峄县以北者为北段，以南者为南段。北段由德人借款，南段由英人借款，选用英德总工程师各1人，铁路上派用专门人员，总办则与总工程师商议。两路完成后，派一欧洲人为总工程师，至借款还清为止。草合同拟借740万磅，此时改为500万磅，利息仍为5厘，原为九扣，改为九三扣，原定50年还清，改为30年，10年后可还本，原定余利20%，改为20万磅，一次付给，购料行用5%。④1907年12月10日，军机大臣等奏请改津镇路为津浦路⑤。

其后中国出现义和团运动和收回路权运动，迫使此合同暂时搁置。1908年，要求收回路权的呼声更加高涨。直鲁苏京官恽毓鼎、黄思永等21人联衔呈请改为官商合办。⑥清政府据此为政治筹码，于1月13日，召集袁世凯、张之洞妥善办理此事。袁、张委派外务部左侍郎梁敦彦与德华银行代表柯达士、中英公司代表濮兰德谈判，经数月争持始达成协议，将原津镇铁路终点站改为浦口，改称津浦铁路，并正式签订《天津、浦口铁路借款合同》，借得500万英镑以供修路之需，以山东直隶两省济南京淮安关等处厘

---

① 《清德宗实录》，卷442，第13—14页。

② 中国近代史资料汇编编辑委员会编著：《海防档》，铁路，中央研究院近代史研究所1957年，第570页。

③ 中国近代史资料汇编编辑委员会编著：《海防档》，铁路，中央研究院近代史研究所1957年，第522—563页。

④ 中国近代史资料汇编编辑委员会编著：《海防档》，铁路，中央研究院近代史研究所1957年，第550—563页

⑤ 《清德宗实录》，卷584，第10页。《政治官报》，光绪三十四年正月十九日，补上年，第9—12页。

⑥ 宓汝成：《中国近代铁路史资料》，中华书局1963年版，第795页。

金为担保。年利五厘①。1908年3月，吕海寰与张之洞会奏路线取道安徽省境。英德商定以峄县韩庄运河桥为界，英国修筑南段，德国修筑北段。②本路借款与其他各路稍异，即铁路之敷设与管理权，概由我国政府自管，不以路作抵押。英德技师听从铁路督办大臣指挥命令，聘用外人亦由我国政府处理，"此乃当时路权收回运动之效果"。③

1908年7月，南段总局在浦口成立，总局把浦口至韩庄路线分为三大段，由外籍工程师及工作人员由浦口向北逐段详加勘测，并购买地亩，1909年1月动工修筑，徐州境内的津浦铁路属南段工程的第三段，徐州以南，地势平坦，施工较易，于1910年秋季完工；徐州以北地势高低、断续不等，土方量极大，又逢大雨，施工受阻，直到1911年全部土方工程才完成。同年9月1日，津浦铁路南北段接轨，10月23日全线通车。

1920年直系军阀孙传芳打败原清廷镇守使张勋进占徐州，1922年与入关的奉系军阀张宗昌在徐州展开激战，至1923年，双方无力再战方休。在此期间，双方拆铁路，割电线，炸桥梁，扣车辆，抢劫能移动的铁路设备，使徐州境内的津浦铁路彻底瘫痪。当时管理津浦南段铁路的英国人见一时无力恢复，曾一度离开回国。1927年4月24日，国民革命军占领南京，南京国民政府在浦口成立铁路管理局着手修复铁路，同年6月，徐州至浦口间恢复通车。

津浦铁路未修以前，北方货物须由平汉路运至汉口，再转上海，费时甚久。现在则可由郑州运至徐州，由徐州再转浦口，在浦口或径用汽船运到上海，或在下关转京沪线运到上海均可。两相比较，省时较多。津浦路对于全国而言，是南北经济运输极为重要之路线，而对于徐州经济社会的发展更为重要。

---

① 1910年，津浦铁路修筑半成之时，资本短缺，于同年9月遂起第二次四百万磅之借款。见（民国）实业部国际贸易局：《中国实业志》（江苏省），第11编交通第1章铁路，第17页。

② 宓汝成：《中国近代铁路史资料》，中华书局1963年版，第793页。

③ （民国）实业部国际贸易局：《中国实业志》（江苏省），第11编交通第1章铁路，第17页。

（2）陇海铁路

陇海铁路东起连云港，西至兰州，是我国最早筑成横贯东西的钢铁走廊。本线原分汴洛、开徐、徐清、清海、洛潼、潼西、西兰等各路，各自单独筹办建筑。至民国元年，民国政府与比利时电车铁路公司借款成立，比利时承办铁路后，始统称为陇海铁路。

1905 年，清政府即有修筑开封经徐州、邳州以达海州铁路的动议，因无资金而搁置。[1]20 世纪初，中国掀起了"收回路权运动"。商办苏路公司在江苏省成立。1908 年该公司着手修筑清江浦至徐州铁路，1910 年仅建到杨庄，即因工款告竭停工。其间，1909 年邮传部奏请清政府，建议修建开徐淮清铁路，蒙准后委派阮惟和为总办，在开封设"开徐淮清铁路总局"，在海州设分局，筹办筑路事宜。同年总局顾问沙海昂组织自两端进行勘测，12 月提出选线方案，计开徐段两个、徐海段三个，亦因无款停办，总局随之裁撤。[2]

1912 年，比利时电车铁路公司得知中国有筑此路意向，特派代表陶普施前赴北京，援引 1903 年汴洛铁路借款合同的有关条文，经磋商，9 月 24日与民国的财政总长周学熙、交通总长朱启钤签订了"1912 年中华民国五厘利息陇秦豫海铁路金借款合同"，计借得 25000 万法郎。同年 11 月 20 日，民国政府惟施肇曾督办陇秦豫海铁路，设总公所于北京。1913 年 2 月，在徐州设东路工程局，随派技术人员沙海昂、五咸等勘测，勘测队由外籍人员领队。同年 5 月，开封至徐州铁路开工，1914 年一战爆发，比利时电车铁路公司无法继续支付合同中的借款数额，北洋政府不得已于 1915 年 4 月7 日，由交通部核准在国内发行"陇海公债"，募得国币 3247 万余元，专供开徐段工程之用。[3]

开徐铁路自开封起，至徐州止。当 1907 年国人收回路权运动甚烈之时，河南绅商乃设立商办河南铁路公司，集资金 3000 万元，修筑省内各铁路，积极进行本路工程。在陇海铁路借款未成立前，开封至吴家庄之铺轨工程

---

① 宓汝成：《中国近代铁路史资料》，中华书局1963年版，第1007—1008页。

② 王林绪：《徐州交通史》，中国矿业大学出版社1988年版，第143—144页。

③ （民国）实业部国际贸易局：《中国实业志》（江苏省），第11编交通第1章铁路，第19页。

已竣。借款成立后，与徐清线同时收归国有，1915 年 5 月，开封至徐州段
铁路因陋就简，草草竣工，并通车营业。

徐清线自徐州起，至清江浦止，清江浦、西坝、杨家庄间 12 英里余之
工程已竣。后因江苏铁路公司，承筑沪杭甬线属于苏省境内止沪杭线，无
力顾及本路而停工。及至陇海借款成立，依合同归并，1913 年 7 月由交通
部将所垫经费于陇海结清。

本来陇海线之终站地点，在未决定以前，海州与海门两地之争论，较
为激烈。后经路局调查，决定以海州为终点站，遂放弃回绕清江浦之计划，
由徐州经邳县直达海州之大浦，延长约 136 英里，由徐州海州两地同时兴
工，于 1925 年 7 月，全线通车营业。[①]

这条铁路的通行吸引了大批的商贸，小贩东来西往，各类人物流转此
线。徐州由于津浦陇海体路交叉而过，更是身价百倍。各省的商会，纷纷
迁来择址建立商务会馆。商业渐趋繁盛，人烟日渐稠密。

三 近代公路交通

我国修建道路，以车辆为运输工具从事运输活动，有数千年的悠久历
史。到了近代，汽车作为运输工具开始成为社会发展的重要因素。公路汽
车运输有着十分优越的特点。它投资少，见效快，机动灵活，运达速度快，
能深入乡村和工矿企业，宜用与短距离的客货运输。因而汽车很快成为公
路运输的主要运输工具。但是我国的公路建设和汽车运输业落后于水运和
铁路，徐州的公路交通发展则更为落后。

公路对于近代徐州陆路交通的进一步改善是相当重要的。作为区域经济
发展中心，公路交通加强了徐州与周边地区之间的联系和经济文化的交流。

1. 公路建设

公路建设在中国兴起较晚，对沿线商业城市的兴起和发展虽有一定的

---

① （民国）实业部国际贸易局：《中国实业志》（江苏省），第11编交通第1章铁
路，第20页。汴洛铁路1909年12月，洛阳郑州段工程完工，于翌年一月通车营业。洛潼线为
河南铁路公司多创办，因募资不易，进行维艰，改由洛潼铁路公司办理，集资金334万元。于
1910年兴工，仅筑成洛阳义昌间一段，即告停工。归并陇海铁路后，继续兴工。

影响，但影响较小。1920年代，城市经济的发展和城乡之间商路的增多，促使近代公路应运而生。①这密切了与周边各县及乡村的联系，而且便利了经济交流与商旅往来，为后来公路网的建设打下了基础。

1921年中华全国道路协会成立，着手筹建各省公路管理机构。江苏省设立两个分会：一个分会设南京，称为中华全国道路协会江苏分会，另一个设在徐州坝子街，称为中华全国道路协会徐州分会。②徐州地区的公路建设相对全国来说，起步较晚，公路干线数量少，里程短，且道路质量不高。

自南京国民政府成立以来，公路建设明显增多，并取得一些成效。徐州地区的公路建设由政府主导兴修的占多数。1927年江苏省成立建设厅，统筹交通建设，厘定全省公路网。据有关学者研究，徐州地区的公路始兴于1928年。1928年1月，江苏省设立江苏省公路筹备处，11月成立江苏省公路局，全省共设五个分局。其中第一分局就设在徐州，管辖徐海12个县。政府的作用加强，加上徐州在铁路开通后，成为南北铁路交通枢纽，工商业逐渐兴旺起来，极大地推动了徐州地区公路事业的发展。从这时起，以徐州为中心围绕着铁路线延伸向徐州各县修建公路以通汽车的规划逐步得到实现。在1928年全省建设委员会议中，讨论全省公路修造标准，当时确定省道18线，江北有九条，徐海、徐宿、淮海、泗邳、沭郯、瓜鱼、通榆、东徐、江淮等线，约长2000公里。徐州地区的公路大都是在原来牛车大道的基础上扩建起来的。1929年兴修省际干线瓜鱼路丰县至铜山段19.58公里。据"江苏省建设厅民国十七年修建公路计划"，徐州地区计划修建公路，干线7条，长1194公里；支线54条，长3223公里。③

政府对修建公路较为重视，但政局动荡与经费不足，使公路建设受到严重阻滞。徐州地区公路建设时断时续，而且经常是制定的计划不能完成。如1928年到1929年，仅丰县一个县修路，共完成42.524公里，占徐州公路修建计划的0.1%。1930年至1931年，徐州地区公路修建停止，其原因

---

① 隗瀛涛：《中国近代不同类型城市综合研究》，四川大学出版社1998年版，第757页。

② 孙茂洪：《近代徐州的公路建设》，《徐州史志》1987年第4期，第40页。

③ 王林绪：《徐州交通史》，中国矿业大学出版社1988年版，第128—129页。

是新旧军阀混战于徐州附近。当时混战局面在徐州以西开封以北接山东边沿地方，新旧军阀势力穿插交替，政局多变。在这种情况下，政府无心无力修筑公路。①

根据1933年南京国民政府的调查，1930年代徐州地区的公路交通状况有了很大的改善。公路交通干线主要是瓜鱼路（见表2—1）。瓜鱼路全长540公里，为江苏省长江以北各县来往之重要公路，沿途经过江都、高邮、宝应、淮安、淮阴、泗阳、宿迁、睢宁、铜山、丰县等10县，最后乃入本路之南段，系沿运河筑成，入宿后，乃与河分离。这条线路在铜山县境内一段，共长100公里，为铜山县与睢宁县或丰县联络之干道，其在县境内所经过之重要地点，为房村、柳集、铜山、拾屯、郑集、湾里集、崔家集等处，沿途均尚平坦，平时可以通行汽车及牛车，所运之货物，以杂粮及柴两项最多。

在丰县境内一段，共长45公里，为丰县来往铜山或山东鱼台之重要干道。平时所通行之车辆有四轮车、骡马车及人力车等，其中四轮车与骡马车一辆可以载重2000斤，若由县城至铜山，则需价15元，由县城至鱼台则需价5到6元；人力车每辆约可载重300斤，若由县城至铜山，则需价5到6元，由县城至鱼台，则需价2到3元。

在丰县境内虽系泥土路基，行走不便，但在该县所处之交通地位，依然重要。丰县所需之货物，如煤炭、布匹、杂货等类，均需由铜山或山东之济南等地输入，而其输出之物，如五谷、杂粮、油饼、花生之类，亦以该二处为主要输出地段，故此路对丰县之贡献极大。②

表2—1　　　　1930年代初的瓜鱼公路表

名称	起讫地名	长度（公里）	经过县名	经过公里数	经过重要市镇	宽度
瓜鱼路	江都瓜洲	540	江都		江都瓜洲	9公尺
			高邮	42	六安、闸马栅湾、高邮城、车罗	

① 孙茂洪：《近代徐州的公路建设》，《徐州史志》1987年第4期，第40页。
② （民国）实业部国际贸易局：《中国实业志》（江苏省），第11编"交通"第2章"公路"，台北宗青图书出版公司1933年，第39页。

续表

			宝应	45	黄浦镇、县城、刘家堡、氾水镇、界首
			淮安	52	
			淮阴	24	淮阴、石码头、西坝浪、石渔沟
			泗阳	49	泗阳、众兴
			宿迁	28	
			睢宁	62	凌城镇、王林集、县城、小王集、大王集、双沟镇
			铜山	100	铜山、房村、柳集、拾屯乡集、湾里集、崔家集
			丰县	45	华山、县城、王寨、渠阁

资料来源:(民国)实业部国际贸易局编纂《中国实业志》(江苏省),第11编交通第2章公路,台北宗青图书出版公司,1933年,第39页。

    根据 1933 年统计,徐州地区的县道主要有:一是徐宿路,它为铜山县联络宿迁县之干道。沿途所经过之重要地点为殷庄店,马山圩等处,其在铜山境内一段,约长 50 公里,宽 7 公尺,路基以沙筑成。通行汽车、牛车等,所运货物为杂粮、柴等。二是铜萧路,它是由铜山通萧县城,为铜山物品输出时唯一干道,沿路运输以杂粮、菜蔬、水果等最多。路长共 28 公里半,在铜山境内一段长 12 公里许,宽 9 公尺,路基以土筑成,中途经山坡交通不甚便利,通行车辆为牛车、小车等,牛车每次运费约合 5 元,小车每次运费约合 1 元。三是铜沛路,它是由沛县通铜山,为铜沛两县来往之干道,沿途所经过之重要地点为张寨等处,路面高低不平,运输不甚便利,通行之车辆为牛车、马车,所运货物以粮食等居多。每里运费约合 2 角。四是徐海路,它是徐州联络东海县之干道,沿途所经过之重要地点为贺村、大庙、大许家等处,其在铜山境内一段,计长 15 公里,宽 7 公尺,路基以沙筑成,通行汽车、牛车等,所运货物以杂粮及柴两项最多。[①]

---

① 王维骃:《江苏北部各县交通调查》,中国第二历史档案馆,档案号398—8618。

表2—2 1933年徐州地区兴修公路

	名称	长度（公里）
干线	京鲁干线宿迁至窑湾段	45.65
	海郑干线宿迁至睢宁段	62.04
	瓜鱼干线铜山至丰县	48.96
	海郑干线徐州至双沟段	51.84
	海郑干线铜山至萧县段	17.28
支线	铜山至沛县支线	34.56
	邳县至睢宁支线	21
	邳县至宿迁、炮车窑湾段	16
	丰县至金乡（丰县往山东）	29.8
	沛县修建城关路四条	4.59
	睢宁至店埠支线	23.04
	睢宁至皂河支线	23.04
	睢宁至古城支线	43.2
	睢宁至桃园支线	17.28
	睢宁至王集支线	24.19
	睢宁至邱集支线	14.34
	官山至王集支线	11.52

资料来源：《铜山县公路材料》（1947年），江苏省档案局藏，档案号1004—乙—1611。

1933 年为徐州地区修建公路的高潮时期，基本上将通往主要城镇的土路路基修通，便于晴天通行汽车运输之用。1934 年继续将徐海地区公路予以延长或将县与县之间的路加以接通，共修公路 11 条，共 376.05 公里，其中干线延长两条即通海路和海郑路，共 89.5 公里，支线 286.55 公里。①

表2—3 1934年徐州地区修建公路表

线路名称	里程（公里）
徐州至宿县	33.53

① 《铜山县公路材料》（1947年），江苏省档案局藏，档案号1004—乙—1611。

海郑干线	萧县至刘庄	43
	萧县至永城	30.78
	宿迁至郯城	55
	徐州至贾汪	30
	萧县至砀山	32
	邳县至北徐塘	12.55
徐海线	邳县至铜山（耿集）	37.2
	沛县城关路三条	5.49

资料来源：王林绪《徐州交通史》，中国矿业大学出版社1988年版，第132页。

1935年，徐州与海州两主要城镇延续通车至其所属县，并有公路与津浦、陇海铁路相连接。徐州公路修建工作基本停止。

徐海地区在抗日战争前还修筑有一条重要的公路，即当时全国九大干线之一的海郑公路。海郑公路东起海州，经过徐海地区的东海、睢宁、铜山等县，往西直达郑州；有铜丰、铜沛、铜宿、铜萧等支线。他们分别与山东、安徽等地的公路相衔接，四通八达。当时，各县境内已通车里程：东海80公里，邳县42公里，丰县116公里，睢宁45公里，赣榆145公里。赣榆有公路5条，其中3条分别通往山东的青岛、临沂、临沭等地。[①] 这条道路，对于沿线地区商业发展极为便利，它是徐州与外界之间联系的重要孔道，对于徐州来说，意义极为重大。

日伪时期和抗战胜利后徐州公路没有新的进展，基本是在原有的基础上加以维修。1940年，徐州逐渐成为公路交通的中心。以徐州为中心的公路纵横交错、四通八达。

徐州城区及其所属地区所办公路建设进展是缓慢的，这与当时市县建设经费的短缺有极大关系。江苏省各县建设经费最多年仅10余万元，少则只1000元。"即以全数扩充建筑公路之用，尚感不敷，且其他水利、电气

---

① 种衍奎：《津浦、陇海两铁路的修筑及其对徐海地区经济的影响》，《江苏近现代经济史文集》，江苏省中国现代史学会编，1983年，第235页。

等市政工程经费，悉皆仰给于是。故县办公路，殊难长足进展"①。

表2—4　　　　徐属各县征工兴筑县区乡道长度一览（1933年）　　单位：公里

县名	修筑县道长度	修筑区乡道长度	合计
铜山	132.01		
丰县	411.38	27.52	438.90
沛县	65.00	10.66	75.66
萧县	71.64	450.56	521.83
砀山	95.00	14.56	109.56
邳县	133.00	12.00	145.00
睢宁	193.61	259.00	452.61
宿迁	50.50	89.50	140.00

资料来源：陈果夫《江苏省政述要（民国廿二年十月至民国廿五年五月）》，"建设部分"，文海出版社1983年版，第126页。

徐州公路建设存在的问题是，公路路面差，资金缺乏，容易受到灾害的侵袭和政局的影响。路面基本为土路，公路桥涵不全。桥涵较全的仅有徐丰鱼线即瓜鱼线，而徐州至睢宁、宿迁线即海郑公路无桥涵，只能季节性通车。

2. 城区交通的改善

徐州市政交通建设在1930年代有所发展，如在拓宽道路，建筑桥梁，改善沟渠，兴办公共建筑，发展公用事业，取缔危险建筑等民众迫切需要的建设上，均有很大的动作。当时江苏省在市政交通建设上各县情形不同，财力互异，在财力丰富之县份，如吴县、徐州（时为铜山县）等举办较易②。过去城市市政交通建设，民间商绅承担较多，即民间行为较为显著。而到了南京国民政府成立后，地方自治建设不断加强，地方政府在市政建设中

---

① 陈果夫：《江苏省政情述要（民国廿二年十月至民国廿五年五月）》，"建设部分"，文海出版社1983年版，第125页。

② 陈果夫：《江苏省政情述要（民国廿二年十月至民国廿五年五月）》，"建设部分"，文海出版社1983年版，第144页。

的作用越来越明显，既表现在资金投入上，也表现在政府的管理和规划上。

徐州是座古城，遭受兵灾水患交相破坏，极度濒于毁灭的境地。作为城市骨架的道路设施，没有得到正常发展。1949年，只有道路31公里，路面结构，除部分板石铺砌和简易碎石路面之外，土路面占近50%，高级路面沥青路面只有0.63%。城区道路不仅质量低劣，而且分布不均，表现为东密西稀，从道路规格看，干道少，贯通的道路少，小路多。①

表2—5   1930年代徐州市政交通建设

市政建设	完工年月	经费（元）	备注
修理公园马路	1935年4月15日开工至6月15日	1059.90	长322公尺宽83公尺
翻修道平路	1935年3月20日开工至5月8日	1404.69	
翻修南马路	1935年3月20日开工至5月8日	4147.98	长966公尺宽68公尺
翻修保安路	1935年4月28日开工6月19日完工	1405.92	
修理博爱路	1935年6月1日开工8月31日	4771.00	长696公尺宽53公尺
修理和平路	1935年12月3日呈准	3778.58	
建筑黄河桥	1936年4月8日呈准	9714.48	长395公尺宽105公尺
修筑利涉桥面	1935年6月15日开工6月24日完工	756.70	

资料来源：陈果夫《江苏省政情述要（民国廿二年十月至民国廿五年五月）》，"建设部分"，文海出版社1983年版。

第四节   交通变革与城市经济社会的变动

交通使城市有了活力，城市给了交通舒展自己的天地②。世界各国的经济发展史证明：交通是城市形成和发展重要的环境动力。近代徐州地区形成了铁路、公路和水运综合发展的格局。各种不同的交通运输方式是近代徐

---

① 陈德新：《伸展着的城区交通》，《徐州史志》1987年1期，第5页。
② 张冠增：《城市发展概论》，中国铁路出版社1998版，第222页。

州城市社会市场体系的有机组成部分。

新式交通的发展给徐州注入了新的活力，成为黄淮地区的中心城市。新式交通的发展缩小了徐州与各地的空间距离，从而给经济和社会发展带来一系列深刻的变革。

一 近代交通运输业的发展

近代徐州交通的变革带来的影响中还有一个重要方面，就是来自交通产业的自身推动力。交通运输业在徐州城市经济发展中的地位日益重要。正是由于发达的交通，才使徐州成为黄淮地区重要的区域性物流、资金流、信息流集散中心，与周边城市相比，徐州交通运输占较大优势。历史上扬州和淮安衰落的表面原因在于交通的落后，实质是与交通关联的产业受到影响，使其客货运输业、船舶、车辆制造业、饮食服业等迅速衰弱。工业化带动城市化，产业布局方式的改变也在改变着城市的形态。徐州城市社会是在与外部世界联系中求得经济发展的，其原料能源的供应，物资的运输和产品推销都需要依靠发达的交通运输系统。如徐州城市粮食贸易的发展与交通的变革有着密切的关系，为粮行等商行服务的行业如运输行业、搬运业、麻袋行、邮电通讯在徐州得到迅速的发展。

1. 铁路运输

铁路交通的发展，相应地推动了近代交通运输业的发展。早期铁路运输并不发达。津浦陇海铁路开通初期，各自开行人货混杂的混合列车，津浦尚可，陇海因设备简陋，旅客列车只能晨开暮宿。长途旅客苦于辗转流连，殊感不便。津浦铁路每日开行货物列车 3 至 4 对，1919 年后逐渐增加到 7 对。陇海线仅开行混合列车，铜山站以东以西各 1 对。1932 年后，在铜山站以东开行货物列车 2 对，每列 25 辆，每辆载重 30 吨。为了增加运营收入，提高运输效率，津浦、陇海两管理局几经洽商，于 1923 年 8 月，实行旅客联运。

津浦、陇海两路运营之初，因各货运站设备简陋、残缺，徐州地区整车运输只能由货主自行负责。1932 年 11 月 1 日和 12 月 1 日，津浦铁路与陇海铁路先后实行整车货物运输。徐州境内有徐州、铜山两站办理。

　　铁路开通后，运输公司成为徐州新兴的行业。最早在徐州经营运输的是五大运输公司，即"悦来""元成""利兴""捷运""汇通"。这五大规模较大的承运商，都是当时北洋军阀、官僚政客、地主士绅、洋务学者所筹建的企业，比如当时的"悦来""元成"两大公司，就是以北洋军阀为后台的企业，而"捷运""汇通"则是江浙官僚财阀所筹组的企业。他们的特点是资本雄厚，分支机构遍及沿路各站。这五大运输公司的组织形式是按当时的有限公司法筹资。因其各有背景，所以能获得铁道部注册，专营铁路运输。悦来运输公司坐落在三马路东头货场；元成在悦来对门复兴路路西；利兴在津浦路东，货场里有道岔；汇通地点在二马路青莲阁对门；捷运在复兴路东三马路上。"悦来"规模最大，为五家之首，有三间门面，而且有楼。他们大多经营杂粮运输。[①]这五大运输公司，仰仗其后台的官场势力，每年向铁道部缴一定的保证金，获得专利权；再加上建有货栈、专用线以及各种设施，除代用货物，还可代客保险、押车、储存货物等，因此最受客户的欢迎。

　　运输行业倍受战乱之苦，徐州五大运输公司处于收缩、停滞的状况。徐州土生土长的中小运输商号也就乘机发展起来。这些运输商号，规模虽小，但以服务见长，交运抢先，代客买卖，逐渐显现出他们的优越性。当时具有一定规模的商号有瑞泰恒、义兴、义升祥、益兴昌、佟茂祥、宏大、华昌、慎记、意达、安达等十数家。其中"华昌""慎记""安达"专营运输业，其余都是粮栈代运输。

　　专营运输的"华昌"规模最大，经理是樊振方，地点在二马路路南。粮栈代运输的"瑞泰恒""义兴"等几家，主要是买卖粮食，也运输其他物品并代客买卖[②]。徐州是农副土特产品的集散中心，这不仅为徐州运输业的发展提供了有利条件，同时也成为徐州大小运输商号赖以生存的基础。

　　徐州沦陷后，由于徐州基本上没有什么工业，大批的棉纱、布匹、日

---

　　①　（民国）实业部国际贸易局：《中国实业志》（江苏省），第11编交通第2章公路，第67页。

　　②　许政洋：《徐州运输业发展史略》，《徐州史志》1986年4期，第34页。

用百货要靠南方输入；由于只准许"以物易物"，因此徐州的土特产、杂粮药材等物，就得以输出。不管运出运入，在交运之前，必须向日本专门机关申请，经批准后才能交运。虽然日伪控制很严，手续苛繁，但运输商号仍有所增加。原有的商号除少数倒闭外，下增广和、永记、义记、万兴、同顺祥、道生、复和公、同益祥、谦益、郑风等十数家商号。

日伪时期，铁路不承受客户或运输商托运。托运货物只限于"日商国际运输株式会社"和"日华运输株式会社"，"朝鲜第一运输株式会社"以及徐州运输行业公会筹办的"兴华运输社"这四家运输公司向铁路交运。"日本国际运输株式会社"大都是只运日本商社货物，一般不承运中国人的货物。

运输行业大小商号必须向日华、第一、兴华这三家大公司交运，然后再由他们向铁路办理托运，而且要运输的货物必须送到这四家的货栈堆存，由日本人逐批检查，待查实批准后，才能转入铁路货场装车。

抗日战争胜利后，徐州运输业随着铁路的通车，又开始恢复。当时除了农副产品输出江南和工业品输入外，又多了豫、晋、陕、甘的货物中转。这些给徐州运输业带来了新的机遇。原有较大的运输商号几经沧桑，除汇通、义兴、义生祥、慎记等维持下来外，其他倒闭的倒闭、改行的改行，远远不能适应运输业的需要。在这种情况下，一些新的运输商号破土而出，如德生、新孚、大通、荣兴、庆生、复新、聚祥等。这时期也有一些人，为了谋生，开一间门面，承办运输业务。[1]

2. 公路运输

徐州汽车运输始于1930年代，有官办的和商办的专业运输企业。据1936年11月统计，当时营运的长途汽车，东海区44辆，以东海为最多；铜山区8辆，铜山、睢宁各4辆。为适应交通运输业的需要，徐海地区的转运业和堆栈业也有发展。1933年铜山有转运公司11家，仓库3家；沛县有仓库1家。全省当时仅有仓库66家，资金共200余万元。

日伪时期，徐州官办的运输公司仅20家：国际运输公司国际运输会社

---

① 许政洋：《徐州运输业发展史略》，《徐州史志》1986年4期，第35页。

支店、华北运输股份有限公司徐州支店、华北交通株式会社徐州驿、徐州交通株式会社徐州铁路办事处、华北交通株式会社徐州自动车营业所、华北交通汽车站、北支自动车工业株式会社徐州营业所、中华航空株式会社徐州飞行场、中国航口株式会社徐州出张所，毛达斯汽车修理场、丰田汽车修配厂、四达汽车材料行、大和汽车商行、兴亚汽车公司、协和公司、信康运输公司、江北汽车运输商行。

抗战胜利后徐州市内汽车公司有：大华汽车公司、光明汽车行，万盛车行、汇通汽车行，鲁南汽车公司、中美汽车材料行、中美汽车营业处。另有交通部公路总局第一区公路工程管理据徐州公路总段，交通部公路总局徐州营业所，交通部公路总局第一客运徐州南站，交通部第一运输处徐州营业所长途汽车营业社，国民党时期徐州原有汽车 270 辆。[1]

二 商业贸易的发展

交通运输的近代化大大缩短了徐州与外地的空间距离，加快了货物流通、资金周转及商务信息传递的速度。近代化牵引力较之传统畜力、人力运输高出几千倍，这一切有力地推动了近代徐州商业的发展。商品流通量迅速增加，使徐州的许多商号与上海、天津、济南、青岛、南京、无锡等大城市建立了密切的联系。有的商号、金融机构因徐州特殊的商贸优势条件，纷纷在徐州建立了分号或分支机构。《江苏乡土志》就近代交通变革给徐州带来的影响，就认为"商业自陇海、津浦两路成，始有起色，凡河南东部，山东南部及本省徐海各属之货，皆以此为集散地，故贸易繁盛，为江北各镇埠第一"，"将来连云港告成"，"更有发达希望"。[2]与外地贸易的发展不断加快，商品数量增多，商品结构发生了进一步变动，商品货币流通进一步加快了，新式银行在徐州迅速发展。先后有徐州官钱局、徐州国民银

---

① 徐州市交通局编：《徐州交通志》（未刊稿），徐州市地方史办公室档案室藏，第153页。

② 种衍奎：《津浦、陇海两铁路的修筑及其对徐海地区经济的影响》，《江苏近现代经济史文集》，江苏省中国现代史学会编，1983年，第235页。

行等金融机构的设立。1928 年 8 月江苏省农业银行总行设立后，以亩捐为基金，即在铜山设有分支。据 1932 年调查，铜山当时有钱庄 10 个，银行 6 家。[①]金融业的活跃，得益于城市工商业的发展，而徐州工商业又是在新式交通的刺激下而得到迅速发展的。

交通体系的建设与发展，对于徐州近代化起着举足轻重的作用。近代徐州商业都市化与徐州商业的繁荣发展，又为徐州与外地贸易的发展提供了更广阔的集散市场，推动了徐州交通枢纽地位的巩固与发展。

三 徐州城市空间的变动

不同的历史时期，不同的地理区位，具有不同的交通模式，交通模式决定了城市发展空间形态模式。[②]交通对于徐州城市空间形态、商业空间、社会经济发展产生了推动作用。

徐州得益于泗水、黄河及古运河漕运的影响，历史上成为重要的交通枢纽。随着铁路的修建与近代公路的发展，其陆路交通枢纽地位突显，新的主导交通方式开始从根本上影响着徐州城市的发展，逐渐形成了以津浦陇海铁路和通往四方的公路为中心的城市格局。城市空间形态开始越过黄河故道向东、向北发展。

火车站的建设，使徐州城市逐渐向黄河故道东岸发展。1922 年的自开商埠时期，政府决定开辟的商埠区就是在东站和黄河故道东岸之间。由此，徐州城市开始出现向东发展的趋势，这对于徐州城市发展来说具有深远意义（见图 2—3）。

---

① （民国）实业部国际贸易局：《中国实业志》（江苏省），第10编"金融机关"第1章"银行业"，第33页。

② 杨荫凯、金凤君：《交通技术创新与城市空间形态的相应演变》，《地理学与国土研究》1999年第1期。

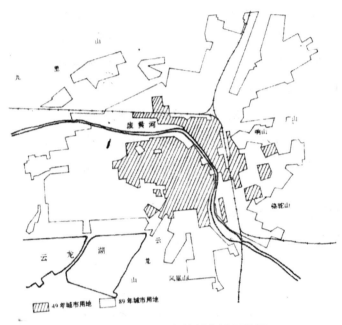

图2—3 1949年徐州市城区简图

资料来源：据《中国历史地图集》上册第272页图简绘而成。引自曹洪涛、刘金声《中国近现代城市的发展》，中国城市出版社1998年版，第220页。

四 城市社会结构与社会生活的变动

交通的变革推动了城市工商业的发展，从而使城市社会结构与社会生活发生深刻的变动。

徐州处于黄淮地区中心地带，是连通南北的枢纽，也是东部发达地区与西部不发达地区的重要转输中心。它通过立体交通网络和各种交通工具，对人才、物资和信息既有吸收，又有扩散。它加强了自己作为东西部结合和南北结合点的战略枢纽地位。徐州城市人口的不断增多，1843年徐州有城市人口4.98万人，1919年为12.5万人[1]，1935年为16.0013万[2]。更需要注意的是，城市居民中除了土著的以外，还有大量的外来人口，他们从事工业、手工业，或从事商业、服务业等，有为数不少的铁路职工、商贩、

---

① 何一民：《中国城市史纲》，四川大学出版社1994年版，第324页。
② 曹洪涛、刘金声：《中国近现代城市的发展》，中国城市出版社1998年版，第36页。

小手工艺者和流民等。

城市社会文化生活在诸多方面都有很大变化。如传统的豆油灯逐渐被煤油灯所取代，电灯照明在民国初年已经走入徐州城市社会之中。汽车开始成为人们出行的交通工具。文化娱乐样式不断趋新，电影、戏剧在近代都有很大的发展，人们接受的社会教育更为广泛。因为交通的便利，很多知名人士如黄炎培等，曾到徐州讲演或做报告，使人们的视野更加开阔。

交通是影响城市形态变化与城市发展的重要因素。徐州近代交通的变革，新式交通的发展给徐州近代发展带来了发展机遇，大大推动了徐州城市经济社会的发展。

徐州本来在近代以前水运发达，但在清末民初，水运衰落，陆路驿传是当时主要的交通方式。20世纪初，铁路逐渐成为主要的交通形式，改变了徐州的交通面貌和交通结构。1920年代到1930年代，公路交通逐渐得到发展。这样在近代黄淮地区，形成了以徐州为中心的四通八达的交通网络。商旅往来，货物进出，较以往更为方便。徐州逐渐成为连接南北东西的交通枢纽，黄淮地区的经济中心。

值得我们注意的是，徐州新式交通体系的发展是在近代特殊的历史背景下逐步形成的。由于政府的软弱腐败、政局的动荡以及战争的频繁，交通体系不断遭到破坏，因而城市的交通枢纽作用也难以得到发挥。如张宗昌盘踞徐州时，"强迫民众使用山东省银行和直隶省银行的票子时，拿着中国、交通等银行票子的人都惶惶不安，急欲将票子脱手，这给大同街上的天成百货公司造成了一个巧聚财源的时机。天成利用这个机会，以折扣收进中国、交通等银行的票子来销售货物，然后把所收票子充作货物，密密实实地包装起来，经济南由胶济线转运到青岛，再由海运抵上海，采办货物，而后运到徐州供应市场"。① 从这一段材料，我们可以看到天成公司运货没有直接从南路，而是向北由济南经青岛海运到上海进货，颇费周折。

因此，对近代徐州交通变革的作用，我们既要看到其促进徐州经济社会发展的一面，也要注意到其阻碍徐州城市社会发展的一面。

---

① 赵耀煌、董玉岭：《大同街上话沧桑》，《徐州文史资料》第3辑，第61页。

第三章　变革与发展：近代徐州工业的缓慢演进

新式交通体系的形成与发展，推动了近代徐州工商业的发展。而在影响城市发展的各种经济因素中，工业是最关键的因素。"离开工业近代化，城市近代化便无从谈起"。① 因而要把握近代徐州城市的发展轨迹，就不能不探讨徐州近代工业发展的演变及其特点。

脱胎于传统经济结构的近代徐州城市工业遗留着与生俱来的深深的胎记。作为母体的传统经济结构并没有因为新的经济结构的诞生而殒消，它依然在整个经济体系中占据主导地位，发挥着重要功能。近代徐州工业的发展演变是传统因素与现代因素同时并存、相互交融的过程。

第一节　传统的延续：近代手工业的命运

手工业是近代机器工业的历史前提和必要准备。手工业的发展状况如何，直接影响到徐州近代工业化的进程。它对徐州城市社会的商业、金融业、居民生活都产生了重要的影响。

一　手工业发展概况

徐州地区除以盛产煤铁著称于世外，还有丰富的农产品，其中以小麦、大麦、玉米、稻谷、山芋、棉花、大豆、花生、油菜、芝麻等为大宗。畜

---

① 王守中：《近代山东城市变迁史》，山东教育出版社2001年版，第324页。

禽产品则有猪、牛、羊、鸡、鸭之类。地理优越，物产丰富，交通方便，给手工业发展带来了有利的条件。但徐州近代以前的手工业极度微弱。其主要表现在：产品比较粗陋，价格不高。"工不求制造之精"①。"耕耘之外，无他淫巧。间有杂艺不过拙工"②。"工匠非世业，造作多拙朴无足观，然颇坚恒历久不败，取值亦甚廉"③。而且手工业在总体上还没有从农业中分离出来，还有许多从事手工业的是客籍，"百工技艺之徒，悉非土著"④。由于战乱、水灾等各种因素的影响，徐州手工业趋于衰落。⑤

近代以来，工业的发展与商业的繁荣带动着传统手工业的发展。根据表3—1显示，清末民初手工业发展是较薄弱的。徐州手工业生产除生产原有一些土特产产品外，又有一些粮油加工业的手工作坊出现。徐州手工业的生产工具均有所改进，分工区域、生产规模扩大，产品花色品种和式样增多，产品所拥有的市场日益拓展。民国以后，徐州的铁炉业、白铁业、制革业发展加快，而传统土布业抗战前发展迅速，而到抗战后走向衰落。织布业、被服业、制革业在抗战后发展更为迅速。

表3—1　　　　　　　　近代徐州手工业主要行业情况统计　　　　　　单位：家

时间	行业名称							
	铁炉业	白铁业	木业	织布业	土布业	被服业	制革业	马车挽具
清末	6		8		18		3	2
民初至抗日前	43	80		300	800	30	20	5
抗日期间	61	100	80		200	70		10
抗日胜利后	165	104	200	504	160	207		

资料来源：《徐州轻工业志》（1991年未刊稿），徐州市地方史志办档案室藏。

徐州传统手工业在近代有多种不同的命运，他们的抵抗、挣扎、败亡、

① 《民国邳志》，卷24《物产》。
② 《嘉庆萧县志》，卷2《风俗》。
③ 《光绪睢宁县志》，卷3《疆域志·风俗》。
④ 《嘉庆萧县志》，卷2《风俗》。
⑤ 余明侠：《晚清时期（1882—1911）徐州近代工业发展概述》，《学海》2000年1期。

充足、革新，依然占据较大的市场和重要的地位。

徐州大多数手工业行业与社会生产方式的进步关系微弱，消遣性、把玩性的生产多于实用性的生产。实用性生产行业是具有重工业意义的矿冶业。这一特征奠定了后来徐州工业化的模式，也是徐州近代工业很长时间里无法同一些大城市工业一样取得突破性飞跃的原因之一。徐州手工业的支柱行业是棉纺织业、机械五金业、粮食加工业。他们的兴衰代表着徐州传统手工业的命运，这也对徐州近代工业的发生、发展产生了巨大的拉动作用。

有学者在总结近代城市手工业特征时指出："有些城市作坊中的劳动工人除了一些有技艺的师傅外，多数并未完全脱离农业劳动。如酿酒坊工人，从深秋至早春为酿酒期，其余时间皆以耕种为生。一部分作坊工人被雇用具有偶然和辅助的性质。多属作坊和商业结合在一起，即坊店合一，雇工兼售与制造。"[①] 在徐州近代手工作坊同样具有这样的特征。

在近代很长的一段时间，徐州的传统手工业虽然出现了雇佣劳动，开始带有资本主义性质，但没有成长为独立的资本主义手工工场。粮油加工作坊逐渐发展起来。其意义在于，它的产品除了大部分供本地城乡日用消费外，已经突破邻近各县的范围而转运外省流通。产品所用的原料，部分从各地采办而来（如竹器业），反映了徐州与外省的产品交流、埠际贸易的增长。由于需求量的增长，促使某些行业开始过渡，采用机械动力生产，如面粉加工业等，有一些手工业作坊成长为近代化的工业，如近代徐州铁工厂。

二　近代手工业的变革

近代徐州手工业发展经历着不同途径：一些农产品加工业如酿造业，多沿袭传统工艺，采取旧式作坊形式，尚不能列入近代企业；而另外一些传统的手工业作坊开始走向近代企业发展道路。值得注意的是，近代徐州还出

---

① 茅家琦等著：《横看成岭侧成峰：长江中下游城市近代化的轨迹》，江苏人民出版社1993年版，第193页。

现了一些新兴手工业。

1. 传统手工业的延续

徐州所处黄淮地区农产品种类众多，小麦、大豆、花生、玉米、烟叶都有较大的种植规模，这些农产品构成了农产品加工业的丰富原料，因此，徐州酿酒、榨油、磨面等手工业源远流长。但这些行业由于工艺落后，产品质量与生产规模都长期徘徊，难有长足发展。现以酒油业和竹器业为例，说明传统手工业的近代发展变迁。

（1）酒油业

徐州酿酒及榨油槽坊，历史悠久且相当发达。徐州酒油槽坊在清代后期已有近20家，颇具规模（见表3—2），全是本地人所经营，资金较为雄厚，有的在乡下拥有土地，有的在城内还经营其他行业。

表3—2　　　　　　　　　　　清末酒油槽坊

店号	经营者	地址	创办时间	歇业时间
钟源	秦在樵之父	南关上街路东	清代后期	抗战前
德茂	蒋家	南关上街路西	清代后期	抗战前
恒聚	徐庆安	南关上街中段路西	清末	抗战前
聚泰	陈茂家	南关下街路西	清代后期	清末
同聚	杨洪儒、李朝贞	南聚泰旧址	清末	抗战后
悦来	张泮香、李朝贞	南关下街南段路西	清末	解放初
春泉	张姓	南关下街中段路东	清末	民国初年
仁和	戴效成	城南奎山街	清代后期	民国初年
信义和	杨洪儒等人	马市街路南	清末	解放初
同裕	杨洪儒等人	东关东新集路北	清末	抗战前
协泰	曹熙元	北门里路东	清末	解放初
聚盛	张少堂	西关校场	清代后期	解放初
万和	钱绪武、钱绪文	博爱街西段路南	清代后期	1930年
万顺	钱书樵、钱绪伦	博爱街东段路北		解放初
广源	王广成	博爱街路南	清末	解放初
信和	赵明伦	博爱街路北	清末	解放初

资料来源：董玉岭整理《徐州解放前的酿酒及榨油业》，《徐州文史资料》第7辑，第11页。

　　徐州酒油业一般都采取前店后坊的形式。过去的酒油槽坊有三四间门面做营业用和三四进院落做生产用，有骡马一二十匹做拉碾之用。伙计工人一二十人，忙时还雇用临时工人。

　　徐州酒坊，除常年生产"高粱烧"外，每年春季收购汉王乡一带的玫瑰花，经过加工后，掺入"高粱烧"的半成品内，酿造成白色的"玫瑰露"酒。1930年代初期，又研制出色味俱佳的"绿豆烧"酒，这些酒除了散装零整发售外，还存有一些1斤装的瓶酒出售。

　　徐州的高粱烧酒当时主要销售本城及附近城乡，同时远销南京、苏州、南通、扬州、上海、芜湖等地，而以南京销售最多。南京酒肆都挂着经销徐州高粱烧的招牌。徐州酒坊在南京开设分店的，约有20多家。宏泰槽坊在南京的大丰泰经销店，1931年全年酒销2.8万多斤。德泰槽坊业主曹克义于1940年在上海乍浦路开设分店叫瑞源酒店，经销徐州的高粱烧酒。[①]

　　民国时期，徐州酒油槽坊有了很大的发展。除了清朝末年已经开设的槽坊外，城内先后开办的槽坊达数十家，到抗战前约达40余家。从投资经营形式上来看，独资经营大都采取家庭作坊形式，子承父业。如宏泰槽坊是由董瑞生、董少五兄弟独资经营，和源槽坊最初是由董凤歧于民初开业，后由其子经营。但这一时期徐州槽坊以合伙经营较为普遍，如宏泰在徐州沦陷后，盘给本店伙计唐朝玉、刘向德、张同兴、陈汉臣、孟昭田经营，改店号为"德兴"，经营到解放初。同丰槽坊由余钊、文茂华合伙开设，后转让给李朝贞、宋荣庭经营。再如，坐落在南关上街南头路西的协同槽坊，是由张继颜、孟广瀛、余步康、王乐天等合资经营，于1918年开业，经营10年左右，歇业改组，又吸纳新股东阎启民、董瑞生等人投资，改店号为永丰，经营至1930年代初期歇业。

　　从销售方面来看，一般各槽坊都是采取前店后坊形式，前面门市销售零酒，用于本地消费。有些槽坊还兼作批发，远销南方各地，如宏泰槽坊生产酒的质量较高，每天门市可销零酒200多斤，是徐州销售零酒最多的

---

　　① 董玉岭整理：《徐州解放前的酿酒及榨油业》，《徐州文史资料》第7辑，第11页。

店。而且又兼作批发，远销南方各地，主要供应南京下关的源和酒栈，少量运往芜湖三益酒坊，或景泰隆酒店，以后在南京自己开设了大丰泰酒店就自己销售了，每年销售南京的酒约在2万多斤。[①]

表3—3　　　　　　　　　民国时期徐州开设的酒油槽坊

字号	业主	经营形式	地址	开设时间	歇业时间
宏泰	董瑞生、董少五	独资	南关下街	民国初年	徐州沦陷
和源	董凤歧	独资	南关下街	民国初年	1920年代末
同丰	余钊、文茂华	合资	南关下街	1920年代末	
协同	张继颜等	合资	南关上街	1918年	1928年左右
永丰	张继颜等	合资			1930年代初
龙泉永			西关校场		
玉泉	陈宗奎	独资	西关南园路	1933年左右	日伪时期
亨元	陈润甫等人	合资	察院街东段	民初	解放初期
德源	马英武	独资	北门街上路	民初期间	解放初期
北镇记	吴镇东	独资	北关笆子街	民初	
泰丰	马英武等	合资	北关笆子街		
德丰	马英武	独资	北关笆子街		解放初
震亨	曹克义、王统勋	合资	大公巷北首	1930年代初	徐州沦陷时
协成	王熙臣	独资	东关复兴路	1930年代初	日伪时期
德泰	曹克义	独资	鼓楼街路西	1933年	解放初

资料来源：董玉岭整理《徐州解放前的酿酒及榨油业》，《徐州文史资料》第7辑，第11页。这里只收集了规模较大的几家槽坊有关资料。

徐州沦陷后，酒油槽坊因战乱影响，计歇业的有8家，歇业交给别人经营的有9家，新开业的有20余家，这一时期发展达50到60家。其原因在于：日本人收购烧酒提炼给军用、山东农村需用饼肥、一些灾荒地区需以豆饼充作食粮，一时营业颇为活跃，但临时业户较多，资金不如许多老坊殷实。这时期的生产以福东、广丰、涌源、聚源、信和、镇记、德源等

---

① 董玉岭整理：《徐州解放前的酿酒及榨油业》，《徐州文史资料》第7辑，第11页。

槽坊的产量较大。这一时期徐州榨油业的技术有所提高，开始从木榨向铁榨、人工向蒸汽及电力、粗炼向精炼的过渡。徐州有源已使用电动机[①]。榨油业表现明显的过渡性，人工电力并用，木榨铁榨并存，管理体系带有浓厚的封建印记。

解放战争期间，徐州大军云集，局势动荡，原有各家槽坊，产量减少，只能勉强维持存在，许多资金不多的槽坊，有的歇业，有的转业，新开业规模都较小。

（2）竹器业

徐州竹器生产历史悠久。竹器在人们生活中和生产上用途广泛。清末至抗战前约60多家，解放初约50多家。从业人员除本市人外，还有河南清化、开封，安徽蚌埠、亳县、江苏淮阴等地人。[②]

徐州近代的竹器生产分为盘货和篾货两种：盘货又称园货，即将毛竹经火烤，用人力操纵简单工具使之弯曲，盘成竹桌、竹椅、竹凳、竹床、书架、条几、茶几、躺椅等用品；篾货即将毛竹劈成薄片，再将薄片削成竹皮、竹心，编成笆子、筛子、筐、篮、帘子、笊篱、箥子等用品。竹器生产工具，比较简单，有篾刀、园芭、手锯等，需要经火烤使之弯曲的，备有火炉使用。

竹器店多系小手工业劳动者，工具简单、资金不多，一般租间门面即可开业，有的雇工1至2人，有的雇工3至5人，也有少数规模较大的店，雇工10到20人，由于经营年久，积资较多致富者。

竹器生产和销售季节性很强，平时多生产扫帚、筛子、笊篱、筐、篮子、扁担、筷子等品种，每年麦收和秋收前，是竹器店的旺季时间，各店都提早制作笆子、大扫帚、筛子、扁担等品种进行销售。那时每年农历四月十五日（麦收前夕）有泰山庙会，所以在庙会期间，各竹器店生意非常兴隆，这一季的销售金额相当于全年的一半。

---

① （民国）实业部国际贸易局：《中国实业志》（江苏省），第8编工业第二章饮食品工业第3节榨油业，第385页。

② 沈华甫整理：《徐州解放前的竹器业》，《徐州文史资料》第7辑，第29页。

竹器店生产夏季各种竹器，如竹帘子、椅、床、凳、躺椅凳品种，这些品种的销售是很多的，许多大竹器店都到富户家里接洽定做帘子的业务，按照门的不同规格，加工制成后再送货上门。竹器店还生产不同规格的梯子，供油漆店、建筑单位使用。抗战前，徐州有蛋品厂需要量很大，各竹器店都忙着编篓满足其需要。解放战争时期，徐州驻军众多，他们大都吃米，淘箩、筛子、笊篱的需求量很大，竹器产品大多销售给他们。

1925年前徐州没有竹行，不能组织运输和销售。几个较大的竹器店如箄子街的盛复盛、刘德顺、苏玉顺、徐元盛等店，常到江苏宜兴的樟竹镇、罗敷镇，浙江湖州，安徽广德、繁昌等地去购买，由于当时运输困难，采购一次要费时数月，他们采购来的竹子，除了自己留足生产外，常拿出一部分售给小竹器店。1926年左右，徐州才有竹行，小竹器店所需毛竹、杪子，可向竹行购买，大竹器店仍到外地采购，因为到产地买竹价格便宜。安徽的官桥、潘林、桃山、夹沟等地离徐州不太远，这些地方出产竹子，质量很好，很适合竹器生产用。[①] 这些地方成为徐州竹器业重要的原料来源地。

2. 传统手工业的近代转变

徐州城市一部分传统手工业开始向近代工业转变。棉纺织业就是一个突出的例子。

徐州地区素有"地种桑麻，人善织衽"的传统。徐州纺织业千百年来陈陈相因，均系以家庭手工业的形式进行生产，产量有限，质量不高。明清时期纺织业仍然在发展，但不能与苏南纺织业蓬勃发展的局面同日而语。

进入近代以后，徐州纺织业进一步落伍，在工艺水平、生产规模各方面与苏南存在着巨大差距。在徐州城市工业结构中，不能同煤炭、建材、粮食加工各业比拟。徐州纺织业的落后重要原因在于：一是投资较少。当时包括徐州在内的苏北地区投资纺织业超过万元的企业寥寥，多数只有数千元，甚至几百元。二是设备落后，虽然建立起近代新式企业，但设备大都是旧式木制织机。三是未受重视，无论政府还是企业家都没有对徐州的纺织业给予足够的关注和支持，因而这一拥有丰富原料、广阔市场的部门，

---

① 沈华甫整理：《徐州解放前的竹器业》，《徐州文史资料》第7辑，第31页。

没有得到应有的发展。除去分散经营的织户外，清末民初的主要纺织企业就是徐州劝工厂。

1905 年，徐州道尹袁大化为响应清政府兴办工商业的号召，乃建立以纺织为主的徐州劝工厂。[①] 所谓"劝工"即寓有奖励实业的意思。这一工厂因为资金仅有 5 万元，故规模不大。纺织方面系采用手工劳动和简易机器相结合的方式进行生产，产品以绸缎、呢绒、布匹为主，工人约 500 人。劝工厂的其他产品尚有白穗花毯、针织、毛巾以及服装、肥皂之类。但是，由于经营不善，资金匮乏，再加上外销困难，该厂最终在 1909 年倒闭。但是它有着重要的作用：一是为今后徐州纺织业的发展奠定了基础，提供了技术和人才的条件，二是它带动了徐州近代其他行业的发展，从思想上开启了民智，近代工业机器生产的观念和风气开始转变和形成，这一点更为重要。后来在民国年间兴起的一批新式纺织作坊，其经营者多为当年劝工厂的纺织工人。[②]

1912 — 1927 年，徐州纺织工业有了较大的变化，发展较快，出现了一些新的纺织企业，提高了生产能力，改善了技术水平，扩大了花色品种。江苏省实业厅在 1918 年建立徐州第七模范工厂，另外还出现了徐州惠民工厂。徐州棉纺织业从外地引进机械设备，提高了技术水平。如从山东引进了日式铁木织机，不仅可以织直纹布，而且可以织出斜纹布和卡其布。徐州的斜纹布和条格布是当时苏北地区闻名遐迩的产品，是徐州及其周边市镇农村人们的重要生活消费品。徐州第七模范工厂生产的带穗线毯，质量较好，花色品种较多，毯上织有鸳鸯戏水、松鹤图、双鹿图等图案，深受民众的欢迎。

小型棉织作坊和个体棉织户的生产也在发展，产量在不断提高。土布产量在 1920 年代末相当可观。"这些织户的生产方式正在变革，他们的生产工具在改进，脚踏织机、铁木织机的使用日益普及。有的以家庭为单位，单独生产，有的开设作坊，雇人生产，其目的大都直销市场，其产品大都

---

① 《全本徐州府志》（新千年整理本），中华书局2001年版，第338页。
② 余明侠：《晚清时期（1882—1911）徐州近代工业发展概述》，《学海》2000年1期。

成为商品。越来越多的织户告别了男耕女织的自然经济。徐州城市有了为织户提供供销服务的棉纱和棉布店，他们从外地购入棉纱卖给织户做原料，同时收购织户的土布在本地或外地销售。徐州商人张俊庭以摆地摊起家，向城郊之居民及四乡农民销售棉纱土布，发展成为徐州著名富豪。"①

徐州近代纺织业发展的主要特点有：第一，规模小，技术落后。徐州纺织工业的发展加快了徐州工业结构的调整，它与其他轻工业部门的发展改变了徐州轻重工业的比例。但徐州纺织工业虽然有一定的发展，但规模比较小。徐州城市的纺织业的技术水平和设备资本的投入都比较落后。中国近代棉织业自1890年上海机器织布局建立开始，技术不断提高，上海的织布厂较早使用铁制织机和蒸汽动力。1916年后，苏南的武进、江阴等地逐步由木机转为铁机，开始使用蒸汽与电力。而徐州纺织工业都使用木机或铁木合制织机，绝大部分为人力畜力。

中国针织业从光绪末年茂盛、天洋两商行引进外国针织机械，设备不断更新。民国初期，上海的景星针织厂、广东的进步针织厂开始使用电力驱动，并逐步向苏南扩展。而徐州的针织业都使用人力。这些说明徐州的生产技术与上海等江南城市存在一定的差距。

第二，徐州纺织业属于市场指向型行业。徐州的矿业和粮食加工业是资源指向型行业。棉花并非是徐州地区的资源优势，因此徐州纺织业是市场指向型行业，不是资源指向型行业。徐州直接以棉花为原料的纺纱业所占比重微乎其微，而以棉纱为原料的织布和针织较为发达，这就进一步规定了徐州纺织业的原料不是指向本地的农业资源，也不是指向本地的工业企业，而是指向市场，通过市场采购自身所需的原料。徐州地处苏鲁豫皖交界处，因而徐州纺织业的原料来源十分广泛，大量原料来自上海、无锡、青岛、郑州等纺纱业比较发达的地区。

徐州纺织业发展的基本动力是日益增加的市场需求。纺织业的产品无论是布、毛巾、袜子、衣服，绝大部分在本地市场销售，满足本地人的需求，而销往外地的数量是极少的。

---

① 姜新：《苏北近代工业史》，中国矿业大学出版社2001年版，第90页。

第三，经营方式大都为前店后坊。前店后坊形式的发展，反映了徐州工业发展规模较小，以及它的主要市场是本地，把工业生产与市场紧密结合。徐州针织业、服装业的企业名称大都不是"厂"与"公司"，而是"店"。规模较小的服装业更多地采取了前店后厂的形式。

第四，近代徐州城市工业中的政府行为。政府行为直接为纺织业提供政策引导，这是徐州纺织业发达的重要原因。民国初年南通企业家张謇致电工商部总长刘揆一，提出注重工业发展示范的建议，"非先之以劝工场，使人有所观感。则兴起不易"①。工商部对此建议十分重视，不仅在临时工商会议上提出建立模范工厂的提案，并且将设立模范工厂引入振兴实业的计划。徐州棉织业的主要企业第七模范工厂就是这一政策的产物。

3. 新兴的手工业

近代徐州出现的一些新兴手工业，是具有资本主义性质的手工作坊。最具有代表性的是肠衣加工业。

肠衣加工是近代一种大宗的出口产品。徐州肠衣加工业在1920至1930年代最为发达（见表3—4）。

表3—4　　　　　　　　近代徐州肠衣加工业

店名	业主	地址	开办时间	经营项目	销售市场
	南京马义会		1925年	加工肠衣	上海、天津
	河北人马凤明		1929年至1930年	加工羊肠衣	
善兴肠庄	山东省滕县人张子明	二马路姜家巷	1930年秋	加工猪肠	天津
	山东省邹县人朱建初和仲纪昌	子房山脚龙爪沟北	1931年夏	经营肠衣加工	大多售给善兴肠庄，少量销往济南
	徐州人黎文元	一道街	1931年初	加工羊肠衣，附带加工点猪肠衣，加工半成品	运销天津，猪肠衣卖给善兴肠庄
华浚肠厂	河北省故城县人翟珍善	四道街	1934年		
	山东省齐河县人曹曰芳	莲花井	1938年		

资料来源：张瑞样《徐州私营肠衣业概述》，《徐州文史资料》第7辑，第132—135页。

---

① 江苏省实业厅编：《中华民国商业档案资料汇编》第一卷（下），第664页。

从上表我们可以看出，近代徐州肠衣加工业多为外地人在徐州经营生产的，本地人仅一家。徐州肠衣加工产量不高，1920年代末至1930年代初徐州城市人口不足10万，每天宰猪不过40头左右。朱建初和仲纪昌开设小的作坊，一年加工的肠衣只不过是2000余根。规模最大的善兴肠庄在开办之初，1930年整个秋冬仅收购的原肠5000余根，每根长15米左右，约重2斤。

到1931年春，善兴肠庄正式在二马路姜家巷租房经营，一年内收购加工1万根左右。后来由于善兴肠庄开拓了货源，徐州肠衣产量有了较大的增长，1932年共3万余根，其中善兴占2万余根，1933年继续增长，共5万余根，其中善兴占四万余根。[①]

徐州肠衣加工的原肠货源，最初主要来自城内。由于徐州已有数家加工肠衣，城内原肠货源日渐紧张。后来肠庄不断开拓货源，如善兴肠庄为避免与别家争购，减少与同行之间的矛盾，利用本身资本雄厚的优势，到四乡收购原肠。附近的乡镇敬安、方寸、八义集、大庙、官湖、贾汪等的原肠便源源不断地为善兴所收。这极大地促进了徐州肠衣加工业的发展。

徐州肠衣业一般加工成半成品，主要销往天津、上海、济南、南京等通商大埠，专销出口，其中销往天津最多。因而徐州肠衣加工业受到国际市场的重要影响。1939年欧美肠衣畅销，善兴肠庄利用天津诸洋行专销出口，带动了徐州肠衣产量猛增，全年达30万根，善兴占80%，之后两年继续兴盛。但太平洋战争爆发后，对外口岸遭到封锁。外商不再收购，肠衣产量陡然滞销。善兴因此亏损较大，被迫停业。[②]

徐州肠衣加工业在发展过程中也遇到地方势力的阻挠与破坏。如1934年夏，红帮头目米玉恒支持河北省故城县人翟珍善在徐州开设"华浚"肠厂，以包税办法在铜山县政府取得肠衣专营权，通过政警队发出布告，勒

---

① 张瑞样：《徐州私营肠衣业概述》，《徐州文史资料》第7辑，第132—135页。

② （民国）实业部国际贸易局：《中国实业志》（江苏省），第8编"工业"第2章"饮食品工业"第14节"肠衣业"，第64页。

令善兴、九兴和仲纪昌等停业。善兴被迫撤回山东临城（今山东枣庄）。九兴和仲纪昌联合与之斗争，方得以继续肠衣加工。[①] 这对于徐州肠衣加工生产产生了极大的影响。

第二节　近代工业的起步与发展

一　早期工业发展的经济思想

近代徐州早期工业起步时期有两个重要人物，是值得我们注意的：一是胡恩燮，二是张謇。他们的思想对徐州经济的发展产生了重要的影响。

1. 胡恩燮

1882 年，胡恩燮得到徐州道台程国熙的推荐，被两江总督左宗棠委任为徐州煤矿的主持人，成为徐州近代工业的先行者。他苦心经营徐州煤矿直到病逝。胡恩燮著有《白下愚园集》8 卷，其中《煤说》一篇叙述了创建徐州煤矿的艰难历程，也抒发了发展工业的满腔豪情和独具特色的经营思想。他考察了徐州一带的资源情况，认为这一地区煤、铁、铜都有一定储量，均不应荒废。他了解当地的风土人情，感到这里物价便宜，工价低廉，有利于降低成本。他分析当地的地理位置，认为这里远离海岸线，不易受外敌炮舰的威胁，可以设立较大的企业，徐州地区具备了"有警则军国之备无虞，无警则富强之基以立"[②] 的客观条件。

在调查研究的基础上，他提出了发展徐州工业的宏伟规划："第一步，综合开发矿产资源，以煤铁开采为先导，继而开发铜矿；第二步，建立钢铁联合企业，以徐州煤炼徐州铁；第三步，建立综合性的工业基地，以钢铁造铁轨，造轮船，造枪炮，要让苏北徐州成为中国的'克虏伯'工业区。"胡恩燮的计划"考虑到市场对于煤铁船炮的需求，分析了徐州矿产丰富，劳

---

① 张瑞样：《徐州私营肠衣业概述》，《徐州文史资料》第7辑，第132—135页。

② 胡碧澄：《灌叟撮记》，第11页。

动力价格低廉的因素，预测了降低生产成本与运输成本的可能"。①

胡恩燮在经营徐州煤矿时，注意聘用外来技术人员，如在勘探徐州煤矿时，他便聘用矿师巴尔运用新技术勘察，采集标本送到外国化验，矿山筹建时，采购先进设备，矿山投产后采用了部分近代机器。在经营方式上，他坚持"仿效西法，集资采铁"。②他亲自拟定的《招集商股采炼煤铁章程》明确规定，按股分红，按股派人任事，力求股东"事事自主"。

2. 张謇

清末民初著名实业家张謇对徐州及徐海地区极为关注。他深谙徐州地区风土人情和社会状况，十分关切徐州地区的经济发展。他关于徐州城市近代经济发展的思想比胡恩燮更进一步。张謇在光绪三十年甲辰的《徐州应建行省议》中，提出在徐州建立行省的主张。正是在这篇奏议中，张謇分析了徐州建立的有利条件和形势，并提出建立徐州行省的重要措施，即"四要"：一要"训农"。他指出"广种薄收，农惰成习，蒿莱满目，弃货益多。况山童野濯，河废湖淤，宜树宜艺。远寻楚汉陵屯之遗。近采靳辅沟田之议，大开农场，示以试验。人歆于利，效法必多"。二要"劝工"。他认为在徐州应该利用有利的资源条件大力发展工业，"农既生物，待工而成，徒恃旧工。不可尽物利。徒恃陋俗，不可塞漏卮。利国矿产，载在方志，石煤之富，近益彰明。就产设厂，可造枪炮，可造农工一切应用机械，食用既节，工资亦省，因麦亦磨面，因豆以榨油，因粱粟以酿酒，因油蜡以制烛，因羊皮以练革，因蚕以良绸帛，因砂以为玻璃。或自无而有，或自粗而精，俱可相度土宜，生财利用，原料成熟，人渐于勤"。三要"通商"。他认为"无水利无以利农，则湖河宜辟。无运道无以利工商，则铁路宜筑，轮船宜行。五点保以利工商，尤无以利兵，则支线宜次第连属，无资本以利工商，亦无以利农，则银行宜大小贯输"。四要"兴学"。他认为这是"要中之尤要"，他指出"农工商兵皆资学问。专科之始，尤重普通，有普通而后，可宣上德，有普通而后可肇

---

① 姜新：《苏北近代工业史》，中国矿业大学出版社2001年版，第34—35页。
② 胡恩燮：《煤说》，载《白下愚园集》卷8。

国民，宜先立一师范学校，县各立一高初等小学校，是二校者，皆宜官资，官既倡之，政用强迫，手工土地，学亦宜先，庶几标本兼图，缓急不匮，民智苟启，民生自昌，国不患贫，何至患弱"。① 在这里，张謇根据淮海地区资源丰富的实际，设计了一个具体的综合工业体系。他构想建立徐州煤铁机械中心，建议充分开发徐州一带的煤铁资源，采矿炼铁，并且进一步"造枪造炮，造农工一切应用机械"，以弥补华东地区没有重工业基地的缺憾，以贯彻"我国事业，当从至柔（棉）至刚（铁）之两物为共同注意发挥之事"②的一贯思想，在江苏省内实现他所崇尚的"棉铁主义"③。

张謇所设计的工业体系不仅包括煤铁机械，还希望因地制宜，全面发展，他建议淮海各地区充分发挥本地优势，"因麦以磨面，因豆以榨油，因粱粟以酿酒，因油蜡以制烛皂，因牛羊皮以练革，因蚕以良绸帛，因砂以为玻璃……"④张謇的工业发展方案不仅保存了胡恩燮煤铁兼营的内容，而且进一步将范围扩大到各个部门，涉及苏北和淮海地区，使徐州城市经济与区域社会协调发展。这一思想对于当今徐州和苏北经济的振兴仍然是有价值的，值得重视和借鉴。

二   近代徐州工业发展概况

徐州近代地方工业有良好的自然条件和经济地理条件：一是有多种矿产资源；二是交通方便；三是农副产品丰富；四是市场广阔。⑤但徐州近代工业发展道路是十分艰难而且曲折的。

近代新式工业的分布相对集中，使中国出现了一批新兴工业发达的城市，如华东的上海、华北的天津、东北的哈尔滨、华中的武汉都已经成为当地近代工业中心。在徐州地区周围也相继出现三个工业中心。太湖附近

① 张怡祖编：《张季子九录》，政闻录卷三，文海出版社1983年版，第103—107页。
② 张怡祖编：《张季子九录》，实业录卷四，文海出版社1983年版，第29页。
③ 姜新：《苏北近代工业史》，中国矿业大学出版社2001年版，第38页。
④ 张謇：《徐州建行省议》，《东方杂志》卷1第3期，第35—36页。
⑤ 刘定汉：《当代中国的江苏》，中国社会科学出版社1989年版，第399页。

的无锡，民国以来，新式工业突飞猛进，1916年时不过有两家纱厂，纱锭43832枚，到1928年增至6家，纱锭突破了15万大关。1921年建有面粉厂6家，资本200万元。另外，无锡的缫丝、水泥等工业也比较发达，被人们称为"小上海"。济南是津浦路与胶济路的交汇点，距离苏北仅200余公里。民国以来，济南纺织、面粉、造纸、火柴、皮革、肥皂、制粉、水泥、草帽等都逐步发展，其中面粉工业最为发达，1924年时共有面粉厂10家，资本590万元。与苏北毗邻的南通，发展同样迅速，1920年代初已经形成了一个以棉纺织业为核心，包括冶金、炼油、交通、机织、面粉等行业的企业集团。新兴工业城市的出现，尤其是周边地区工业中心的出现，使徐州有可能主动接受辐射，积极引进资金、技术，发展本地区工业。[1]徐州工业在历史大环境下，有了一定的发展，受到很大的影响。徐州与其他重要的近代化的工业城市关系越来越密切。

1912年至1927年，徐州近代工业初步发展，徐州城市销售市场不断扩大。这一时期徐州城市人口在逐步增加，据统计，当时徐州所在的铜山县，1912年有83万居民，至1928年达到95万人口，增加了20%，其中大部分集中于徐州市区。城市人口的增加，表明了社会分工的细化和商品市场的扩大。如表3—5所示，徐州工业不甚发达，仍处于手工业时代，新式工业之初具规模的，仅有制蛋厂、宝兴面粉厂、耀华电灯厂及一煤矿公司。除此以外，尚有江北火柴厂、制革厂、烛皂厂等，但规模均小。[2]

表3—5　　　　　徐州（民国铜山县）各种工业情形（1930年代初）

	家数	资本总额（元）	工人总数	生产总量或总值
织布业	20			242000元
毛巾业	5			9400打
织袜业	5			2500打
织毡业	5			2390件

---

① 姜新：《苏北近代工业史》，中国矿业大学出版社2001年版，第64—65页。

② （民国）实业部国际贸易局：《中国实业志》（江苏省），第4编"商埠及都会"第7章"铜山"，第86页。

续表

制帽业	10			30800元
制蛋业	2	220000元		630000元
面粉业	1	200000元	300	
酿酒业	35			180000元
油坊	40			320000元
火柴业	1	30000元	200	
玻璃业	1	6000元	24	132000元
制革业	3	4200元	23	1600张
肥皂业	5	5000元	24	16070箱
水电业	1	300000元	300	
印刷业	25	23100元	113	85500元
煤矿公司	1		1000	

资料来源：（民国）实业部国际贸易局《中国实业志》（江苏省），第4编商埠及都会第7章铜山，第85—86页。

三　徐州煤矿的开采与经营

近代徐州经济结构的变动肇始于工业领域，具体来说，1882年时任两江总督的左宗棠令徐州道台候选知府胡恩燮开设利国煤铁矿务局，在蔡山开煤井，开始进行徐州煤矿的经营开采，标志着徐州近代工业兴起的开端①。

1. 胡恩燮与徐州利国矿务总局

徐州物产十分丰富，其中尤以铁矿、煤矿的开采历史较为悠久。清政府因鸦片战争赔款及镇压太平天国起义等原因，财政困难急需解决，乃开放"矿禁"以利税收。1860年后，以曾国藩、左宗棠、李鸿章等人为领导的洋务运动勃兴，中国近代化工业开始起步。但是，洋务运动初期兴办的工业多偏重于军事方面。1870年后，随着形势的发展乃由"求强"转向"求富"，许多民用工业相继出现，徐州近代化煤矿的开采也于此时被提到日程上来。

---

①　关于徐州近代煤矿史的研究，已取得了较多的成果。余明侠先生所著的《徐州煤矿史》做了详细的论述，提出了一些重要的观点。

1881年秋，左宗棠被任命为两江总督兼南洋通商大臣，下车伊始，即"议刱徐州矿务"。不久，左宗棠经过慎重考虑，决定委派具有一定仕途经历和理财能力的胡恩燮（1825—1892）主持其事。胡恩燮因参加清军镇压太平军，积有军功，被擢升为候补知府，但一直未获实授，嗣又在江北等地办理厘金，甚得漕运总督吴棠信任。卸任后回到南京，长期赋闲家居，此时骤得左宗棠委任，感激知遇之情是溢于言表的。1882年春，胡恩燮聘请曾在开平煤矿任职的英籍煤矿工程师巴尔到徐州进行实地查勘，结果发现"铜山县境内煤苗极盛，利国驿所产铁矿尤多且佳"。于是，胡恩燮经过反复研究，乃决定如下的办矿方针：一是煤铁兼兴，以利国驿附近之煤炼利国驿之铁；二是依西洋公司之法，集股筹资，用民营方式经营；三是购买西洋新式机器，使用新式工艺进行开采；四是从有利于己，也有利于国计民生的原则出发；五是与洋煤竞争于市场，以便为国家财政堵塞漏卮。[①]

上述意见经左宗棠同意后，遂于1882年10月5日（光绪八年八月二十四日）正式成立徐州利国矿务总局（简称利国矿务局），并任命胡恩燮为总办，其子胡碧澄以"提调矿务"名义襄赞一切。这是徐州地区最早出现的一个近代化工业。

徐州煤铁的开采与经营与古代相比已经有很大的不同，已经明显地打上了时代的烙印，具有很大的进步性：一是这一矿业实际上具有民营性质，尽管名为官督商办，因不用官股，不受官府干预。它所采用的股份制在近代工业史上是比较早的，徐州利国矿务局开始筹集的股金共为50万两（每股白银100两），股票在市场上甚为坚挺。当时的股市行情是：徐州利国股票"每股108两（原价108两收足）"[②]，反映了人们对这一新兴企业是充满希望的。因此，胡恩燮打算再征集股本50万两，用之于开采利国驿铁矿。消息传出，认购者纷纷而来。二是引进了先进的近代化生产工具（采掘工具），胡恩燮最早开采的煤矿，是距利国驿不远的蔡山。他为了改变旧式煤窑生产设备落后的状况，从上海购进了钻探机、吸水机（即抽水机）、提煤

---

① 孙毓棠编：《中国近代工业史资料第一辑》，文海出版社1983年版，第1106页。
② 《申报》1883年3月24日（清光绪九年二月十六日）。

机、锅炉（亦称汽锅）、通风机、避火洋灯（即安全灯）等器物，用之于煤矿生产。该矿同年12月正式出煤，从此揭开了古老的徐州煤矿迈入近代化行列的新篇章，标志着徐州地区的社会经济已经进入了一个新的时代，也标志江苏省第一个近代化重工业基地的诞生。

不久，徐州煤矿经营遭受严重挫折，其原因主要是战争的影响，导致金融危机，从资金上受以重创。1883年5月，"中法战争爆发，商市骤落，官股不能兑现，民间股份纷然解散"。加上从上海开始的金融风潮，波及沿海许多城市，以致银根奇紧市场混乱，"钱肆亏倒，无款可继"。徐州煤矿存于钱庄的大批款项顷刻化为乌有。此时胡恩燮处境艰难穷于应付，于是"暂置开铁，先行从事采煤"[①]，放弃了原来的"煤铁兼兴"的计划。这件事对胡恩燮的打击是沉重的。

2 胡碧澄与青山泉煤矿

1884年后，胡恩燮因年老多病，长期养疴于南京。徐州利国矿务局的工作乃交由其子胡碧澄负责。胡碧澄随父办矿颇有经验，这时他因蔡山煤矿地下水泛溢，在铜山县境内的青山泉另开新井。从此，青山泉遂成为徐州著名矿区。1887年（光绪十三年），胡碧澄正式接替父职，由两江总督曾国藩任命为利国矿务局"总办"。他为了打开局面办好煤矿，采取了如下的经营方针：第一，撙节开支，土洋结合。所谓"土洋结合"，即用土法参以西器的生产方式，能够使用机器之处尽量使用机器，井下采煤则仍靠人力刨、掘和拖运。第二，和睦地方，搞好关系。其目的是为煤矿的生产创造良好的外部环境。第三，整顿矿场，征集新股。主要的措施是严明赏罚，提高工效；广开运销渠道，促进煤炭生产；筹集资金，扩大再生产；等等。由于上述方针正确，徐州青山泉煤矿遂出现欣欣向荣之局面。

但不久之后，徐州之煤运销出现很大困难，"运道阻滞，节节旱路，仅凭笨重之牛车转输百余里或数十里，至徐城及萧县等处，运河则由泉河出口，既苦水有涨歇，且韩庄至清江多浅滩悬流，大小闸凡数十道，船运艰阻，坐耗时日……怀远等县招商承运，每期运出亦不过数十百吨耳。数

---

① 孙毓棠编：《中国近代工业史资料第一辑》，文海出版社1983年版，第1116页。

年竭力开一井，必停数年以待销，存煤山积，坐亏成本"。[1]因此，徐州煤矿因运输成本高昂而出现亏损之局。加上当时国内煤炭市场的激烈竞争，以徐州煤的主要销售地南京为例：当时南京有两座军火工厂，即南门外制造局与通济门外棉花火药局，两厂约计每日各用煤数十吨，合计每天共用煤百吨之多。市场供应的情况是，洋煤用轮船运来溯江而上，安徽池州（今贵池）之煤则沿江东下，运输成本均甚低廉。可是，徐州煤炭需先用笨重牛车拉到运河边上，然后再装上木船南运。而运河水道悠长，闸道重重，再加上水有涨歇，往往稽延时日，造成了煤炭的损耗和运输成本的增高，这就大大削弱了其在市场上的竞争力。常常出现存煤山积，坐亏成本，连煤也运不出去的情况。胡碧澄为了摆脱困境，乃于1887年前往天津，面谒直隶总督李鸿章，请求将全矿归公，由海军衙门筹款大办[2]。所谓"大办"即挖深井以提高产量，修铁路以济运销。李鸿章对此很感兴趣，乃命手下洋务要员马建忠、盛宣怀负责处理，经他们派人勘查后均赞成接办徐州矿务。但此时海军衙门的款项因挪用于修建颐和园，李鸿章已经无力再拨出巨款数百万元来经营这一企业。胡碧澄的希望最终落空。不久，胡碧澄又于贾家汪（即今贾汪）发现了优质煤矿，立即从事开采，产量有所提高，矿局遂由青山泉移至贾汪。直到1950年代，贾汪始终是徐州煤矿的中心。

3. 吴味熊与贾汪煤矿公司

1898年，胡碧澄将贾汪煤矿转让给粤商吴味熊经营。吴味熊字荫，系候补知府，久闻徐州煤矿之名，故不远千里前来投资。吴味熊接办后，又向清政府商部申请备案，领有部照，命名为"徐州贾汪煤矿公司"，徐州利国矿务局之名自此为"公司"所代替。吴味熊招商集资，其资本总额为200万元，先收足80万元，开井采煤。他在贾汪开了5口新井，购进了一些新的机器设备，日产量稳定在百余吨之上。当时正式矿工为500人，另有临时工、季节工不在编制之内。吴味熊经营贾汪煤矿前后8年，开始时有所盈余，后来仍因运销困难，再加上苛捐杂税太多，"运销坐滞，亏耗成本"，

---

① 孙毓棠编：《中国近代工业史资料第一辑》，文海出版社1983年版，第1118页。

② 同上。

1906年秋终以忧劳成疾而逝。

4. 胡碧澄与贾汪煤矿

贾汪煤矿停产约近一年之后，1907年，徐州地方士绅因矿业关系到国计民生，再三邀请在扬州盐运道上任职的胡碧澄重返徐州，再振矿务。于是，他在清理吴味熊的积欠之后，立即着手恢复煤矿生产，并请当时的两江总督端方批准，仍用"贾汪煤矿公司"之名，不再有官督商办之类的提法，而是名副其实的民营性质的企业。

经过胡碧澄的竭力整顿，贾汪煤矿遂渐复旧观。此时"实业救国"的口号风靡一时，端方也有意于兴办地方实业。胡碧澄乃向他上书请求以官府之力包举全局大兴煤铁，并提出修铁路、购机器、浚河道、造船舶等一系列全面开采徐州煤铁矿业的宏伟计划，深为端方所激赏。经派人勘查后，端方决定设立"江南矿政局"着手规划、经营其事。但1909年（宣统元年），端方忽然调任直隶总督，人存政举、人亡政息，接办徐州矿务之事遂寝。此时胡碧澄已是60余岁的老翁，自感精力不济，乃决计将矿产转让别人。延至1911年秋，辛亥革命发生，徐州因受战争影响，局势至为混乱。"徐郡兵匪劫掳，方狡谋占据矿产，胡碧澄力支危局，幸以保全。又矿事不绝如缕之一境也"。不久，经过多方洽谈，胡碧澄终于决定将徐州贾汪煤矿公司的产权转让给旧股东袁世传。

5. 袁世传与贾汪煤矿

民国初年徐州煤矿出现过短暂的繁荣。这与袁世传的经营有很大的关系。1912年，袁世传从胡碧澄手中接办徐州煤矿，建立贾汪煤矿有限公司，翻开徐州煤矿新的一页。袁世传对徐州煤矿进行了改造：增股添资，统一股票。完善公司机构，对技术进行改造，改良设备提高效率，铺设了轻便铁轨，井口设备有双向提煤机，提高了工效。贾汪公司关键的生产环节已经广泛使用蒸汽机，1915年，公司购买两台蒸汽机，60匹马力，与提煤机配合，另一台40匹马力，与抽水机组合[①]，进一步保证了矿山的安全。

交通运输是限制徐州煤矿发展的桎梏，1912年津浦铁路通车，为矿山

---

① 孙越琦：《津浦铁路沿线煤矿调查报告》，第136页。

交通创造了良好的条件。1914 年，公司耗资 2.43 万元，建立贾汪到柳泉的轻便铁轨，将贾汪储煤厂和津浦铁路连接起来。煤炭从贾汪由铁制小煤车沿铁路运到柳泉车站，煤四五辆为一组，以牲畜拖拉。早期拥有小铁车 100余辆，后不断增加，到 1916 年，拥有小铁车 300 多辆，每天往返于矿山和铁路之间，运力超过 100 吨，运费每吨降至 0.5 元。为了进一步改善运输条件，1916 年起，公司开始筹建运行机车的铁路。经过一年的艰苦努力，1917 年，贾柳支线正式通车。铁路全长 14.7 公里……购置铁路机车 4 台，货车 10 余辆。铁路每天可运煤 500 吨，运费每吨 0.3 元。经过 30 多年的曲折，徐州煤矿终于圆了"铁路之梦"。徐州煤矿生产的煤炭源源不断地通过铁路销往四面八方。贾汪煤矿公司在连通津浦铁路后，矿山生产的煤炭多数依赖铁路运输，铁路成为矿山的生命线。

贾汪公司还注意开拓市场，南北兼营。不仅开拓上海、南京等大市场，也没有放弃扬州、淮安等较小的市场。为此，公司在上海、南京设立办事处，在津浦路和运河沿线城镇，如苏州、蚌埠、浦口、清江、扬州、镇江等地设立分销处，多方推销。另外还与津浦铁路订立供煤合同，既销售产品，又联络关系，争取社会支持。这样，大江南北、铁路两旁、运河沿岸，都可以看到徐州的贾汪煤炭。

经过改造和有力的措施，贾汪煤矿公司抓住机遇，苦心经营获得了较大的成就，煤炭产量不断提高。1912 年以后，产量直线上升，1923 年达到18 万吨，徐州煤矿出现兴旺的局面。贾汪公司的效益大大提高。

但贾汪煤矿产量在 1923 年后逐年下降，1927 年回落至 1912 年的 3 万多吨，其经济效益恶化得更为迅速。大约在 1925 年公司便开始出现亏损，出现了"生产的煤无法运出，因此工人的工资无法发放"[①]的局面。徐州贾汪煤矿营业状况江河日下，最终于 1927 年 4 月宣告停工。

6. 刘鸿生与华东煤矿公司

1927 年 10 月，贾汪煤矿公司与上海远记公司签订代办合同，由远记公司代办徐州煤矿的管理工作。到 1929 年夏天，徐州煤矿宣告破产，主要由

---

① 余明侠：《徐州煤矿史》，江苏古籍出版社1991年版，第187页。

于内部出现重大决策失误。津浦路、陇海路沿线新型煤矿不断涌现，开滦、博山、中兴、井陉、六河沟煤矿的煤炭对徐州煤矿构成了严重的威胁，在市场上与徐州煤炭展开了激烈的竞争。各种战乱连绵不断，北伐战争、蒋冯战争、中原大战，一次次阻隔运路，远记公司出煤未能畅销，以致资本耗尽，负债累累，"未及两载，亦亏负至七、八十万元之多，矿事全部停顿"。①

1929年底，上海民族资本家刘鸿生以新资本团名义重新开采贾汪煤矿，于1931年2月，正式成立华东煤矿公司。公司采取股份有限公司形式经营。华东煤矿公司针对贾汪煤矿公司存在的弊病进行了大刀阔斧地改造，采取了有力的措施，生产有了较大的发展。一系列的改革，推动了矿山的生产，矿山的产量和利润都有了极大增长，出现了蒸蒸日上的繁荣景象。1937年，煤产量达26.6万吨。②

1938年10月，日本侵占贾汪，对徐州煤矿进行了掠夺性开采。1941年煤炭产量达46.4万吨。1945年抗战胜利后，刘鸿生恢复华东煤矿公司，1947年煤炭产量达47.8万吨。

徐州近代化煤矿企业发展道路是艰难的。虽然胡氏父子殚精竭虑、荡产经营，并未能取得显著成绩，其年产量不过3万余吨。然而，它毕竟是中国民族资本主义的早期著名煤矿之一，是江苏省第一个近代化能源工业基地，也为广袤的徐淮地区引进了第一台蒸汽机，并初步改变了这一地区的经济性质，改变了徐州原有的城市结构，为徐州煤矿在20世纪之后的腾飞奠定了坚实的基础。

四　新兴的近代工业

徐州近代工业的发展主要表现在，出现了一些新兴的近代工业，如面粉工业、制蛋业、电力工业、皮革业、机械五金业等。

①　上海社会科学院经济研究所编：《刘鸿生企业史料》（上册），上海人民出版社1981年版，第256页。
②　同上。

1. 面粉工业

　　面粉是中国尤其是北方人民的主要食品，古代用水磨和畜力石磨加工的方法一直沿用到 19 世纪末，中国制粉的主要设备依然是石磨，动力依然是水力、畜力和人力。1896 年，德国商人在上海创设增裕面粉公司。1898 年，中国商人在上海建立阜新面粉厂，开创了机器制粉的先河。苏北地区很快也加入了机器制粉的行列，早期机器制粉业以淮阴、海州和宿迁为中心。如苏北最早的机器制粉企业是 1904 年刘寿祺等人建立淮阴清江大丰盈记面粉厂。投资规模最大的制粉业是 1905 年创立海州的海丰面粉厂。

　　相比较而言，徐州的机器制粉业的出现比较晚。宝兴面粉厂是 1920 年代兴建起来的一所民营企业。

　　1921 年，杨树诚在徐州邻近火车站的镇平街东首，买了一所四合院，又买了三部车床及所有工具，开设了宝兴铁工厂，专为钻机修理及对外加工机件。1920 年代，军阀混战，过徐部队大量抢购土面，面粉畅销，徐州又地处黄淮平原，盛产小麦，交通便利，燃料充足，有利于开办面粉厂。[①]

　　1922 年，杨树诚从济南慎昌洋行用分期四年付款的办法，订购一套磨面机器，计有 120 匹马力蒸汽机 1 部，卧式锅炉 2 部，亚美式钢磨 5 部，平筛、元筛各 1 部及有关附属设备。因此，具有近代化的设备，生产具有近代化性质。1928 年扩建厂房，添设 80 匹马力蒸汽机 1 部，钢磨 3 部，元筛 4 部，每昼夜产粉 2000 余袋，但这样仍不能满足市场需要。[②]

　　徐州宝兴面粉厂的建立与发展具有重要的历史意义。它与旧式的面粉磨坊相比，有了质的变化，开始以蒸汽、柴油、电力为动力，替代了人推畜拉，使用机械钢磨，替代了古老石磨；其生产工具走向了近代化。新中国成立前夕，徐州宝兴面粉厂有钢磨 12 盘，电动机一部。生产能力进一步增强。1948 年底产量增至每天 5000 余袋，大部分供用军队。[③]

　　宝兴面粉厂采取现代工厂管理制度。经理具体执行经营业务，监理负

---

① 郭景山：《杨树诚与徐州宝兴面粉厂》，《徐州文史资料》第 13 辑，第 145 页。
② 郭景山：《杨树诚与徐州宝兴面粉厂》，《徐州文史资料》第 13 辑，第 146—147 页。
③ "青州"建设研究会编：《徐州概况》，徐州市档案馆藏，第 97 页。

责监察全厂员工工作,襄理协助经理工作,营业部主任统辖营业、会计、庶务、采办、仓库等部门工作,机务总管负责全厂机务工作,建筑工程师负责厂房等建筑工程,制粉工程师负责生产面粉工作,仓库主任负责小麦、面粉等批发、装运等工作。庶务负责总务行政工作,采办负责采购原料小麦工作。宝兴面粉厂有生产工人62人,建筑工人13人,职员有35人,勤杂工15人,总计125人。当时实行昼夜两班,每班12小时,日产面粉800袋(每袋22公斤)。所产面粉,以徐州市场为主,还畅销河北、河南、山东、陕西等地。[①]它的生产能力巨大。据1945年汪伪华北小麦协会调查,徐州地区有旧式磨坊1000余户,大的不过日产面粉200斤,小的仅日产100斤,千家合计产面仅仅10万斤,[②]徐州宝兴厂一家日产6.6万斤。

关于宝兴面粉厂的原料来源及采购,根据时任机务总监邢鉴泉回忆,徐州宝兴面粉厂主要是由采办人员每天早晨分别到本市各粮行、粮栈采购。按质论价,一般来说各粮行须待宝兴采办人员定价后开始营业,优质小麦优先为宝兴收购,其余则售给外地采购者,经宝兴采办人员认购成交后,由粮行送交宝兴验收,均用人力手推车送货,经宝兴厂验收后凭据到会计处领款。采购原料除本市收购外,并派出采购员分赴各地,如西至开封、归德,东至新安镇、海州,南至宿县、固镇、五河县、北至贾汪、柳泉等地,坐庄收购,经私营运输公司向铁路托运到厂。另一原料来源就是接受当地政府来料加工,转供军需,以小麦换面粉,订立合同,由县政府向农村征集小麦,送交宝兴,由政府凭证提取面粉、麸皮。[③]

宝兴面粉厂的产品销售主要有三个渠道:一是由在本市设立的面粉代销店、门市整袋销售,按零售价,或由商人到宝兴营业部批购,按批发价,以零售价出售,供应民食。二是部分产品推销外地,由外省各地商人来厂采购,以郑州、西安等地为多,运往各地供应民食。三是供应军需。面粉供应军需,麸皮供喂马之用,由军队的军需人员来厂采购,价格和数量、

---

①　郭景山:《杨树诚与徐州宝兴面粉厂》,《徐州文史资料》第13辑,第146页。

②　江苏省粮食局编:《江苏粮食志》,江苏人民出版社1989年版,第323页。

③　邢鉴泉:《回忆徐州宝兴面粉厂》,《徐州文史资料》第3辑,第94页。

质量或军方制定的"统粉"，经双方协议订立合同。

宝兴厂开设之前，其面粉为当地土磨坊所产，肩挑叫卖，走街串巷，质量亦有"上白面"和"土面"之分，质量、价格亦异。宝兴面粉厂开设后，使徐州土磨坊纷纷倒闭。这时天津、南京、郑州、西安等地多设有面粉厂。但由于徐州宝兴面粉厂地处产麦区域，加工经营管理得法，成本较低，足以与之竞争。[①]

2. 制蛋业

中国经营蛋业的，最早是在清宣统年间。宁波人阮文中于平汉线之彰德、许昌、驻马店，及津浦线之桑园、宿州，创设大规模之蛋厂5处，厂名为元丰。1912年，上海人汪新斋在徐州、济宁、靖江等处各设蛋厂一所，厂名宏裕昌，资本各在20万元以上。此后数年间，中国工商业者鉴于蛋产品之销路日增，年有盈利，纷纷于产蛋区域设立蛋厂。总计自创业至1919年，华洋各商在各省所设制蛋工厂，达100余家之多。据1930年代有关统计，华商蛋厂最发达者，首推山西，计达32家之多；次则河南，共设28处；江苏又次之，计11家；安徽5家，河北3家，山东湖北各1家。其中徐州就有2家。[②]

蛋品加工业是近代徐州的新兴工业，异军突起，发展速度较快。徐州第一家蛋厂是同茂公蛋厂，是用土法火坑生产，生产能力很低。徐州蛋厂用锅炉及其生产，始于1912年建立宏裕昌蛋厂，厂址在东门外，规模较大，资本10万元以上，自购厂地建筑厂房，有高大烟囱、锅炉及其设备，为当时徐州的第二个烟囱。每年春季，母鸡下蛋畅旺，该厂即派人到近地县镇临时设庄收购，转载运厂。由专责人员收后分交女工逐个击破，将蛋白、蛋黄分放。然后分别化学提炼，提取蛋白酶和核黄素后往上海出售，获利颇厚。[③]

第一次世界大战期间及第一次世界大战后，徐州蛋品加工业发展加快。

---

①　邢鉴泉：《回忆徐州宝兴面粉厂》，《徐州文史资料》第3辑，第95页。

②　（民国）实业部国际贸易局：《中国实业志》（江苏省），第8编"工业"第2章"食品加工业"第13节"制蛋业"，第537页。

③　《工商公报》第1卷第8期，《专载》第1—2页。

经营新昌棉纱、纸烟商业的吴继昌、吴继宏两兄弟，开设新发蛋厂，在大马路建筑厂房，有锅炉机器设备。鼎盛蛋厂由刘炳辉开办于 1920 年代中期，地址在文学巷。1934 年由上海申丰号宗纯生开办永丰蛋厂。至 1930 年代初，据调查统计，鼎盛蛋厂资本 2 万元，工人 100 人；宏裕昌资本 20 万元，工人 300 人，出品蛋产品有干蛋白、飞黄、湿盐蛋、蜜黄，每年生产量二厂合计为干蛋白 1500 石，飞黄 3000 石，湿盐黄 2700 石，蜜黄 800 石，每年生产总值为 65 万元。仅次于上海的茂昌蛋厂（产值 981.4114 万元）和中央冷藏厂（产值 40 万元）。[①]

由于蛋源的限制，蛋品加工业是季节性的，每年春季开工，秋季停工，每年生产时间只有 8 个月。蛋厂的货源主要在农村，由四关蛋贩收购送厂，有时由厂派人到外地收购，例如滕县、丰县、双沟设有收购点。[②]

徐州制蛋业突破了农家手工业及作坊生产的传统模式，采取了股份公司，雇佣劳动，同其他资本主义企业一道改造着徐州城市社会。

3. 电力工业

徐州电力工业创立时间较早，规模在苏北地区来说是较大的。

徐州电灯厂是苏北区域内最早的电力企业。1913 年，张勋镇压二次革命进入南京，后因误伤侨民被迫离开南京，以长江巡阅使头衔移兵徐州一带。张勋命令将南京劝业厂之直流发电机两部拆卸运往徐州，安装发电，命名为长江巡阅使署电灯厂，电厂由张勋的姻兄万彝存及副官李玉庭管理。[③]该厂拥有发电机组两个，每组 50 千瓦，共计 100 千瓦，主要供电对象是公署照明，另外兼顾部分商店照明，集中于大同街、南门大街（今彭城路）等繁华街道。随着报装电灯的用户日益增加，发电机组难以满足需要。1916年，由于商业用电比例的增长，厂名改名为"徐州电灯厂"。

徐州耀华电灯股份有限公司是徐州地区第一家商办电力企业。1917 年，张勋复辟失败，原"徐州电灯厂"负责人万彝存、李玉庭邀请私人入股，

①　（民国）实业部国际贸易局：《中国实业志》（江苏省），第8编工业第2章食品加工业第13节制蛋业，第539页。

②　张慕康：《解放前徐州蛋品工业》，《徐州文史资料》第3辑，第110页。

③　赵攸之：《解放前徐州电力事业之概况》，《徐州文史资料》第8辑，第149页。

改官办为商办。1919 年，改厂名为"耀华电灯股份有限公司"。1920 年，报请政府注册，资本定为 30 万元。1921 年，公司从上海定购 125 千瓦发电机组两部，安装发电，扩大了用户，公司事业有所发展。1925 年，张松焘集资扩大公司生产，注册资本达 50 万元，公司进一步扩大。然而徐州地处要冲，军队来往频繁，常常自行装灯用电，不付电费，致使公司发展步履维艰。

1917 年，贾汪煤矿公司董事长袁世传为解决矿山用电，从天津购买 3 千瓦蒸汽发电机组，安装于公司附近的草房内，试车发电，电厂首先供应办公室及部分宿舍照明，以后逐步扩大规模，为矿山生产提供电力。

徐州电力工业设备与规模滞后，主要向用户提供电力用于照明为主，而用于动力为次。这主要由徐州近代工业发展滞后所致。徐州电力工业服务范围过于狭窄。而苏南一些城市的电力企业的服务项目却比较全面。如苏南可以提供照明、动力、热力三项服务的有南京电厂、苏州电气厂等 5 家企业，可以提供照明及动力两项服务的有武进电气厂等 16 家企业。徐州地区的区位优势很为明显，煤炭资源丰富，可以为电业提供可靠的燃料，工矿企业逐步发展，可以为电业提供广阔市场。然而到 1927 年，徐州城并没有形成电力中心，规模依然很小，装机容量也仅为 375 千瓦。徐州窃电欠费现象极为严重，据记载，"驻扎军队渐增多，自行装灯用电，不付电费，行政机关亦效法军队用电不付费，军人包庇用户用电不付费等等情况相继发生"①，这使电业效益日益低下。

电厂创办后，社会风气未开，对技术不了解，用户不多，只有官府和商号使用电灯，这导致了营业困难，入不敷出。但随着近代工业企业和手工作坊的发展，工业用电得到刺激，一些使用机器的工厂如铁工厂、火柴厂纷纷投产，工业用电量骤增。1948 年夏，徐州电厂增装 1 台 1000 千瓦柴油发电机组，徐州电灯厂年实发电能力为 2786 千瓦，其中徐州电厂发电能力 1536 千瓦，贾汪电厂发电能力 1250 千瓦。但电厂逐渐难以满足市场的需求，徐州电厂只能在晚上用电高峰时发电数小时，不少家庭晚上还在

---

① 赵攸之：《解放前徐州电力事业之概况》，《徐州文史资料》第8辑，第149页。

使用煤油灯照明。[①]据1948年底徐州解放时的有关报告称，徐州在抗日战争胜利时发电量每月最高6.0373万度，而到1948年2月间增至99.7150万度，仍不足供应市面需要的三分之一，尚需依赖贾汪电厂供给；徐州市电厂仅补助徐州市夜间7至11时的电，又因燃料困难，机器陈旧，以及用电秩序紊乱等原因，以致负荷过重，故障时生，乃不得不采取分区输流停电办法。[②]

4. 皮革工业

光绪二十四年，巨商吴懋鼎创办北洋硝皮厂于天津，是为中国机器制革业之始。至光绪三十年英商上海硝皮公司成立，遂开江苏制革业之先河。[③]

近代徐州制革业较为发达，主要是由于徐州所处的黄淮地区多旱田，以黄牛为主要耕作畜力，黄牛皮产量很大。徐州地处苏鲁豫皖这一地区的中心，且交通发达。又因黄牛皮之处的皮革较之水牛皮、马皮等制出的皮革细密、坚韧而美观，所以外地或本地制革厂都竞相在这里收购黄牛皮，徐州成为黄牛皮的集散地。

徐州早年的制皮业都是个体业户，一户就是业主本身一人，有的是家庭作坊，有的招收学徒一至两人。在辛亥革命后到抗战前，徐州大约有30多家制皮业，大多开设在兴仁街和英士街，多靠近奎河，便于就近到奎河浸泡冲洗。

表3—6　　　　　　　　　　　　抗战前徐州制革业

皮革厂坊	业主	经营形式	地址	开设时间
万顺皮坊				1920年
洪盛皮坊	李怀德	独资	兴仁街南	1920年代末
中原制革厂	周维僧、兰名道	合资	徐州印刷厂	1926年

---

① 陈仲言：《清末民国时期徐州社会大观》，《徐州文史资料》第14辑，第180页。

② 青州建设研究会编：《徐州概况》，徐州市档案馆藏，第95页。

③ （民国）实业部国际贸易局：《中国实业志》（江苏省），第8编工业第3章化学工业第12节制革业，第726页。

新新皮厂	韩九月等人	合资	兴仁街南	1928年
新华制革厂	刘佩生、李升堂		大坝头黄河边	1931年
大华制革厂	张继伦		青年路、民主路	

资料来源：（民国）实业部国际贸易局：《中国实业志》（江苏省），第8编工业第3章化学工业第12节制革业，第726页。据1933年实业部编制的《中国实业志》（江苏省）记载，中原皮厂资金为2000元，新新皮厂为1200元，新华制革厂为1000元。

　　抗战时期，徐州制革原料较为丰富，日本侵略者为其军用皮革之需，更为了易于控制，便在徐州限制皮张不许外运。外地厂商得不到徐州地区优越的原料，乃相率来徐设厂就地加工，本地皮坊因制革的利厚路广，相率转业，因而徐州制革业有了较大发展，这一时期成为徐州皮革业的黄金时代。①皮革作坊急剧增加，这时的制革厂连同作坊不仅新建了100余家大小作坊，而且从河北、天津等地迁来较大皮革厂家20余家（见表3—7），以致在制革业形成了不同帮派。其中河北束鹿县人来徐设厂的最多，除了表3—7中所列之外，还有袁大良设东生制革厂，田振同设振东制革厂，刘介华设瑞华制革厂，李好礼设好礼皮坊，何进才设同祥皮厂。另外，河北河间县的李甘棠设同生皮革社，枣强县的孙世卿设复顺皮坊，天津人李玉亭设玉亭皮坊，深县人潘庆瑞设庆记皮坊等共约20多家，他们在徐州的皮革业中形成了河北帮。据统计，1940年代初，徐州地区每年制革达10万张左右。

　　抗战胜利后，各地物资封锁限制取消，原料可以外运，成品销量锐减，加上战乱频仍、物价波动甚巨，大户资金短缺，中户赔蚀很大，小户赔光，如英南巷同顺皮坊原有资金牛皮100多张，至解放时只剩40多张。1947年尚有41家厂商，至1948年则减至19家。②皮革业渐渐呈现萧条景象，不少匠人离开徐州。1946年韩九月经营的新新皮厂仍用早年开皮坊的字号取名"永顺"。继永顺皮厂开业后，又有好几个人开设皮坊，如张瑞华设华盛皮坊，臧振芳设振芳皮坊，杨兴智设兴隆皮坊，王振法设义祥皮坊，王继堂

① 青州建设研究会编：《徐州概况》，徐州市档案馆藏，第137页。
② 同上。

设继堂皮坊，王荣新设荣祥皮坊，刘成宗设成宗皮坊，这些皮坊的业主多属本地人，为谋生而异，资金甚微，产量也很少。

徐州皮革业技术有所提高。1930年代开始使用植物鞣革法，以石榴皮、五信子等植物液体鞣皮。1930年代晚期引入铬鞣法，使用硫酸铬等化学药品制革。1940年代上海利记皮厂迁至徐州，带来了一批制革的机械，包括电动机、磨皮机等，这标志徐州机械化制革的开始。

表3—7　　　　　　　　抗战期间徐州皮革业主要厂坊

名称	业主	地址	备注
利记皮厂	武俭发，河北束鹿县人	英南巷4号	从上海迁到来徐州
吉祥皮厂	韩吉祥	英南巷13号	
久胜皮厂	介愚忱，河北束鹿县人	英南巷25号	由北平仁皮厂分迁来徐
裕记皮厂	介中裕，河北束鹿县人	英南巷26号	系北平裕仁皮厂分迁来徐
成祥皮厂	于来希	余窑村	从烟台迁来的
普罗皮厂	齐国帮	兵工路146号	
裕中皮厂	李冠军，河北束鹿县人	英南巷12号	

资料来源：赵耀煌整理《徐州的皮革工业》，《徐州文史资料》第7辑，第21—22页。

5. 机械五金工业

近代中国工业落后，使用机器的时间较晚，使用机器的行业较窄，因此，机器修造和五金工业的发展相对缓慢。清末徐州机器修造厂与机械五金工业几乎一片空白。1912年至1927年，徐州机械五金工业发生了令人瞩目的变化，部门由小到大，新建10多家企业，开始由手工业向机器工业过渡（见表3—8）。

表3—8　　　　　　　徐州机械五金工业一览（1912—1927年）

时间	名称	资本	职工（人）	创办人	生产项目
民初	同益公铁厂	700元	12		铁锅
1912年	贾汪煤矿修理厂			袁世传	维修机械
1912年	津浦铁路修理厂			津浦铁路局	维修机械

续表

1914年	聚义兴铁厂	600元	12		铁锅
1915年	陇海铁路修理厂			陇海路局	维修机械
1917年	荣兴昌铁厂	700元	10		铁锅
1918年	益丰铸锅厂		30	邓子澄	铁锅及修配
1920年	宝兴铁厂			杨树诚	修理钻机
1923年	慎昌五金机器厂	6000元		徐仁根	修配、水泵
1925年	德利顺铁厂				修配
1926年	义聚昌铁厂				弹花机

资料来源：姜新《苏北近代工业史》，中国矿业大学出版社2001年版，第84页。

1928 至 1949 年，徐州机械五金工业继续发展。从 1928 年至 1937 年，徐州新建了一些机械五金企业，义聚昌铁工厂的生产规模不断扩大，从修理改为修造兼营，仿造弹花机获得成功，赢得了市场的欢迎，年产量达到 30 部，利润率高达 40%。在资本积累的推动下，设备更新加快，由开业时的 1 部车床增加到 5 部，并新添刨床等设备，职工由 8 人增加到 30 余人。抗战以后，徐州机械五金业恢复并得到发展。先后建有利源、聚兴昌等 16 家铁工厂，建达、信康等铸造厂多家，义成电镀厂等其他机械五金厂若干家。[1]

机械五金工业的生产产品也有很大的变化。徐州机械五金业早期以服务消费为主，后来虽然逐步向服务生产转变，但却长期受到战争等因素的干扰，不时向军事服务倾斜。徐州的机械工业企业一般没有固定产品，生产经营随着季节的变化而转变，常常上半年相对萧条，下半年尤其是秋收以后的农历 9 月至 10 月比较兴旺。

徐州机械五金工业的发展主要是满足城市社会生活需求。主要几家机械五金工业的主要产品是铁锅，铁锅是徐州城市和周边乡村人们日常生活用品，有着广泛的社会需求。铁锅生产是徐州五金工业的支柱。在民国初年建立的同益公铁厂、1917 年建立的荣信昌铁厂、1918 年开设的益丰铁厂等企业均以生产铁锅著称。铁锅也是其他企业主要生产的产品。徐州铁锅

---

[1] 《铜山县工商材料》，江苏省档案局藏，档案号1004—乙—4038。

的销售主要在城区和附近市镇乡村。铁锅生产之所以在徐州得到迅速发展，是因为这项生产工艺十分简单，其生产主要以生铁为原料，经过熔炼、铸造、打磨等工序即可完成。徐州机械五金工业已经开始摆脱手工作坊的生产形式。

机械五金工业受到战争影响大，战争使兵器制造业畸形发展。1941年，淮海枪弹修械所在徐州西关建立，除了修理枪支军械外，并具有一定的生产能力，每天可以生产轻机枪1挺，步枪若干支及部分弹药。解放战争时期汽车修理业发展较快，1940年代末，徐州有汽车修理户11户。徐州的机械制造修理业的生产服务受到战争的严重干扰。为军队服务是战争时期徐州众多机械修造业的重要业务。徐州的汽车修理业便与徐州的大量驻军用车密不可分。①

徐州机械五金工业与其他工业部门联系较为紧密。近代徐州工业部门之间的联系不断加强，相互影响。机械五金工业与徐州其他工业行业之间联系越来越频繁，越来越密切。随着徐州工矿交通运输业的发展，徐州机械修理制造生产不断增加。1912年，贾汪煤矿在袁世传的经营和管理下，开始走向复苏与发展，资金投入不断加大，引入了大量机械设备，先后使用了蒸汽机、升降机、发电机和火车机车等设备。为保证设备正常运转，贾汪煤矿相继建立了一些配套的工厂企业，如修配、翻砂、熟铁、机器等分厂，形成了"苏北最早的综合性机械修造企业"。这个企业可以修理各种机械，而且能够制造各种零配件。

津浦铁路和陇海铁路建成通车后，两条铁路分别建立了若干机车车辆修理厂，在徐州东关津浦路修理厂和北关陇海路修理厂规模较大，技术水平较高，是徐州机械五金工业的骨干企业。1920年的宝兴铁厂是为修理矿山钻机设备而设立的，1923年建立的顺昌机器厂以发电厂为主要服务对象，和较大企业的建立紧密相关。

---

① 参见姜新《苏北近代工业史》，中国矿业大学出版社2001年版，第86页。

第三节　徐州近代工业发展的特点

以 1882 年徐州利国煤矿为先导，徐州城市相继建立起一些近代企业，徐州近代工业开始起步和发展。在此过程中，徐州工业有着与其他城市不同的运行轨迹，具有徐州城市自身发展的特点。徐州城市工业在发展动因、产业结构、发展战略等各个方面，留下了宝贵的经验与教训。归纳起来徐州近代工业发展的特点主要有：

第一，起步较早，但数量较少。

徐州近代工业发展出现几次高潮。1882 年徐州煤矿借洋务运动之风，揭开了徐州近代工业发展的第一页，在这以后的几十年中，发展缓慢沉寂。清末新政时期，徐州近代工业有所转机，但仍然是微弱的，数目少，规模小，道路是艰难的。从 1912 年到 1927 年，社会动荡，近代工业得到初步发展。南京国民政府统治前十年，是徐州经济发展较好的时期，国内经济社会发展较为稳定，得到相对发展。后来日伪统治时期，殖民统治下的工业畸形发展。抗战胜利后有短暂的发展，但由于战局的影响，新中国成立前工业发展几乎是停滞的。

其实整个苏北地区都具有这样的特点，就是工业起步早，但数量少。苏北近代工业的一些部门，除军事工业和纺织业外，大多早于江苏其他地区。如徐州利国煤矿即使置之于全国近代化煤矿之林，也是较早的一个。它和苏南的青龙山煤矿相比要早建立 16 年。宿迁耀徐玻璃有限股份公司不仅是江苏第一家玻璃厂，而且是和佛山玻璃厂、武昌耀华玻璃厂一道成为中国玻璃行业的领头雁。临洪油饼厂同样是江苏最早的大型粮油企业，它比苏中泰兴生和隆油厂早建立两年。苏北制粉业的建立虽然比南通大兴面粉厂、无锡保兴面粉厂稍晚，但是"大兴"与"保兴"创办之初，还属于手工业磨坊向机器制粉厂的过渡形式，苏南、苏中与苏北真正开始机器制粉的时间基本相同。只有在纺织业方面，不论从规模、设备或技术水平方面看，徐州均落后于无锡、南通等地。

如果比较 1882 至 1911 年近代企业的数量，徐州工业的发展就显得极其落后了，江苏（不包括上海）共出现万元以上资本的近代企业 116 个，而徐州地区仅有 4 个，仅占全省企业总数的 3.14%[①]。

第二，官、商与近代工业关系密切。

考察徐州近代工业的起步和发展，我们看到徐州近代工业以民族资本企业为主，大部分近代工业资本都是由商业资本投入工业企业转变而来的，一部分是官僚平时聚敛的收入，还有一小部分是由手工业的积累投入机器生产转化而来。

官僚和商人是徐州近代工业的主要创办者，如徐州煤矿的创始人胡恩燮原为官僚，电力企业的创办者是军阀张勋等。徐州一些近代民族资本企业家和官僚有一定的联系，这些商办企业不仅有官僚私人投资和亲与其事，有的还借助官僚势力进行创办。如宝兴面粉厂的业主杨树诚结交军政首脑，以求生存，如徐州镇守使陈调元、海州白宝山、山东张宗昌、直隶褚玉璞、河南张敬尧、宁夏马福祥。马鸿逵、西北军孙殿英、冯治安、石友三，以至李宗仁、刘峙等均与杨有交。[②]1920 年代军阀混战，驻军大量抢购面粉，面粉经常脱销。杨树诚以加工军粉的方式，和直隶督军褚玉璞拉上关系，增强了商业生产实力。后来张宗昌进驻徐州，把公馆设在宝兴面粉厂。当时奉军命四乡农民，将收打后的小麦运到宝兴面粉厂，交田赋。[③]

第三，近代早期单位资本较大，后期单位资本少，规模不大。

清末，徐州地区近代企业的单位平均投资额，比江苏其他地区的近代企业要大得多（详见表 3—9），另一方面，从投资总量上看，晚清徐州地区资本总额共约 270 万元，而省内其他地区资本总额高达 1390 万元，其中苏南地区即占 820 万元以上。相比之下，徐州就显得极为落后了。

---

① 余明侠：《晚清时期（1882—1911）徐州近代工业发展概述》，《学海》，2000年1期。
② 邢鉴泉：《回忆徐州宝兴面粉厂》，《徐州文史资料》第3辑，第102页。
③ 郭景山：《杨树诚与徐州宝兴面粉厂》，《徐州文史资料》第13辑，156页。

表3—9 清末民初徐州及省内其他地区投资情况比较表

行业	徐州地区			江苏其他地区		
	企业数	资本总额	单位平均	企业数	资本总额	单位平均
矿业	1个	101万元	101万元	1个	18万元	18万元
面粉	1个	28万元	28万元	10个	127万元	12.7万元
玻璃	1个	140万元	140万元			
纺织	1个	约5万元	5万元	约32个	709万元	22万元
其他					6954168万元	712万元
合计	4个	274万元	68.15万元	112个	1390万元	12.13万元

资料来源：余明侠《晚清时期（1882—1911）徐州近代工业发展概述》，《学海》，2000年1期。

但是民国以后，除了宝兴面粉厂、宏裕昌蛋厂等少数几家资本稍大外，一般的工业企业的资本都少，规模不大。如徐州机械工业，除贾汪煤矿和津浦、陇海铁路的修理厂投资规模较大外，其他企业规模非常小，没有一家投资超过万元的机械企业，大批企业的资金多为数百元，只有慎昌机器厂超过1000元。与江南城市同类企业无法相比，无锡市建有机械修理企业25家以上，投资总额16.75万元，平均6700元，其中王源吉铁工厂一家便有资本8万元。南通市建有机械企业近10家，投资总额26万元，平均2.6万元，其中资生铁厂一家便超过20万元。[1]徐州机械五金业无论是总体还是个体企业规模都较小，投资规模、生产规模都比较小，多数企业的职工均在10人以内，有的仅有职工2人。个别企业达到几十人，如徐州规模较大的聚兴昌铁工厂仅有40人。[2]

再如20世纪初，徐州煤矿相比较来说规模小，工人数只有500人左右，而创办仅比徐州煤矿早5年的开平煤矿，其年产量却已经由最初的10万吨左右增加到40万—80万吨，工人数也达到4000人左右，并且拥有自己的

---

① （民国）实业部国际贸易局：《中国实业志》（江苏省），第8编"工业"第4章"机器五金业"，第777—799页。

② 《铜山县工商材料》，江苏省档案局藏，档案号1004—乙—4038。

船队、专用铁路线和港口。[①]

第四，发展缓慢。

近代徐州工业有了一定的发展，但发展是相当缓慢的。1882 年在徐州创办的利国煤铁厂，是江苏较早的民族工业。在创办的过程中，始终得到政府政治上的支持和保护，得以较快地走向发展道路。但是由于投资成本高、利润小、见效慢，加上运输、设备、资金不足等诸多困难，发展十分缓慢。1898 年成立的贾汪煤矿，也因诸多原因开开停停，直到 1936 年，其年产量也只有 34.7 万吨。[②]

由于我国的民族工业是在外国资本主义和本国封建主义的夹缝中艰难生长的，因此它在发展的过程中步履蹒跚。徐海地区这一时期的工商业虽然得到一定的发展，但仍反映了这个特点。徐州城里的江北火柴厂和赣榆县的火柴厂都是地方上自己筹办的，规模不大，其中赣榆的资金为 1 万元。久负盛名的利国铁矿早在秦汉时代开始冶炼，宋代最盛，矿区至 1800 余亩，每年向北宋政府纳铁 36 万斤，但它也同贾汪煤矿一样，长期以来开工不足，勉力维持。

由于徐州近代工业以采矿建材为主，投资回收期较长，再加上经济效益低下，当地市场狭小，运输条件较差等原因，极大地制约了徐州近代工业的发展。徐州煤矿曾于 1882 年、1890 年和 20 世纪初三度设想煤铁兼营，终因资金短缺而未能如愿，开采中心从利国迁至青山泉，再迁至贾汪，煤炭年产量却始终徘徊在 3 万吨左右。

从 20 世纪初清末新政以来，随着商品市场和劳动力市场的扩大，以及清政府政策的放宽，江苏民族企业加快了发展速度。1903 年至 1911 年的 9 年时间里，一共创办了 110 家企业，资本总额为 148.85 万元[③]，但这些企业主要分布在交通便利、经济发达、原料比较丰富的南通、苏州、无

① 许涤新、吴承明：《中国资本主义发展史》，第2卷，社会科学文献出版社2007年版，第599页。

② 蔡云辉：《战争与近代中国衰落城市研究》，社会科学文献出版社2006年版，第278页。

③ 汪敬虞：《中国近代工业史资料》，第2辑下册，科学出版社1957年，第702页。

锡、常州等苏南地区，徐州则一家没有。1927年至1937年，江苏民族工业得到进一步发展，其中棉纺织业在这一段时间共增加企业18家，徐州却无一家。[①]织布工业方面，全省有织布厂86家，其中无锡有23家，常州有18家，江阴13家，其余分散各地。火柴工业方面，苏州、镇江、南通各有一家，到1937年又增加11家，徐州仅增加1家。机械工业方面，据1936年统计，全省民族资本经营的机器厂有88家，南京17家，无锡43家，常州16家，南通4家，镇江4家，苏州2家，淮阴2家，徐州无一家。[②]徐州近代工业与苏南城市相比，其发展之缓慢、产业构成之单一，从中可见一斑。

徐州的农产品加工业虽有所发展，但由于资金不足，生产规模的扩大、设备的更新远远赶不上苏南同类的工业。

第五，技术水平落后。

虽然许多工业企业引进了机器设备，技术水平也有很大的发展，但总体来说是落后的。如机械五金工业，各个企业在民国以后不同程度上使用机器。如徐州慎昌厂使用8英尺车床、4英尺车床、钻床等机械设备。[③]贾汪煤矿和津浦、陇海铁路的修理厂更配备了比较齐全的机械设备。不仅矿山铁路修配厂已经使用蒸汽机为动力，徐州义聚昌机器厂开始用柴油机鼓风冶炼，代替繁重的体力劳动。[④]随着机器引入、动力的改变，徐州机械工业的技术水平不断地提高，许多机械工业都陆续修造小型机具，先后仿制了弹花机、轧花机、织布机、手摇水泵，生产了大批建筑铁件、水管配件等比较复杂的产品。

从技术水平来看，徐州机械企业技术水平相对滞后，依然以人力为主，主要产品是铁锅和手工机具。而同时期，江苏其他城市已经可以生产工艺复杂的柴油机、榨油机、印刷机、卷烟机、纺纱机。如武进的万成铁工厂

①　陈真：《中国近代工业史资料》，第四辑，北京三联书店1961年版，第95页。

②　江苏省社会科学院"江苏史纲"课题组：《江苏史纲》，（近代卷），江苏古籍出版社1993年版，第411—412页。

③　徐州市地方志编纂委员会编：《徐州市志》，中华书局1994年版，第523页。

④　徐州市地方志编纂委员会编：《徐州市志》，中华书局1994年版，第931页。

和厚生机器厂每年生产内燃机 100 余台，100 多马力。技术水平的落后，成为近代徐州工业发展的桎梏。

第六，徐州工业对本地资源依赖性较强。

徐州工业的发展受到本地经济环境影响甚大。统观徐州城市以及徐海地区的工业，从重工业到轻工业再到手工业，从煤铁、电力到榨油、酿造、面粉、纺织等各业，无一不是因为当地原材料丰富，就地取材发展起来的。1930 年代，就江苏全省来讲，油坊衰落，但徐州城市及徐海地区却有所发展。榨油业和酿造业分别占全省的 63.3% 和 10.24%。徐州城市及徐海地区的榨油、酿造业之所以比较发达，完全是因为本地生产大豆、花生和芝麻。同样的道理，徐州、海州之所以有两家火力发电厂，正因为它地处煤炭产区并且交通运输方便的缘故；徐州、海州有面粉厂，因为徐海地区是全国重要的小麦产区之一；织布、袜、毛巾和纺织厂坊较多，是因为该地种植棉花；卷烟厂的建立，是因为种植烟草；制革业的门类和产品较多，是因为徐州附近丘陵坡地面积较大，有利于饲养猪、牛、羊等牲畜；全省共有 17 家蛋品厂而徐州独占两家，也同样是因为当地群众几乎家家户户习惯养鸡，且湖区洼地宜于养鸭养鹅。总之，利用本地的各种自然资源，就地取材，就地加工，是徐州城市及徐海地区工业发展的又一特点。

第四节　近代徐州工业发展缓慢的原因

虽然近代徐州工业有所发展，但是工业企业数量少，技术水平不高，经济效益较低。导致徐州近代工业发展缓慢的原因是多方面的。[①]

一　资金与人才缺乏

资金缺乏是徐州工业发展的严重障碍。这与本地区的偏僻落后有很大

---

① 蔡云辉：《战争与近代中国衰落城市研究》，社会科学文献出版社2006年版，第279页。

关系。所以，无论在货币财富的总量方面抑或人均占有的财富方面皆大大低于苏南地区。当时，又不具备引进外国资本的条件。因此，徐州近代工业的兴办多靠外地资本的投入。例如徐州煤矿的兴办者即系来自南京的胡恩燮父子，主要股东则为苏州、扬州、南京、上海等地的绅商。中国民族工业资金不足乃是普遍性的，尤以徐州为甚。胡碧澄常因煤炭销路壅滞，资金枯竭，致有"罗雀掘鼠，焦灼实深"之叹。

企业的好坏盛衰，与经营者的管理能力之高低有很大关系。一个有经验、有才干的经营者能够高瞻远瞩、统筹全局，使企业逐步走上兴旺发达之道，即使处于逆境之时，也能因势利导，化险为夷。纵观徐州四个近代化企业，劝工厂和面粉厂因规模较小姑且不论外，徐州煤矿和玻璃公司都存在着管理方面的问题，吴味熊在经营贾汪煤矿时，就不如胡碧澄的善于精打细算节约开支，以致企业出现不少浪费现象，再加上经办人员的贪污，煤炭在运输途中被盗窃而无人稽查等，致使贾汪煤矿的亏损现象日益加重。

严重缺乏科技人才也是徐州企业发展缓慢的原因之一。胡恩燮在创办徐州利国煤矿时，本来决定要选派"坚实聪颖青年，分赴英法煤矿各厂，专心学习，学成而归，将来董司其事，则全权自我操矣"。[①] 可是矿局因限于财力，这一计划却未能实现。后来，外籍技师离开后，科技水平就骤然下降，无法达到"权自我操"之目的。因此，技术的落后与技术人才的缺乏是徐州煤矿经营不盛的一个重要原因。

二 交通条件的优势没有得到发挥

关于徐州近代工业发展缓慢的原因，蔡云辉认为，交通条件限制了徐州城市工业的发展。对于工厂企业来说，交通运输犹如血管一样，血液流通身体始能健康，因而工厂企业的产品倘使不能外运销售，则资金就无法周转，积久必然倒闭。近代徐州，陆路运输主要依靠牛车、马车，或者人挑肩负，这样的交通运输不仅时间长而且运费高昂。至于水上运输，主要依靠运河，因为木船行驶缓慢，还时常会受风雨寒暑的气候影响，从而

---

① 汪敬虞：《中国近代工业史资料》第2辑下册，科学出版社1957年版，第705页。

也增加了运输成本。1855年黄河改道北移，使徐州水运便利尽丧。1912年津浦铁路通车，1915年陇海铁路自徐州通车到开封，1925年自徐州通车到海州，徐州成了铁路交通枢纽。这在客观上弥补了近代以来因水运断绝的交通不利局面，可以说为徐州的发展奠定了较好的交通条件。但是，应有的铁路交通条件并没有给徐州带来诸如河南郑州、河北石家庄、陕西宝鸡等城市那样的快速发展。战争使徐州的交通优势不能得到充分发挥。

近代以徐州为中心的铁路修筑及通车较晚，使徐州在半个世纪基本处于交通极为不利的境地，从而丧失了早期近代工业发展的机遇，这也是一个不容忽视的客观因素。[①]近代徐州工业滞后的原因还有一点，就是在20世纪初，没有抓住机遇，改善交通条件，以改变交通闭塞的状况。当时修建铁路的计划一再延迟。

早在1880年，刘铭传便提出著名的铁路计划，要求首先兴建从北京到清江的铁路干线，但遭到顽固派的阻挠，计划搁浅。1897年，容闳等筹建从天津纵贯苏北到镇江的铁路，又被德国帝国主义武力破坏。直到1912年，津浦铁路才正式通车，这距刘铭传首倡筑路，已经度过了30年，且铁路线路也与当初计划大相径庭，从纵贯苏北全境改为仅经徐州一地，致使淮阴地区不通火车的状态持续到20世纪80年代。苏北地区的另一条铁路——陇海铁路，同样是几经周折，直到1925年才通车。[②]交通条件的改善严重滞后，导致近代徐州工业的发展受到极大的制约。

虽然津浦铁路和陇海铁路的通车在一定程度上改善了徐州交通运输的条件，但并没有从根本上解决徐州地区交通落后的状况，徐州地区公路运输没有很快发展起来，直到1928年才开始兴修公路。交通运输条件的不完善，极大地制约了徐州的工业发展。

徐州的陇海铁路开通后，并没有给徐州及徐海地区带来经济和社会上

① 蔡云辉：《战争与近代中国衰落城市研究》，社会科学文献出版社2006年版，第280页。

② 姜新：《漫长的序曲——江苏铁路初探》，《徐州师范学院学报》1988年第1期。

较大的改观，其中一个重要原因是连云港的港口建设滞后，没有发挥充分的货物运输作用。连云港港口的重大建设项目，因资金不足拖了10多年，到1936年才筑起停靠3000吨货轮的小码头；并且港口的行政管理、水文资料、引航权均控制在外国人手里，连中国船只进出港也必须有外国人引航①。这极大地影响和限制了陇海铁路的作用。

三　频繁的战乱

民国以后，战火不断，严重影响了徐州近代工业的发展。徐州地区是二次革命南北军队争夺的焦点，战火首先爆发于徐州以北的韩庄，继而双方激战于徐州近代煤矿的发祥地利国驿，北洋第五军及张勋的辫子军猛攻立国及徐州煤矿转运枢纽柳泉，车站被毁，桥梁倒塌，铁路中断。1917年张勋发动复辟失败，驻守徐州的辫子军发动叛乱，大肆抢掠，徐州市南关的商户及商店、工厂无一幸免，商业中心上街化为灰烬，大批工厂、店铺被付之一炬。②1920年，直皖战争爆发，徐州铁路被毁。1925年，江浙战争爆发，奉系军阀张宗昌率军进驻徐州利国、萧县、砀山，直系军阀齐燮元调兵北上，徐州又成为拉锯战的前沿。1926年，北伐战争中心转至长江以北，徐州在此成为激战中心，军阀张宗昌、孙传芳、褚玉璞先后占领徐州，烧杀抢掠，无恶不作，并直接派兵包围了徐州市最大的工业企业之一宝兴面粉厂，携带汽油，准备焚烧工厂，架起机枪，准备屠杀员工，幸亏托人说情才免遭一劫。③北伐军多次进攻徐州，几进几出，南北军队在徐州反复拉锯，徐州遭到战争严重的破坏。有学者研究徐州煤矿1920年代一度衰落的原因时，就强调连绵的战争造成了煤炭运输困难，以至于煤炭积压，公司濒临倒闭。频繁的战乱使徐州城市丧失了工业发展的大好时机。

连绵不断的战争不仅直接威胁着徐州工业的发展，而且窒息着人们投资工业的愿望。徐州以外的投资者面对纷飞的战火自然是望而却步。本地

---

①　王懋功：《江苏省政府政情述要（民国卅四年——卅五年）》，"建设部分"，文海出版社1983年版，第27页。

②　董玉岭：《徐州解放前的酿酒及榨油业》，《徐州文史资料》第7辑，第46页。

③　邢鉴泉：《回忆徐州宝兴面粉厂》，《徐州文史资料》第3辑，第99页。

人则将资金投在土地上，因为土地受战争影响较小。或者将资金投在商业上，因为商业在战时转移迅速、占用资金较少，而不愿将资金投在工业上。许多人相反把资金大量投到战争较少的苏南或上海，从而导致了徐州资金的大量外流，伴随而来的是"苏北人"的大量南迁。这是徐州工业资金投入少的一个重要原因。战争的确是影响徐州经济尤其是工业的一个重要因素。

四　与通商口岸之间的经济联系受到很大限制

铁路的修筑与开通，使徐州与上海、天津、青岛等通商口岸之间的经济交往越来越频繁。徐州工商业的发展受到上海、天津等这些发达城市的影响，但由于空间距离等因素的影响，这些发达城市对徐州的经济辐射作用是有限的。上海对徐州的影响就是如此。

上海自 1843 年正式开放通商口岸之后，接着又陆续开辟了大面积的租界，外国商人纷纷前来，工商业日趋繁荣。长江流域特别是中下游地区经济的发展，受上海的影响很大。近年来，不少研究经济的学者指出上海这一具有国际性质的大都市，对于苏州、无锡、南京以及武汉、长沙、重庆等地的经济发展均起了很大的辐射作用。以近代的徐州为例，徐州煤矿和耀徐玻璃厂的新式机器即购自上海，商业信息也来自上海，徐州早期电力工业的技术人才和管理人才也来自上海。徐州印刷业技术革新也得益于上海。1912 年，徐州萃文斋从上海购进日本三号手摇印刷机，印制钞票等查品，迈出了由木版印刷改为铅印刷，由手工操纵到机器生产的第一步。①

可是，徐州距离上海毕竟相当遥远，当时交通条件又十分不便，因而上海对徐州的辐射作用就微乎其微了。具体言之，诸如工艺水平的提高、机器的修配、产品的运销、科技人员的聘用以及经营管理能力的提高等，均受到很大制约，从而不能及时获得上海方面的教益、支援和借鉴，这也

---

① 《铜山县工商材料》，江苏省档案局藏，档案号 1004—乙—4038。

是整个苏北地区经济发展不如苏南的重要原因之一。①

五　市场发育程度低

有学者认为，徐州在与苏南城市竞争中处于区位弱势地位。苏南城市既具有通江达海之交通便利条件，也有早期工业化发展的良好基础，还得近代之初大开放之先机，而徐州就没有这样得天独厚的优势条件。从社会资本流向来看，徐州诸多方面均居于劣势地位，使得徐州等这些内陆中小城市没有得到优先发展的机遇。

近代徐州城市工业的市场发育程度低，徐州参加全国统一大市场的循环比较困难。徐州无论是南距上海，还是北距天津，都有千里之遥，在当时运河失修、铁路未建的条件下，肩挑车拉，往返经月，无法同地处水网、背靠长江黄金水道、紧邻上海的苏南城市相比。

徐州区域市场存在潜力，但发育幼稚，残缺不全。由于徐州传统手工业比较落后，致使其生产资料市场极不发达。徐州的消费品市场有一定需求潜力，徐州城市近代人口不断增长，驻军官兵等非农业人口有一定比例，对消费品有相当的需求。历史上的徐州曾经是粮食、棉纱、皮革、日用百货的集散地。然而，由于消费工业品生产的落后以及区域交通的滞后，这些需求没有转化成对本地工业的市场需求。

对徐州近代工业发展影响较大的一个方面就是，区域社会经济发展的落后。区域社会经济发展的落后使徐州缺乏有利的市场环境，也就是说，区域社会经济不能为徐州城市工业的发展提供有利的支持。20世纪初，苏北地区具有商品集散功能的城镇只有80多个，仅占全省的8%左右，而苏南这类城镇已发展到上千个，占全省的80%以上②。这样在苏北地区，与徐州发生经济贸易往来的城镇是极少的。

有的学者分析苏北工业发展的滞后原因，指出："颠倒了轻重工业的先

① 姜新：《苏北近代工业起步的历史机遇与战略选择》，《江苏社会科学》1995年第3期。
② 彭安玉：《近代江苏市镇化初探》，《江苏社会科学》1993年第4期。

后顺序，未能真正发挥苏北的经济优势。"对徐州地区来说，矿产资源和农副产品资源比较丰富，发展煤炭、建材、钢铁、农产品加工、纺织都有一定的条件。徐州现实状况与煤炭、建材、钢铁等产业的条件存在相当大的差距，而与农产品加工、纺织业发展的客观要求则基本吻合。也就是说，在当时资金紧张、市场狭小的情况下，苏北还不具备发展煤炭、建材、钢铁等产业的条件，丰富的矿产资源很难转化为经济优势；而农产品加工和纺织业属于轻工业，对资金条件的要求相对较低，且有一定的生产潜力。可见，当时苏北发展农副产品加工和纺织工业的条件基本上是具备的，农产品的资源优势更容易转化为经济优势，农副产品加工业已被确定为当时的支柱产业，优先发展。而且农副产品加工业还具有投资少、见效快、资金利润率高的优势，优先发展农副产品加工业既可以缓解当时苏北资金短缺的状况，又可以加快资金积累和市场的培育，以便为将来重工业的发展创造条件。[①]

徐州远离全国中心城市，在地区市场发育程度较低的情况下，进行综合投资，按照分工协作的原则，建立一系列相互联系、相互依存的工业部门，加强部门、企业之间横向联系和纵向联系，这对于培育苏北地区市场就显得特别重要。徐州近代工业仅局限于煤炭、建材和农产品加工三大产业，其他诸多行业基本空缺，没有形成一个纵向衔接、横向沟通的工业体系，消费品市场的潜力没有释放出来，生产资料市场又难以形成，致使市场问题长期困扰着徐州近代工业的发展。

---

① 姜新：《苏北近代工业史》，中国矿业大学出版社2001年版，第57页。

第四章　商业与城市社会变迁

城市与商业是一种互动的关系。马克思指出："商业依赖于城市的发展，而城市的发展也要以商业为条件。"① 近代徐州商业的深刻变化是在交通条件改善和内外贸易的影响下出现的。近代徐州商业的发展与扩大，成为近代徐州城市经济发展的前沿位置。

近代徐州城市社会中，商业活动中出现了许多新事物、新气象、新征兆。对近代徐州商业发展与社会变迁关系的研究，是研究近代徐州城市社会与经济发展不可或缺的重要一环。② 近代徐州由于已有的城市规模，优越的地理位置和交通条件及充足的资源，自民国初年以来逐渐朝商业化城市转向。

近代徐州商业的近代化主要表现在：城市商业结构的变动，商业组织的革新，商人地位的提高，等等。近代徐州商业活动日益频繁，新式商业不断兴起，商业范围逐渐扩大。而商业组织的革新则是城市社会变动的突出表现，主要就是新式商业组织即商会的成立，并担任新的任务。

---

① 马克思：《资本论》，人民出版社1975年版，第371页。
② 关于商业与城市社会的关系，许多学者进行了有益的探索，如 唐力行，《商人与中国近世社会》，浙江人民出版社1993年版；范金民，《明清江南商业的发展》，南京大学出版社1998年版；王振忠《明清徽商与淮扬社会变迁》，三联书店1996年版；王日根，《乡土之链——明清会馆与社会变迁》，天津人民出版社1996年版。

第一节　近代商业环境的变动

苏北地区的经济发展较为落后，这极大地限制了徐州商业的发展。时人吴寿彭对 1930 年代初的徐海地区做了调查，认为"江苏实是三个时代造成的三个区域合并而成的。在江南是可见工业资本的展开；淮扬一带因运河交通之变，在中古时代即有盛大之商业资本的发达。在徐州一带就完全停留着在农业经济这一阶段"。①的确，徐州所在地区的商业环境是难以支撑徐州城市商业达到极为繁盛地步的。吴寿彭在调查后还指出："徐州为陇海铁路集津浦铁路之交点；海州为陇海路之重点，又为江北一海口。于是在这些地方我们可以看见几个小规模的工厂，以及好多玻璃橱的商店，陈列着些东西洋的货品。然而这种现象决不能代表一般情状，而表示徐海有商业资本的发展。徐海的广大的领域，都与这有限城区的商业资本不生关系。"②这在一定程度说明，徐海地区的经济状况没有为徐州城市商业发展与繁荣提供良好的基础和条件。这也是苏北城市与江南城市在近代发展存在差距的重要原因。

一　周边市镇商业的衰败

根据 1934 年度江苏省商业调查（见表 4—1），徐州周边县城与市镇商业发展是落后的。如邳县"地瘠民贫而又僻处苏北，交通不便，除县城外，其重大市镇仅官湖、土山、八义集三镇，中以官湖最大。商店行号亦仅百余家，城中亦仅五六十家，且皆资本薄弱，货物杂凑并无专营一业者"，表4—1 所列各业，均就其主要部分开列，其兼营商业的不计，总之，"地不冲要，商难繁盛"，故商店亦多设备简陋，货物零杂，不能与他县相比。③

---

① 吴寿彭：《逗留于农村经济时代的徐海各属》，《东方杂志》，卷27第6期，第74页。
② 同上。
③ 《1934年度江苏各县商业调查表》，中国第二历史档案馆藏，档案号为422—4—99。

根据吴寿彭的调查，1930 年代初，"在丰、沛、萧、砀四县的县城之内，我们不能见到比无锡、苏、常一小市镇上那么多店铺。在东海城内及赣榆、灌云、沭阳、涟水、泗阳等也相仿佛。在邳县，进城去，如同走入乡村一样，人民都在耕作。若是有人推了小车，上面堆着土布，沿路叫卖的就是这里的衣店了。此外，我们还可找见的是如同江南小摊样的铺子而已。邳县政府曾做了全县商店店伙人数的调查，结果，官湖市商业最发达的一乡所有市镇合计起来不足四百人。县城内外及城内外及城厢市所包括的店铺，不足三百个。而其他的市乡竟只有几家铺子的；或者大都的铺子是简单到如原始交易的状态，不用有店伙"。另据调查，"睢宁、宿迁，是逐渐南近运河，商业比较繁盛起来。但是就在睢宁，我们的调查是城厢市，包括县城在内，共有粮食业数十家，纱布一类业务一百余家，洋货业十余家，杂货业二十余家……还有些著名的市镇，如双沟、窑湾，官湖等商业之繁盛，超过那些县城。然而繁盛的程度，总仍然不过是江南乡村间的一中上市镇而已"[①]。这反映了徐州地区商业发展是极其落后的。从表 4—1 可以看出，萧县、丰县比起邳县、睢宁情况也不算好，商业店铺少，基本没有大的发展。周边商业活动的衰败，在一定程度上制约了徐州商业的发展。

1934年度徐州周边部分县区商业调查表

表4—1 （1）邳县

业别	上年原有商店数（家）	本年新增商店家数（家）	新增商店实缴资本总额（元）	本年倒闭商店家数（家）	倒闭商店实缴资本总额（元）	备注
绸布业	68	2	3000	3		
京广洋货业	54	1	3000			
国药业	32		500	1		
银楼业	11		300			
铜锡业	8	1	200			
靴鞋业	20	3	100			

---

① 吴寿彭：《逗留于农村经济时代的徐海各属》，《东方杂志》，卷27第6期，第75页。

铁器业	42	2	100	1		
漆业	46		200	5		
油酱业	62	2	3000	1		
茶食坊	34	1	500			
饭菜业	45	3	300			
烟酒业	52	1	2000			
毛笔业	12		200			
鲜肉业	22	1	300			
南北杂货业	65	5	3000			

（2）丰县

业别	上年原有商店数（家）	本年新增商店家数（家）	新增商店实缴资本总额（元）	本年倒闭商店家数（家）	倒闭商店实缴资本总额（元）	备注
京货业	16					
南货业	21	1	100			
酒业	11			1	250	
油业	7			1	130	
酱业	1 0			2	280	
草业	12	1	200			
铁货业	7					
广货业	16					
棉纱业	4					
国药业	5					

（3）睢宁县

业别	上年原有商店数（家）	本年新增商店家数（家）	新增商店实缴资本总额（元）	本年倒闭商店家数（家）	倒闭商店实缴资本总额（元）	备注
绸缎棉纱业	26	1	2000	12	32000	
丝货业	10			2	2000	
烟业	19	1	500	3	2000	
南货业	20			10	20000	

续表

广货业	12			4	4000	
厂布业	70	3	1600	15	8000	
油酒酱业	20			7	4000	
铁钉油麻业	12	2	1500	4	2600	
国药业	16	1	500	5	3000	

（4）萧县

业别	上年原有商店数（家）	本年新增商店家数（家）	新增商店实缴资本总额（元）	本年倒闭商店家数（家）	倒闭商店实缴资本总额（元）	备注
丝绸布业	11			4	2000	
广货业	11			4	1200	
杂货业	30			5	1000	
粮行业	15			3	600	
油酒酱业	15			4	1000	
烟业	10			3	1000	
木业	9					
饭菜业	46			1	80	
首饰业	7					
漆业	7	1	40	1	60	
国药业	11			2	400	

资料来源：《1934年度江苏各县商业调查表》，中国第二历史档案馆藏，档案号为422—4—99。

二　商路的变动

随着近代交通的变革和社会环境的变动，徐州对外商路不断拓展，为徐州商业的发展提供了有利条件。

徐州城市商业货物的流通有两个方向：一个是城市内部的流通，徐州是一个消费城市，生活用品需求量巨大，极大地刺激了商业活动；另一个方向是城市的外部流通，由于徐州的地理位置优越，徐州成为各种商品的重要中转集散中心（基地）。徐州区际贸易，在初期依赖于水运和陆运。各地的货物源源不断地输入，然后又由此输往各地。在交通方面，徐州水路运输均以徐州城市为中心成网状分布，故黄河水道，运河、奎河等河流与周边市镇及乡村建立密切关系。

徐州城市社会是在与外部世界联系中求得经济发展的，其原料能源的供应，物资的运输和产品推销都需要依靠发达的交通运输系统。

徐州传统的对外商路是沿着官道（驿路）形成的区域内外的商路。区域内形成了以徐州为中心的通往各县的官道为商路。区域外形成了几条商路：陆路方面，沿着官道，向北有通往临沂、滕州、兖州、济南，再到北京或胶东地区的商路。向南达淮阴、扬州、南京及江西，以至广东、广西等地。向西则有到商丘、开封、洛阳，直至陕西、甘肃等地或由河南至山西等地的商路。如河南等地的药材贩运至徐州就是走的陆路商路。河南武安县及其邻近的林县、涉县等地，因靠近太行山，是著名的药材产地，主要有柴胡、半夏、南星、黄芩、连翘、花粉、瓜蒌等。这一带的药材，先运到武安县，再运到彰德府集中，然后专销其他各地。当年祥顺成的创始人李欣荣与其父李迎春早年从武安贩运药材就是沿着由武安到彰德，经鲁西菏泽到徐州的商路①。

水路形成的商路，主要是沿着运河向南向北的通达南北的商路。另外通过黄河及奎河水运可达附近乡村，进行买卖。

近代以来，徐州地区形成了铁路、公路和水路综合发展的格局。铁路修筑通车后，开辟了新的商路。一条就是沿着津浦铁路向北经过枣庄、兖州、济南，再到天津。一条商路为沿津浦路向南经宿州、蚌埠到南京。沿着陇海铁路，向东经过邳县、东海县至连云港，向西则经商丘、开封、郑州、洛阳到西安，至陕西、甘肃。而对于近代徐州水运形成的商路主要是沿运河通往南北的商路，与传统水运商路相比，已是江河日下了。

1940 年代，徐州城中河南帮和山东帮两个跑单帮的贩卖货物的线路，最主要的是南京、无锡、苏州、上海这一条线，有时伸展到浙江。另一条次要的线路是济南、天津或青岛。除此之外，他们还将大批商品贩卖到北面的临沂山区、微山湖西地区，往西则沿陇海铁路将商品倒卖到洛阳，以至到潼关、西安。当时还形成了一条新的线路，即将商品由徐州贩运到豫皖交界

---

① 赵耀煌：《春发正药店发展史》，《铜山文史资料》第6辑，第79页。

的界首，再经界首到河南的漯河、南阳等地，再转运到湖北的老河口等地。①
由此可见，通过这些商路，徐州与外地的商贸活动是较为发达的。

三　徐州地区的物产

徐州地区的物产，以农产物为主。其中以小麦、花生、瓜子、元豆、
红粮、金针菜、芝麻等物为大宗。每年除自销外，运出亦不下七八百万吨。
麦以输往河南、上海为最多。高粱多往山东之济南，河南之郑洛。黄豆、
花生、瓜子，则以往无锡、上海为最多。②南京国民政府时期，由江苏省建
设厅会同江苏省党部组成江苏全省物品展览会委员会，于1934年举办了全
省物产展览③，徐州及其周边地区展览的物产就是以农产品为大宗，其次为
矿产品。徐州地区"因灾荒迭乘，外货倾销，加以农工界对于出品墨守成
规，罔知改进，以致出品穷劣，销路呆滞，影响于社会经济，及农村经济
者甚巨"④。

表4—2　　　　1934年江苏省物产展览徐属地区物产的展览概况　　单位：件

产品类别	铜山	睢宁	沛县	丰县	邳县	砀山	萧县
食用原料	52	14	26	20	42	10	31
制造原料	47	12	10	14	14	4	14
毛皮与皮革	4	0	3	0	1	0	6
油蜡及工业媒介品	5	1	0	2	0	0	2
饮食工业品	32	17	10	4	58	9	15
纺织工业品	12	50	11	16	2	2	4
建筑工业品	4	0	2	0	12	0	1
人身日用品	0	1	3	6	6	0	8

① 赵耀煌：《晓市始末》，《徐州文史资料》第15辑，第239—241页。
② （民国）实业部国际贸易局：《中国实业志》（江苏省），第4编商埠及都会第7章
铜山，第87页。
③ 陈果夫：《江苏省政述要（民国廿二年十月至民国廿五年五月）》，"建设部
分"，文海出版社1983年版，第107页。
④ 同上。

续表

家庭日用品	19	16	10	8	12	0	8
艺术与欣赏品	10	6	0	0	2	0	0
教育用品与印刷品	0	0	0	0	0	0	0
医药用品	0	2	39	6	24	24	8
机械与电器	0	0	0	0	0	0	0
标本与图案	23	0	0	0	0	0	2
其他	11	10	1	3	8	0	3
合计	219	129	115	79	181	49	103

　　资料来源：陈果夫《江苏省政述要（民国廿二年十月至民国廿五年五月）》，建设部分，文海出版社1983年版，第110页。

　　民国初年，铁路通车，公路建设有所发展，陆路交通方便，埠际、城乡贸易逐渐发达，使徐州成为四省交界地区的商品集散中心。官办、商办银行、钱庄有17家之多。山东、河南地方银行也来徐州设立分支机构，融通资金，办理汇兑。徐州同上海、南京、无锡、苏州、芜湖、天津、济南、青岛、西安、郑州等城市的贸易往来活跃[①]。

第二节　近代徐州商业发展概况

　　古代徐州商贾云集，是繁华的商业都会。苏鲁豫皖四省接壤地区的农副产品和手工制品多以徐州为市场，或经徐州销往外地，外埠商品也多经徐州集散。

　　有人认为徐州近代商业的活动受到很多不利因素的影响，是处于萧条状态的。实际上，徐州有交通、仓储、食宿、信息传递等条件吸引外地客商，出现了上海、杭州、广州等地的南货与北京、天津、青岛等地的北货在此汇集竞争的繁华局面，商业贸易蓬勃发展。因而徐州近代商业地位是不断上升的，无论是区域内还是与区域外的商品贸易往来都是十

────────────

　　① 徐州市地方志编纂委员会编：《徐州市志》，中华书局1994年版，第922页。

分活跃的。

一　商品结构的变动

清末徐州交通衰落，运输困难，商业发展不景气。民初以后，津浦陇海两路筑成，交通渐为发达，其他城市的物产，可以运到徐州的渐渐增多；自此以后，商业始有起色，逐渐为农产物集聚之区。对外贸易，抗战前，南京、上海占七成，天津、青岛占三成。抗战胜利后，因交通阻塞，与天津、青岛的交易已微乎其微。进出口的货物中，进口以棉纱、布匹、红白糖、盐最多，其次为煤油、卷烟、火柴、米、酒类、棉织物、水泥、药品、海产、水彩、纸张、杂货等。出口货以小麦和杂谷类的粟、高粱、落花生、大豆、苞米等为大宗，特产中有黄花菜输往南京、上海，再次则为花生油、棉花、鸡蛋、牛羊皮、黄鼠狼皮、果实等，此外陇海沿线各地桐材、盐、煤、烟叶及津浦沿线之煤、铁、鱼、猪毛等由此输出，亦不在少数。[①]

表4—3　　　　　　　　　　徐州进出口货物数量表

	进口		出口	
	品名	数量	品名	数量
最多	布匹	20万匹	花生仁	3万余吨
	棉纱	2万件	鸡子	3万件
	红白糖	8.5万包	黄豆	万余吨
	食盐	30万石	豆饼	5000吨
次之	卷烟	0.6万件	芝麻	5000吨
	煤油	2万听	小麦	万余吨
	皮稿	25万根	瓜子	6000吨
	单桶	16万段	酒	2000余件

---

① 青州建设研究会编：《徐州概况》，徐州市档案馆藏，第70页。

续表

	大米	5万石	牛皮	1200吨
	煤炭	5万石	花生	5000吨
再次	广货	6000箱	猪子	1万口
	烟叶	1.8万件	黄菜	1万吨

资料来源：（民国）实业部国际贸易局《中国实业志》（江苏省），第2编经济概况第5章各县进出口贸易，第112—113页。

　　沿海各城市的轻工业产品，很多是经徐州中转，销往内地中小城市和广大农村地区。周围各省的土特产品也都以徐州为主要集散地，转口销往国内外市场。外籍商人也有直接来徐收购，如专营皮张的犹太籍商人开纳，抗战胜利前后及新中国成立初期均曾在徐坐庄收购皮张，运往上海出口。徐州可供出口的土特产品品种繁多，如皮毛、猪鬃、肠衣、蛋品、大豆、花生、豆油、麻油、黄花菜（又名金针菜）等。市区设有各种专业性行栈，代客买卖，从中收取佣金（又称行佣）。这些行栈依其专业经营范围而各自集中在某一地段，在市区的分布状况大体是：粮行多设在四关，以丰储街、彭城路南头剪子股、博爱街、四道街等处较多；道平路为专营干鲜果品的行栈及经营南北货的批发商号；南马路五拱桥东及英士街东段为皮毛行栈；彭城路中段为棉纱棉布批发商号。各种商号成交量相当可观，其中如皮张（牛、羊、黄狼皮等）年吞吐量达百余万张；黄花菜有苏北宿迁、泗阳、涟水一带及山东滕县、河南商丘、安徽黄口等地进入徐州，每年吞吐量可达一千万公斤，是国内主要集散地之一，对外还远销南洋一带。可见，商业贸易发展已经远远超出了徐州市区域范围[1]。

　　根据1930年代初实业部调查，徐州城市商店以米粮行业最多，此外皮毛骨行、纱布业、木行业，亦颇发达[2]（见表4—4）。1940年代后期，徐州商业户数不断增多。根据有关记载，1948年6月底，徐州市住户有67896户，

---

　　①　耿继信：《解放前徐州中央银行和全市金融业概况》，《徐州文史资料》第7辑，第167页。

　　②　（民国）实业部国际贸易局：《中国实业志》（江苏省），第4编商埠及都会第7章铜山，第87页。

人口 344587 人，其中男 189492 人，女 155095 人。商号 7500 家，小厂及手工业近 3000 家，全部为私营性质。1945 年，粮行达 190 余家，粮栈 80 余家，此外棉纱、棉布、颜料、西药、文具、纸张等商户均有所增加，纱布业达 40 多家；经营南货 40 多家，这时行商、摊贩大增，跑单帮的非常兴旺，摊贩行商多于坐商。南关晓市成为商品交易的主要市场。经常设摊的有 300 余家①。私营商业经营日用品货源来自上海和江南城市。据统计，新中国成立前夕徐州商店、代理业行栈、杂货小铺近 4000 家。摊贩、行商和流动叫卖商贩，数量多于坐商。②

表4—4　　　　　　　　徐州（铜山县）重要商业情形（1933年）

	家数	资本（万元）	营业额（万元）	备考
粮米业	86			
皮毛骨业	30			代客买卖每元抽三分五厘
木行	32	6.85		
杂货业	27			贩卖山货水果土产等
纱布庄	40			
保险	4			上海分设
银行	5		放款200	
银号	5	12	放款38	
钱庄	5	4.2	放款9.8	
仓库	3			银行分设

资料来源：（民国）实业部国际贸易局《中国实业志》（江苏省），第4编商埠及都会第7章铜山，第88页。

二　农产品贸易的发展

徐州的近代工商业与农村经济联系极为紧密。农产品贸易是徐州近代商业发展的重要基础。

在明清时期，徐州农副产品是商品中的大宗，重要的商品交易货物，

---

① 《徐州商业登记》（1948），江苏省档案局藏，档案号1004—16—乙—3624。
② 徐州市地方志编纂委员会编：《徐州市志》，中华书局1994年版，第921页。

包括粮食和棉花。而在近代，商业贸易在货物种类及其比重方面都发生了变化，粮食、纱布、棉花等农副产品仍然占据很大的比重。

根据1930年代初的调查，徐州出口到外地的商品则主要是农产品，如花生仁每年约3万余吨，豆饼5000吨，瓜子6000吨，花生5000吨，鸡蛋每年约3万件，芝麻5000吨，酒2000余件，猪子1万口。黄豆每年约万余吨，小麦万余吨，牛皮1200吨，黄菜1000吨。[①]

从进口与出口地域来看，徐州农产品主要来自周边县乡市镇，如小麦部分来自睢宁、萧县、砀山、邳县等地（见表4—5）。而徐州农产品输出地主要是山东济南、青岛、上海及江南等地。如根据表4—6显示，徐属各县铜山、睢宁、邳县、萧县、砀山、丰县、沛县等小麦都有余。徐州小麦销售除输往山东济南、青岛等地外，县外市场主要为上海，无锡、镇江等地次之。[②]

小麦行销县外，主要是为制粉，其麸皮作为调味原料，因此小麦行销地点，往往集中于面粉厂汇集之区。江苏面粉厂集中于上海，无锡次之，其他地方较少，所以上海居小麦市场之中心。无锡为数不多，且常有由上海转口销售的，其他各处，数量更少。

表4—5 　　　　　　　徐属各地小麦产量表 　　　　　　单位：石

地区	小麦	大麦	裸麦
铜山	1797600	32100	2560
砀山	449460	6129	
沛县	709000	8260	
萧县	1700000	96000	30000

---

① （民国）实业部国际贸易局：《中国实业志》（江苏省），第4编商埠及都会第7章铜山，第88—89页。

② （民国）实业部国际贸易局：《中国实业志》（江苏省），第5编农林牧副第2章麦，第68页。小麦行销县外，主要是为制粉，其麸皮作为调味原料，因此小麦行销地点，往往集中于面粉厂汇集之区。江苏面粉厂集中上海，无锡次之，他处决少，所以上海居小麦市场之中心。无锡为数不大，且常有由上海转口者。其他各处，数更为零星也。

续表

丰县	396000	79200	15000
邳县	440000	120000	
宿迁	651000	133000	50000
睢宁	430000	140000	

资料来源：（民国）实业部国际贸易局《中国实业志》（江苏省），第5编农林牧副第2章麦，第57页。

一般来说，近代江苏省各县小麦收购办法，可分为两点：各地杂粮行和面粉厂自设办麦处。徐州的杂粮行其买卖小麦，不过为其全部营业之一部分，颇少专作麦类交易之组织。徐州杂粮行之收集小麦，大概在每年五月小麦出新之际，派人分赴各地农村收购，谈妥价钱以后，即由行家装车运徐。

表4—6　　　　　　　　　江苏省徐属各县麦之行销表

县别	小麦		大麦		裸麦	
	县内市场(%)	县外市场	县内市场(%)	县外市场	县内市场(%)	县外市场
宿迁	85	上海、山东	90	邻县	100	
睢宁	60	南京、徐州	100			
铜山	45	上海、山东	100		100	
萧县	70	徐州、转口	90	徐州	100	
砀山	60	上海、徐州	100		100	
丰县	65	山东	100		100	
沛县	50	上海、徐州	80			
邳县	65	徐州	100			

资料来源：（民国）实业部国际贸易局《中国实业志》（江苏省），第5编农林牧副第2章麦，第63页。

徐州磨坊或面粉厂往往自己购买小麦。徐州宝兴面粉厂采办小麦，除经各种交易机关如粮行买卖外，亦多在周边县乡市镇自设办麦处，直接采办。①这和上海一些面粉厂情况相类似，如福新茂新申新总公司在苏州、常

---

① 邢鉴泉：《回忆徐州宝兴面粉厂》，《徐州文史资料》第3辑，第94页。

熟、扬州设有福新办麦处；在镇江、高邮、姜堰等处设有茂新办麦处。①

徐州豆类贸易在徐州城市商业中也占据重要位置。徐属地区生产豆类，无论是种植面积还是产量在江苏省各县中都属前列。据南京国民政府立法院1930年调查，黄豆种植面积以铜山为最广，计188.1万亩，砀山为53.1万亩，沛县为48.6万亩。而据1932年统计，铜山和如皋县是黄豆产量最多的县份，铜山产量计91.1万石。其他徐属各地黄豆产量也是较高的（见表4—7）。

表4—7　　　　　　　　　　徐属各地黄豆产量　　　　　　　　单位：石

县别	产量	县别	产量
铜山	911600	萧县	164000
砀山	13000	丰县	202400
沛县	24000	邳县	69600
睢宁	280000	宿迁	200000

资料来源：（民国）实业部国际贸易局：《中国实业志》（江苏省），第5编农林牧副第3章豆类，第93页。

徐州黄豆贸易在1930年代日益兴盛，而徐属各产豆县份自用不足的少，全在本县消费的仅沛县，其他各县输出在全产额中大都在40%以上。蚕豆及其他豆类，则以自足为多。只有萧县的蚕豆销往徐州，再有部分转销山东。徐州各县剩余豆产，销售最多地域，当数上海，凡出口外洋，莫不经过上海，也有少量输往无锡、青岛等地，但较之上海，相差实远。

表4—8　　　　　　　　　　徐属各县豆类之供需情形

县别	大豆		蚕豆		其他豆类	
	本县消费(%)	县外市场	本县消费(%)	县外市场	本县市场(%)	县外市场
铜山	15					
砀山	30	上海、徐州				

① （民国）实业部国际贸易局：《中国实业志》（江苏省），第5编农林牧副第2章麦，第76页。

续表

沛县	100					
睢宁	65	无锡	制就后外销			
萧县	50	徐州转山东		徐州转山东	80	徐州
丰县	20	徐州、山东				
邳县	60	徐州	100		100	

资料来源：（民国）实业部国际贸易局《中国实业志》（江苏省），第5编农林牧副第3章豆类，第101页。

徐州豆类在各县乡买卖，多由豆贩经手。豆贩并非专营豆类买卖，无论何人，遇有机会，均可向农家售买，转售于徐州经营豆类作坊者。豆类作坊经营者，常多派人向四乡农民直接收集，或转托当地粮行，代为收集，与粮食贸易情形相类似。

花生贸易也是徐州农产品贸易中的重要方面。徐属各县花生产量，据1932年调查，当推铜山为最多，计1444500石。徐州各县所产花生，则大部均为输出，本地消费者不多（如表4—9所示）。徐州花生市场，仍以上海为主。徐属萧县、丰县的花生部分销往徐州，再转销上海、南京、山东等地。

徐州花生之贸易，大多是由四乡农家将花生卖于当地贩卖人，或邻近市镇之花生行，再由花生行贩运至徐州。也有徐州城市商家，直接向农家收买，以免去中间人之回佣。徐州花生买卖时期，约自每年10月初至翌年4月终，尤以11月间为最盛。各地花生行营业，每年大概仅有5月。花生由农家运至市场，大部分带壳。花生行备有脱壳机，如需以花生仁买卖，则即在行中去壳。

表4—9　　　　　徐属各县花生种植面积及产量（1932年）

县别	种植面积（亩）	产量（石）
睢宁	47382	20000
铜山	195500	1444500
萧县	270912	218000
砀山	102737	24500

续表

丰县	48455	324800
邳县	14097	24360

资料来源：（民国）实业部国际贸易局《中国实业志》（江苏省），第5编农林畜牧第6章花生，第120—121页。

表4—10　　　　　　　　　徐属各县花生行销（1932年）

县别	每石价格（元）	本地消费（%）	县外市场
睢宁	1.0	30	京沪
铜山	3.0	20	上海
萧县	4.0	20	上海、徐州等地
砀山	2.0	15	上海
丰县	5.0	20	徐州　山东
邳县	4.0	60	上海

资料来源：（民国）实业部国际贸易局《中国实业志》（江苏省），第5编农林畜牧第6章花生，第123—124页。

棉花贸易是徐州农产品贸易中的重要方面。萧县、丰县、铜山本地的棉花都是销往徐州，睢宁销往鲁南[1]。另外，徐州也是陕西棉花运往上海的重要中转站。近代各省棉花运往上海，交通亦极为便利。"自陕西运花至沪，有三路可行：一由陇海路经徐州，至海州大浦，船运来沪。一由山西运至郑州。由郑州至汉口，再由汉口转运至沪；一由汉水运至汉口，然后转沪。"三路之中以第一路为多。而河南棉花通常是先集中郑州，或转汉口，或转徐州。转汉口者水运至沪，转徐州者陆运到申，但以转徐州者为多[2]。

徐州生皮贸易也是很发达的。在江苏省地区，徐属各县如铜山、丰县、沛县等处产水牛及黄牛皮最多。生皮大量的销往徐州及山东地区。如萧县的牛皮主要销往徐州及济南[3]。徐州的皮坊加工业较为发达，所需生皮较多。

---

① 殷惟龢：《江苏六十一县志》，商务印书馆1936年版，第62页。

② （民国）实业部国际贸易局：《中国实业志》（江苏省），第5编"农林畜牧"第7章"棉"，第151页。

③ （民国）实业部国际贸易局：《中国实业志》（江苏省），第5编"农林畜牧"第14章"畜产"，第394页。

其中大量的来自徐州所属县乡。

表4—11　　　　　　　　徐属地区生皮生产状况表

产区	产量（张）	产值（元）
沛县	20000	120000
丰县	29110	28726
铜山	19500	49500
砀山	11329	22927
萧县	30000	160000

　　资料来源：（民国）实业部国际贸易局《中国实业志》（江苏省），第5编农林畜牧第14章畜产，第394页。

第三节　近代徐州商业的新变化

　　随着交通的发展，徐州与外地城市及其腹地之间的交往日益频繁，直接刺激了徐州商业的繁荣。近代徐州商业进一步地发生了变革，步入到新的发展阶段。其主要表现在新式商业行业的出现、商业空间的扩展。

一　新式商业行业的出现

　　虽然没有外来商行——洋行在徐州直接经营或销售商品，但从上海、无锡、天津、青岛转运来的大量外来商品都在徐州经销。这促进了徐州近代新式商业行业的出现。具有代表性的有百货、洋纱、洋布、煤油、五金、西药等经销进口货的行业，以及与出口相关的棉花、皮革等行业。

　　1. 百货业

　　百货业是近代中国城市中出现的一个新兴商业行业。在上海、天津、汉口等通商口岸首先兴起了百货店。稍晚些时候，大约在清末民初徐州城市就出现了百货商业行业。

　　近代城市中的百货店是由原先的杂货店演变而来的。杂货店主要经营城乡手工业产品和农副产品，城市居民日常生活必需品如油盐酱醋以及烟酒之类的产品也往往是一些杂货店的经营商品。这些杂货店的规模一般都比较小，投资少，货品不全，在经营上往往是家店不分。近代以来，大批洋货进入中国城市市场，一些城市杂货店开始兼销或经销洋货，并逐渐发展成为洋广杂货铺，经营的品种不断增多。这种大型的店铺一般都经销多种洋货，如李同茂经营的南货栈，经销日用百货、工艺品、五金等，实际上已经开始向百货店转化。[①]

再如民国初年间第二任铜山县会长赵品成所独资经营的永泰和，位于中枢街，以包销上海永泰和的英美烟为主，并专销广东的中成药，附带香皂、药皂、生发油、花露水、毛巾、手帕等小百货商品。英美烟多批给各烟酒商杂店。[②] 这也是一个小型百货店。

较大规模的百货公司的出现和发展是徐州新式商业的突出表现。徐州百货公司最早出现在大同街。清末民初，大同街上只有十几家简陋小店，供应一些土产和当时的日用杂货，景象甚是零落清淡。天成百货公司成立，大同街逐渐繁荣起来。天成百货公司成立于1920年前后，原称天成贸易公司，设在大同街中段路南，1934年迁到大同街东段路南，始称天成百货公司。它规模较大，是徐州商业中首创的一家百货公司。

与以往商业经营不同，天成百货公司采取了一些新式商业经营方式。天成百货公司为股份无限公司组织，是浙江宁波帮经营的。其规模仿照上海先施、永安百货公司的做法，经营的商品均设专柜，有呢绒部、绸缎部、棉布部、针织部、鞋帽部、化妆部、五金部、食品部、首饰部、钟表部、西服部、器皿部等，夏季还卖冷饮。门面有大玻璃橱窗，外面装有霓虹灯，店内设有玻璃柜台，玻璃货架，晚上电灯灿烂，照如白昼。

天成百货公司出售的商品，大部分属中高档商品，如外国毛毯、羊毛衫、100克细纱的汗衫、外国的厚呢、毛条花呢、貂皮帽、外国手表、钻石、名酒、名烟等，货物的陈列，货架的布局，做到整齐好看。大橱窗的装潢，

---

① 李家惠：《徐州著名商店——李同茂》，《徐州文史资料》第7辑，第72页。

② 陈仲言：《清末民国时期徐州社会大观》，《徐州文史资料》第14辑，第185页。

都有专门美工人员设计布置。天成百货公司的营业人员均要求衣着整洁、待客态度和蔼，公司经理平日对店员和练习生经常培训如何接待顾客、如何摆货架、如何掌握商店知识，因此天成百货公司的营业非常发达，商店的信誉很好。

天成百货公司在管理上有一套完整的制度，售货要填写销货单，销货后交账，经会计盖戳，一联持回，由各部负责人凭单填销货账，由销货账看出货架存量，及时向仓库领货。天成百货公司的销售对象，主要是军政人员、绅士、富商、妓女，他们是高档商品的消费者，其次是市民中比较富裕的。①

天成的成功极大地推动了徐州近代新式商业的发展。它直接刺激了徐州商人倾向于新型商业的经营。河北冀州人程含如、阎位斋、张鼎臣、冯尊三等，在大同街中段路南开设了华丰泰百货店。不久冀州人司明道和李某开设了裕泰祥百货店。本地人郑少卿在大同街的西段开设天福百货店。相继还有晋隆、义兴泰、福大祥等百货店开业。这些百货店的兴起极大地促进了徐州商业日趋繁荣。②

2. 煤油业

煤油业是近代徐州出现的新式商业。它发展快，其近代化的经营方式对徐州商业的发展产生了重要的影响。

清朝末年，开设在坝子街中段路北的西洋行杂货煤油号是最早较大的煤油经销店，业主阎怀礼，职工十余人。清末徐州的煤油市场，全部被"美孚"、"德士古"和英商"亚细亚"三家石油公司③所垄断。他们推行经销商制度，由各地经理家代为经销，即包牌子，条件是经理家交付公司一定的保证金（公司按年息六厘付息）并有殷实可靠的铺保。合同生效后，不准经销其他店家的煤油，按公司规定的统一价格出售，不得抬高或降低油

---

① 苗遂升：《徐州天成百货公司》，《徐州文史资料》第4辑，第79页。苗遂升在1934年考入天成百货公司当练习生，直到1938年。

② 赵耀煌、董玉岭：《大同街上话沧桑》，《徐州文史资料》第3辑，第58—59页。

③ 总公司均设在上海，分公司设在南京、青岛等地。

价。公司来货即卸进仓库（公司在徐州自建），运输费由公司负担，经理家销货享有2%的佣金。到1936年，改用现金进货，佣金改为每箱2角至3角，从货款内扣除，货款每月交入公司指定的银行，公司有权查账。早期煤油每箱1元5角，汽油每箱2元4角。[①]

1920年代前后是徐州煤油业的兴盛时期。煤油业经理家之间，上海外商各石油公司之间竞争非常激烈，各经理家每天都要将煤油情报转告上海有关的石油公司，以供公司采取下一步的业务措施。

日伪初期的煤油市场，依然充斥英美煤油，1942年后，英美煤油逐渐减少，一些日本油记杂牌油逐渐增多。抗战胜利后徐州煤油业呈现畸形发展，其原因有二：一是各经理家经销的英美煤油陆续运徐，加之外县经理家公司分配到的货，除沿铁路线的可直接运到外，其余均运入徐州卸进货栈代卖。所以各县经营和兼营煤油的均来徐州购买。二是开设煤油店，设备、人力、资金均不多，只要在门前摆两桶油就能开业。分销与专营煤油号或货栈相熟的人，能赊销几桶油，卖出再付款，一次新开设的煤油店多达60余家。此外，上海还从外埠入青岛、天津、广州、无锡等地购进煤油，故而形成了徐州煤油市场的繁荣。

3. 纱布业

徐州近代纱布业较为发达。经营纱布业的店家多，且大多效益较好。

清末徐州市场上就有从上海以洋广货名义专销到徐州城的洋纱、洋布，但数量不多，并且互相兼营。到民国以后，随着洋纱、洋布输入的增加，洋纱、洋布业逐渐形成了独立的行业，原来城里的绸布庄开始大量销售洋纱、洋布。由于洋纱销路广、利润大，徐州经营洋纱、洋布的越来越多。批发店和零售店不断增多。

纱布业是徐州商业较为繁荣的行业，据估计，在民初到1930年代中期开业的纱布庄号，约三四十家，全部资金要占全城商界总资金的30%以上。纱布业和南货业、绸缎业、广磁业（百货）和粮米业是商会的几大

---

① 董玉岭整理：《徐州解放前的煤油业》，《徐州文史资料》第9辑，第139页。

支柱①。

1947 年时纱布业有 43 户，1948 年统计时还存有 31 户。②纱布业表面上的繁荣主要依靠着银行和钱庄的大量贷款与存款，在物价暴涨日益剧烈时，趁机囤积物资来营业。就这种经营中，较大业户资金较多，并能与银行、钱庄保持更好的私人关系，在营利方面是不错的，但小户是没有这样便利条件。③

二　商业空间的变动

商业起源于区域间经济结构的差异。从历史的角度观照，某个时间点上的商业面貌静态地反映出经济发展在一定时段内的积淀与成果；而从空间的布局来看，它又是经济发展在该时间点上结构、布局的集中表征。④近代商业和交通运输业的发展促使了近代徐州商业的发展，使徐州成为近代区域商业中心。近代徐州商业的发展又促进了商品生产和商品交换的不断扩大，使商业空间发生变革，原有的商业街区进一步发展为商业中心，新的商业街区出现并不断扩大。这些都使得徐州城市的经济功能迅速上升，徐州城市经济发展与国内市场的联系不断加强，进一步加强了近代徐州商业的发展。

1. 商业中心的变迁

徐州近代商业布局在商业繁荣之后出现了很大变化。在封建时代，徐州主要的功能是府县地方政治中心，军事功能较为突出，在明代漕运发达的时候，商业的分布与政治功能密切相关。与以前作为府州所在、官衙密集的地方政治中心、军事中心相比较，近代徐州城市商业布局发生了明显的变化。徐州原来的店铺主要集中在与官衙较近的市内中心地带，大约在民国以后，城市街区的闹市位置开始有所改变。根据《同治徐州府志》所载，自东而西有东门、察院、太平、县前等街 10 道，自北而南有街数道，

① 陈仲言：《徐州商会组织简史》，《徐州文史资料》第7辑，第176页。
② 《徐州商业登记》（1948），江苏省档案局藏，档案号1004—16—乙—3624。
③ "青州"建设研究会编：《徐州概况》，徐州市档案馆藏，第149页。
④ 常宗虎：《南通现代化》，中国社会科学出版社1990年版，第86页。

城内商业中心范围扩大。据《嘉靖徐州志》、《同治徐州府志》和《民国铜山县志》记载:在明清时期,徐州商业闹区向大同街及南关下街转移,向手工业主、工人、小商人比较集中的地方转移,这种转移说明徐州城市店铺业的服务对象已从主要为官僚贵族而转变为普通市民百姓,同时也表明商业发展对城市经济结构、市民生活乃至城市的建置格局都产生了影响,这是社会变迁的一项重要内容。

　　商业空间的变迁与它所处的时代背景、交通状况、地理位置都有着密切的关系。徐州早期的商业中心区在旧城以及以北的几条街区。1855年黄河北徙前,徐州是以黄河为对外交通干线的。因为北关牌楼一带河平水稳,大小船只易于停泊,所以在那里便形成了商业区。黄河北徙后,徐州一带的黄河河道废弃不能通航,徐州城的对外交通便依赖于城南一条较小的奎河,因而商业区便逐渐移至南关一带。直到1915年前后,奎河上往来船只频繁,特别是自袁桥至今建国路桥一段,沿河两岸,千帆云集,以及沿河附近上街、下街、马市街、毓秀街、箔子街等街市一度兴盛起来。

　　铁路通车后,奎河的交通作用相对减小,南关商肆随之发展渐趋缓慢。1922年,为了适应需要,当政者将城东关一带的黄河滩划为商埠区,开辟了大马路、二马路、三马路,形成了东关崛起的局面,并形成了从大马路经月波街连通东门内察院街的居民稠集区。① 察院街、中道街是通往火车站的主要道路,日趋繁华,银行、钱庄、百货、绸布、茶食、中西药店等门面紧挨、店铺相连。火车站前的街巷,新开了许多旅馆、饭店、浴池、货栈、盐栈、麻袋店等,形成了一个商业区。1939年修建的启明路(今淮海东路),是城里通往火车站的干道,沿路发展起各种商业行业,有饮食、银行、剧场等。土布市迁至下街南端,各业商贩和产商行商的批发交易都在此设摊,成为最大的摊商市场。

　　1920年代城墙的拆除,对徐州城市商业的空间布局有了更大的影响,促进了徐州城市南关商业的繁荣。中心商业区向东南迁移,形成了以旧城为中心,几条主要干道为主要商业中心。

---

① 赵耀煌、董玉岭:《大同街上话沧桑》,《徐州文史资料》第3辑,第58—59页。

近代许多城市各种特色的商店、服务字号、餐馆、旧货店、出租行等五花八门，无所不有，并形成了不少著名的商业区。如上海出现的南京路，霞飞路等，苏州的观前街等。而徐州近代商业发展过程中出现了几个著名的商业街，有大同街，抗战胜利以后的启明路，还有彭城路以及南关下街。

抗战胜利后，商业布局基本未变。中正路百货业、皮革、服装、银楼、货栈、银行、饮食服务业增多，中段服装店、皮鞋店集中，有了西餐馆、跳舞厅，日趋繁荣。南关商业区以批发商为主，城市繁荣区不断扩大。东西北关商店有所增加①。至新中国成立前夕，徐州基本形成了以南关商业区、淮海路为最繁荣，城区商业区扩大，东、西、北关商店渐多的商业格局。

2. 商业专业街的不断增多

在明清时期，古代城市中形成许多商业专业市场，"经营同种商品者基本集中在同一条街坊上"②。如明代南京"铜铁器则在铁作坊，皮市则在笪桥，南鼓铺则在三山街口旧内西门之南，履鞋则在桥夫营，帘箔则在武定桥之东，伞则在应天府之西，弓箭则在弓箭坊，木器南则在纱库街，北则在木匠营"③，形成了许多专业市场。近代徐州城市的商业仍然具有古代城市商业的某些特色，在长期商业发展过程中形成了较为繁荣的商业专业街市即商业专业市场。这些专业街差不多挨门挨户都是经营同一大类的商品，或者同一性质的业务。它的形成有其多方面的客观因素，但总的来说离不了经营者彼此联系、相互促进、相互竞争，更重要的一点就是便于需要者就近选择和评估。现略举几条商业专业街如下：

（1）银市街

统一街最南端早年曾叫银市街，这里曾有好些家经营银钱业的机构，它们的同业公会也设在此处。

北洋军阀统治期间，这段街（时称北门大街）上设了一所平市官钱局，经营银钱存放和汇兑。这是官方银钱业机构，初设时经理是张绍芝。北伐

---

① 徐州市地方志编纂委员会编：《徐州市志》，中华书局1994年版，第924—925页。

② 万明：《晚明社会变迁：问题与研究》，商务印书馆2006年版，第93页。

③ 韩大成：《明代城市研究》，中国人民大学出版社1991年版，第52页。

胜利后，这个机构为国民党接收，委托浙江人濮述铭继任经理。

北伐以后，市面相对稳定了，银钱业随之兴起。因为先有平市官钱局设在那里的缘故，一些银钱业经营者都争相到这条短街上来设行（号）营业，依次有国民银行（经理钱明斋）、龚裕银号（经理为原平市官钱局经理张绍芝）、交通银行（经理谢幼安）、江苏银行（经理章叔薇）、中孚银行（经理杨雁书）等。1930年银钱业同业公会（会长张绍芝）成立，设在路东中孚银行院内。短短不过五、六十公尺的街上，有公私银钱业机构七家之多，形成了一条银钱专业街。[①]那时银价逐日有涨跌，所以各银钱业机构每天都要派人到这里的同业公会议定银价，更增加了这条专业街的气氛。

（2）苇席街

徐州有条席行巷，这条巷子现在已改名兴隆西巷，它的具体位置在马市街以东直至奎河边。大约在清光绪初年，有程姓者在巷的东段路南占地一大片，围圈起来做秫秸席、苇席、苇薄买卖，经四代人传至民国初年，业务不断扩大。当时业主为程玉景，店号为"景顺席行"。

这条短巷因有程家经营席类，四乡和附近各县来的席类便逐渐聚集在这里兜售，形成一个专业市场。最盛时年总销量不下四、五十万张。出售的席，本城各大店号是销售对象，特别是面坊、粮行、酒油槽坊、酱园等购量甚大。此外苇席还远销到蚌埠、合肥、郑州、石家庄、大同等地。铁路通车后，这些远销的苇席大多是整火车的装运。苇席这一土产，在当时徐州商品交易中占有一定的地位。

（3）皮行街

皮行街在英士街西段，就是现在建国西路中山路口以西一带。在1920年代以前其地冷落得很，两旁稀稀拉拉的简陋房屋，多数都是皮行，至1930年代初，据估计有凤昌、德源、隆昌、祥茂等20多家，形成皮行一条街。

徐州是黄淮平原所产黄牛皮、马皮、驴皮、羊皮、黄狼皮、狗皮等的集散地，因此皮行应运而生。皮行的主要业务，就是代上海、天津、青岛

---

① 董玉岭、赵耀煌：《近代徐州的专业街》，《徐州史志》1986年第4期，第41页。

大城市来此设庄者收购皮张，从中取佣营生。有的较大的皮行，还雇用专人为客户整理皮张，打包运装。

徐州的皮行街不止英士街西段一处，还有一处是兴仁街（现建国东路与开明市场交接处一带），不过规模小，户数较少些，但皮行中最大的一户元记行，就开设在兴仁街上。

（4）红炉街

红炉就是铁匠炉。过去的鼓楼街（现彭城路最北端）曾有过铁匠炉群。咸丰、同治年间鼓楼街上便有朱、邓、张等几家铁匠铺，但后来都歇业了。随之而起的是张家铁匠炉的徒弟姚文兴。他善打木工用具，享誉于徐州地区，因他招了不少徒弟，他的徒子、徒孙都自立门户在鼓楼街上开起铁匠铺，不下十四五家，成为一个姚家帮系。

光绪初年江南来的范勤恩在鼓楼街上开起铁匠铺。他干活全面，无论农用、工用、建筑用的铁器活都能干，质量又好，极受欢迎。他的哥哥和弟弟以及儿子、侄儿等都相继在他的资助下在这条街上开起铁匠铺，约有五六家，形成一个范家帮系。

鼓楼街上的姚、范两个帮系的铁匠铺，最盛在1920至1930年代之间，约有20家，形成了红炉一条街。

（5）铜器街

昔日英士街东段，就是现在建国东路最西的那一段（彭城路口至中山路口）。清朝光绪中期有一位安徽省太和县的傅师傅在这条街上开了个铜匠店。到民国20年前后，街两旁的铜匠店竟达20余家，形成铜器一条街。据说这些开店的大都是傅师傅的徒弟马、戚两姓的徒子徒孙，这样便形成两个小帮系——马家门和戚家门。又因他们的开业祖师傅是太和人，所以人们便总称之为太和帮。徐州人有制铜器的技术，就是从这太和帮开始的。

太和帮的铜器大多数为铸铜，如箱、柜上的配件和装饰品（习称："箱饰云"和"柜饰云"）、铜灯、烛台、香炉、抽屉拉手等，还有小孩玩具如乒乓擦、铜剑、铜斧、铜刀等，无不打磨得金光闪亮，耀眼夺目。这些产品遍销徐淮地区，颇受欢迎。

（6）烟摊街

奎东巷中段曾经是一个繁华喧闹的香烟市场。香烟在徐州兴起来约在1920年代晚期。日伪统治徐州时，外地香烟不能大量来徐，于是本地手工香烟猛然兴起，据统计每日产量达300万支。这些手工香烟，每晨便有生产者携来奎东巷（当年习称东坡墙）设摊出售，有时烟摊多达二三百处。徐州邻近各县，还有鲁西南、皖北和豫东各地的香烟贩都齐集这里采购。一时间人头攒动，充巷尽是买卖议价之声，一直要到中午以后才散市。①

一些跑单帮的从外地贩来卷烟用盘纸也带到这里销售，手工卷烟者售烟后便可就近购买所需盘纸。这个市场抗战胜利后又成为外地香烟的集散地，一直延续到新中国成立初期，本地机制香烟大兴后才停市。

3. 晓市

晓市是近代徐州商贩异常活跃的商业空间。流动商贩实际上是构成徐州近代城市商业空间的一种形式，如当时菜市场也很少，挑筐买菜都走街串巷，家庭主妇大多在自家门口买菜。黄河西岸太平洼开辟建国市场，各业俱全，以百货最多。新开模范市场，多百货小店和娱乐行业，此外还有庆云桥畔的利民市场。大马路东段至王大路的民生市场，西关的永安市场，天桥东的铜山市场，均为小商小贩的聚集之处。副食品市场多为农民自卖和小商小贩。②

晓市是商贩活动的重要场所，它是日伪时期形成的。当时徐州的正大街（以前叫三民街），南关下街（现在的解放路）最南段，靠近现在的和平路北侧那片地方是一个设满摊棚的市场，因这市场里的交易都是在早晨进行的，人们都把它叫"晓市"。这地方本是一片荒凉之地和草坑。③1940年代初，石磊巷（位于南关上街，即现在的彭城路南段西侧）北头一带的小土布市场，被日伪当局以妨碍交通为名，强迫迁移到那里。它逐渐发展成为一个包括许多行业的综合市场。

---

① 董玉岭、赵耀煌：《近代徐州的专业街》，《徐州史志》1986年第4期，第42页。

② "青州"建设研究会编：《徐州概况》，徐州市档案馆藏，第94页。

③ 陈仲言：《清末民国时期徐州社会大观》，《徐州文史资料》第14辑，第188页。

晓市发展的主要原因在于：日伪当局对江南一带城市的某些物资和商品，实行禁运或控制，除日商洋行可以不受禁运所限和控制外，其他商家店铺，均不得从江南一带的城市购运商品来徐。他们的货源，仅靠从济南、天津、青岛等地运来的一些花色品种较少的北方商品，这很难满足市场的需要，而那些式样新颖花色品种较多的南方商品，又不能批购运徐，在这种情况下，一些跑单帮的小本行商，就应运而生了。他们可以从上海、南京、无锡等地，以随身带货的办法，跟车（火车）贩运来徐，他们将贩运来的货物，都集中到小土布市场里进行交易。这样就形成了晓市。

晓市有东西走向的3条小街（由北向南数，依次为：一道街，二道街、三道街）和一条横穿三道小街没有设立摊棚的南北小街。这里脱售货物的行商小贩，大都临时设搭棚摊，但其中也有只跑单帮来此售货不设摊棚的，也有既跑单帮又设摊棚零售的。

1940年代中期是晓市的鼎盛时期，约有大小批发1200余家，他们经营的业体和商品的种类非常广泛，有布匹、绸缎、棉纱、针织品、小五金、小百货、化妆品、颜料、纸张、食糖、西药、文具、烟酒、煤油、日用杂货、饮食等。这些商品大多数是从上海、南京、无锡等地贩运来的，有少量是济南、青岛、天津、开封、郑州、武汉等地贩来的。市内有些较大的店铺，有时到这里来批购货物。有时在市内店铺里买不到的商品，在晓市大多都能买到。总的来说，这个由单帮行商组成的晓市，对当年徐州地区物资交流，曾起过很大的促进作用。①

三 商业组织的革新

随着商业的发展，徐州商业行业都普遍地形成了一定的组织，为维护各行业的权益，协调本行业与社会有关方面的关系，因而形成了行帮。这种组织进一步发展为比较规范紧密、约束力更强的同业公会。同业公会的设立和增多，是商品经济较大发展的表现。会馆的开设和功能的强化，是徐州与外地经济联系加强的表现。商会的成立，则是城市商品经济发达的

---

① 董玉岭：《晓市回忆录》，《徐州史志》1990年1—2期，第31—32页。

绅商力量增强的标志之一。

商业组织的革新，是徐州城市现代化的一个重要表现。由商帮、会馆、公会到商会，徐州商业组织经历了一个以地缘关系为主到以业缘关系为主的逐渐转变的过程。

1. 商帮

来徐州经商的外地人很多，他们往往靠其地缘或血缘关系，在某一行业形成一个商帮，如河北帮、宁波帮、晋商等，这是徐州商业活动中的一大特色。光绪末年，睢宁开始有商帮活动。先是江西国药帮、福建南皮丝烟帮，而后便是山东帮来经营洋纱、线、布。至民国初年，镇江帮的商路也伸到睢宁。

沛县在民国27年前曾有四个商帮出现：南京帮，以南京人王家冀开的保和栈房和王家寿开的怡和栈房为代表；怀庆帮，以河南怀庆人尹文光开的全泰明记烟店和仓延举开的德全厚槽坊为代表；山西帮，以山西人刘康候开的延寿堂中药铺、焦成文的染坊和杜文德的兴盛丝织作坊为代表；本地帮，以沛县人张庆云开设的宏昌俊和李福明的洪泉茂杂货、酱菜店为代表。

徐州的商帮一般与技术行业有关。有经营南货的，有经营北货的。大体说来，纱布庄，多为山东人经营；典当、钱庄，多为山西人所开；浙江商人经营银楼、钟表、茶叶、酱园等业；而河南、河北人以经营药材、五金、皮货业居多。如树慎成纱庄专门经营棉纱业务。民国初年开业，最初生意较好。1917年张勋复辟失败，徐州兵变，抢掠焚烧，树慎成纱庄蒙受其害，损失惨重。[1] 这家纱庄就是由山西帮经营的。再如钟表业，民国初年发展到10多家，1930年代初期近30家，日伪时期增加到40多家，抗战后达到113家。[2] 规模较大的钟表店，全是宁波帮开设的，尤其任氏投资最多。据说他们把家乡的房子和土地变卖精光，携款来徐的。在上海还有宁波帮财团的支援，因而他们开设的店资金雄厚，周转灵活，货源充足，品种齐

---

① 陈仲言：《清末民国时期徐州社会大观》，《徐州文史资料》第14辑，第177页。

② 冯姬等口述，董玉岭整理：《徐州钟表业的过去》，《徐州史志》1987年第2期，第8页。

全，在业务上和同行竞争，占有绝对优势。①

2. 会馆

商业的发展，大致随时代而进。商人为谋求本身福利及加强团结起见，亦渐有其本身的组织。最初的组织是会馆的设立。会馆的功能，不仅供商人之用，仕宦考生亦利其便。它完全是一种地缘组织，以供膳宿为主，随后发展为协助商人解决商业上问题的场所。各业不同，问题不一，故在会馆内有同业之帮、会、堂等组织②。会馆亦多为工商人士所建，民国时期仍有诸多会馆，说明当时乡土观念仍很流行。由会馆建立的多少，亦可看出商业仕宦的发达程度。商人会馆的建立，"是异地客商数量增加，势力渐长的结果，也是异地客商为求在当地稳定发展的一种探索与努力。它是商品经济发展到一定阶段后出现的一种自发的、也是新兴的社会团体。它的存在，对客居彼地的商人有政治和经济的支撑与后盾的作用，也使他们的乡情能有地方得以寄托，就本地商贾而言，它带来了一种新的团体精神、新的风尚习俗和异乡的文化气息"。③

徐州商业较为发达繁荣，设在该地的本省及外省会馆均多。浙、赣、冀、晋等省客商在徐州建造会馆 10 处。④在诸多会馆中，最为突出的是山西会馆。自明清以来，山西商人在徐州活动很频繁。徐州所辖的丰县距直隶省东明县仅 100 公里的路程，由东明至山西又有陆路可通。山西商人在徐州除经营当铺、药材、布匹、棉纱以外，亦经营茶叶生意。徐州曾有著名的山西商号有任大顺、王广盛、晋太、晋和等，其中又以赵氏谨丰当铺规模为最，200 余从业者全是山西人。该当铺因祖孙三代经营，积累了巨额财产，购置房屋千余间。旅居徐州的山西同乡在乾隆七年（1742年）集资扩建相山神祠，遂改为山西会馆。谨丰当铺集资在徐州城南三堡购地两顷多，用农作物收入

---

① 冯姬等口述，董玉岭整理：《徐州钟表业的过去》，《徐州史志》1987年第2期，第9页。

② 何炳棣：《中国会馆史论》，台湾学生书局1966年版，第51页。

③ 万明：《晚明社会变迁：问题与研究》，商务印书馆2006年版，第127页。

④ 《江苏省志·商业志》编纂委员会：《江苏省志·商业志》，江苏人民出版社1999年版，第114页。

作为会馆经费。[①]光绪十三年（1887年），由于"栋宇倾颓，丹青剥落，不足以安神灵"，山西同乡重新将会馆修葺，"气象一新，众人以为地方之胜"。[②]

浙江会馆在徐州影响较大。这主要是因为近代以来浙籍官、商来徐颇多。当时浙江商人顾效伦深知同乡遇有困难，单靠个人救济，犹如杯水车薪，无济于事，"有必要成立同乡会的组织，用众人的力量解决众人的困难"。在他的牵头下，集资于1930年建成浙江会馆。[③]

外地商人在徐州的会馆也在起着组织流通的作用。这些会馆主要职责在于保护外省商人和寄居在徐州的外省人的权益，近代其经济职能进一步加强，会馆在政治、宗教、社会各个方面起着重要作用。

3. 同业公会

随着近代商业的发展，徐州商人组织也发生了变化。徐州传统的商人组织是行业公会。行业公会"实际上仅是一个谋求群体共同利益的松散组织。并非是有一定会规、严格纪律的团体"。[④]同业公会作为主业拓展为基础逐步壮大的民间社团，本质上反映了都市从业人员人际关系网的延伸。在都市环境中，从业人员人际关系发展的文化背景，呈现为家族、血缘、地缘纽带等家庭因素的相对淡化，而职业、血缘、信仰、兴趣等个人因素凸显，其中以职业居首位。

同业公所最初以地缘为主，加上同业的关系，时至清末，苏州所列公所中，仍有20公所尚有地缘可寻。[⑤]后来各省同行同业者，加入该地公所，因之公所变为纯粹的同业组织。以徐州为例，地缘的同业公会或公所亦同时存在。这说明若干行业尚操纵在某一地区人士手中，外省人士难以经营，因之地缘性仍然存在，如近代徐州的钟表眼镜行业主要就由宁波人来经营

① 容浪：《山西会馆》，当代中国出版社2007年版，第44页。
② 光绪《重修山西会馆碑记》。见《全本徐州府志》（新千年整理本），中华书局2001年版，第329页。
③ 徐州医药站编志办公室：《彭城第一家——记普太和药房》，载《徐州史志》，1987年第4期，第12页。
④ 戴一峰：《区域性经济发展与社会变迁》，岳麓书社2004年版，第321页。
⑤ 何炳棣：《中国会馆史论》，台湾学生书局1966年版，第51页。

的。因而钟表眼镜公会就由宁波人控制，而且成员大都是宁波人，其地缘性就很明显。另外一个例子就是近代徐州生皮加工业、肠衣业。但是徐州地缘性的组织渐渐在消退之中，这是徐州工商业走向现代化的过程。

　　行业公会或公所的功能与会馆有所不同，公所纯粹为工商人士所建。会馆成立早，是综合性的商旅羁留之处，公所成立晚，则专为工商界的组织，其功能有四：订立商务上的规则；承办税课厘捐之事；解决商事纠纷；协助或救济同业困难①。工商同业公会之组织，原以增进同业之利益，矫正营业之弊害为宗旨。如1930年8月，徐州银行、钱庄共16家联合设立了银钱业同业公会，目的是谋求同业协商业务对外统一联络，以此维护同业利益。同时钱业公会还有调剂市面金融、扶助工业、救济农村、调查商况、编订刊品等事务，对徐州城市经济与社会起着重要的作用②。再如徐州理发业公会在民国初年就已经成立。当时理发业公会的主要任务是为同业谋福利，除购买义冢地外，如某理发师家有丧事无钱殡葬，公会就出面向理发店老板和师傅募款买棺材埋葬；外地师傅来徐州，公会可代找工作，回去无路费公会也可代为筹措。部分会费用于养活罗祖庙的和尚③。

表4—12　　　　　1934年度徐州（铜山县）银钱业务公会会员代表及职务

会员银行	入会年月	代表人	银行职务	公会职务
中国银行	1930年8月	许峻甫	经理	主席
交通银行	1930年8月	李官春	经理	常委
江苏银行	1930年8月	章叔薇	经理	委员
河南农工银行	1930年8月	张纯坚	经理	委员
徐州国民银行	1930年8月	钱明斋	经理	委员
平市官钱局	1930年8月	刘竹钧	经理	委员

　　资料来源：徐州市金融志编纂委员会《徐州金融志》，中国矿业大学出版社1994年版，第71页。

---

　　①　《支那经济全书》辑4，第77—79页。王树槐：《中国现代化的区域研究，江苏省（1860—1916）》，台北"中研院"近代史所1984年版，第424页。

　　②　徐州市金融志编纂委员会：《徐州金融志》，中国矿业大学出版社1994年版，第71页。截至1934年，原有钱业公会会员先后歇业10家，仅存会员6家。

　　③　沈华甫：《徐州理发业话旧》，《徐州史志》1986年第4期，第32页。

表4—13　　　　　　　　江苏部分城市同业公会统计表

	统计时间	同业公会数（个）	会员数（人）
苏州	1930年7月	57	
徐州	1930年	36	
常州	1928年	39	287
	1932年4月	91	6900
	1937年	43	
	1948年	62	
镇江	1936年	35	
扬州	1946年	43	1528
南京		61	

资料来源：《江苏省志·商业志》编纂委员会《江苏省志·商业志》，江苏人民出版社1999年版，第374页。

1930年代初，徐州同业公会相继建立，其中徐州纺织行业公会组织出现最早。1930年，徐州（铜山县）棉织业同业公会首先成立，大约200户从事织布、织袜、织毛巾及鞋帽产业的资方代表参加公会，推选沈钟歧为棉织业第一任会长。以后，铜山丝革业、铜山县土线业公会相继成立，由李犷志、张广汉分别担任会长。纺织业各同业公会为资方组织，接受商会领导。从表4—13中我们可以看到，1930年代初徐州同业公会有36个。相比较江苏省其他地区，是较少的。这反映了徐州工商业的发展是相对落后的。

同业公会的会长或理事多由业中大户充任，经费由会员商号承担。同业公会大多由公所或会馆改建，故会址多在原公所或会馆内。各公会的主要职能是协调工业内部事务，交换行业信息，调整本行与其他行业的关系，维护行业的合法权益，如公会曾组织会员请愿，反对政府的苛捐杂税。[①]同时行业公会兼顾社会福利公益事业，如1931年徐州水灾，纺织行业公会主

①　"江苏省志·商业志"编纂委员会：《江苏省志·商业志》，江苏人民出版社1999年版，第372页。

席沈钟歧兼任水灾救济委员会委员，大力动员纺织行业募捐赈灾。1932 年，日军进攻上海，发动"一·二八"事变，纺织业公会集资筹款慰劳英勇抗敌的第十九路军。①

到 1930 年代后，徐州城市各业同业公会有了较大的发展。②这与当时政府的关注和督促有很大关系。当时江苏省政府重视各业同业公会事业之发展，并加以督促。江苏省各业同业公会，自 1931 年以后，遵照法令，先后组织成立，呈准备案者已有 1500 余所。当时政府认识到各地各业同业公会的发展存在很多弊病，如"惟多狃于成见，各自为谋，罔知互谋本身事业整个发展"。而政府对于同业公会的管理和指导不力，"在昔仅注意于各公会组织之健全与否，而予以合法之指导，对于事业何如发展，商战运销如何合作，未遑予以相当之督促"，因此导致"各业商人，既乏团结精神，复鲜运用能力，殊失组织同业公会本旨"。

为振兴工商业和督促推进各业同业公会之发展，江苏省政府采取了一项举措，即分期召集各业同业公会代表会议。1935 年 4 月间，江苏省政府制定召集同业公会办法大纲。当以丝绸花纱布各业关系民生较切，即先行召集丝绸花纱布同业公会代表会议，并依照该项大纲之规定，组织筹备委员会，有建设厅分别委聘各机关团体 11 人组织之，并规定一公会准派代表 1 人或 2 人参加会议。③

4. 商会

商会是在清末出现的最为普及、影响最大的新式商人组织。商会之设立，是自外人来华以后开始的。1895 年，御史王鹏运奏请设立商务局，清廷应允。张之洞署理两江总督，于江宁、苏州、上海设商务局。④商务局的工作，最初只是设立若干工厂而已，对于整个工商的调查与规划，尚未涉及。1896 年，张謇议设商会，是一个包括各行各业的综合机构，也是介于官商

---

① 姜新：《苏北近代工业史》，中国矿业大学出版社2001年版，第148页

② "青州"建设研究会编：《徐州概况》，徐州市档案馆藏，第94页。

③ 陈果夫：《江苏省政述要（民国廿二年十月至民国廿五年五月）》，"建设部分"，文海出版社1983年版，第111页。

④ 《张文襄公全集》，卷42，文海出版社1983年版，第11—12页。

之间的桥梁机构。张建议各省设总会，各府设分会，考察各地"最旺之产，最良之精粗，工作之精粗，市情之消长，如何具变，上闻于总会。总会定夺后，再闻于总督巡抚。总督巡抚为之主持保护，款面初办者之税捐，禁官吏之侵扰，补商力之不足"。[①]

1903年，清廷设立商部。1904年颁布《商会简明章程》26条，谕令各省设立商会。清廷的基本动机是："中国历来商务素未讲求，不特官与商隔阂，即商与商亦不相闻问；不特彼业与此业隔阂，即同业之商亦不相闻问。"而外国莫不以商战角胜，皆得力于商会之设立。"商会者所以通商情，保商利，有联络而无倾轧，有信义而无诈虞。"因之，商会之要义有二：一曰剔除内弊，一曰考察外情。[②]

表4—14　　　　　　　　1912年江苏省商会地区分布

府州	商会数（人）	会员数（人）	经费收入（元）
苏州	7	4267	8943
松江	16	2902	34715
常州	5	2524	10990
镇江	4	754	8115
太仓	7	1534	5913
小计	39	11981	68676
占全省百分比	54.9	55.46	60.4
江宁	7	4171	9653
扬州府	7	2201	10270
淮安府	3	410	2900
徐州	8	1096	4433
海州	3	340	4638
通州	3	1143	10020
海门	1	281	3178

---

① 张怡祖编：《张季子九录》，实业录，卷1，文海出版社1983年版，第4—5页。

② 《东方杂志》卷1第1期，第231—232页。

续表

小计	25	5471	35439
占全省百分比	35.2	25.3	31.2
总计	71	21623	113768

资料来源:《民国六年年鉴》,第779—780页,转引自王树槐《中国现代化的区域研究,江苏省(1860—1916)》,台北"中研院"近代史所,1984年,第429页。徐州、松江各有一商会经费收入数不明,总数于原书总数略差。

1904年初,上海在商业会议公所的基础上改设商务总会,同年11月天津商务公所也改组为商务总会,此后全国各通商大埠和重要市镇相继创立商会。据有关统计,至1912年,全国商会达998所。[1]商会一般职责与功能主要有:代商人向地方官申诉;调查并报告商情;裁判华洋间商人的争执;统一商业账簿;保护产业;设立商品陈列所;考察外洋商务;给予专利权[2]。

(1)徐州商会的设立与发展

1904年清政府颁布《商会简明章程》规定:"凡属商务繁庶之区,不论系会垣、系城埠,宜设立商务总会;而于商务稍次之地设立分会,仍就省分隶属于商务总会。"[3]自始,天津、烟台、上海、汉口、广州、厦门等地相继建立了商务总会。两江总督魏光焘命各地设立,至1911年江苏共设立71个商会。

从表4—14可以看出,商业最发达的地区,商会最发达。商会发达之处,代表商业最发达。徐州在清末民初时期,商会达到8个,与江苏省内其他地区相比,是仅次于松江府的。虽然说会员人数相对不多,但仍然能说明徐州在当时的商业是较为发达的。

1908年成立了铜山县商务总会。其时和会馆、公所,同业会之类的组织并存,无确定的关系。商务分会与商户之间,由若干会董联络,每一个会董负责一个街区。铜山县商务分会初成立时,公推张佐卿任会长。铜山

① 虞和平:《商会与早期中国现代化》,上海人民出版社1993年版,第76页。
② 《支那经济全书》,第4辑,第6页。光绪三十二年二月八日,"商埠续定章程",见《商务官报》卷1,第25—26页。
③ 《东方杂志》卷1第1期,第231—232页。

县商务分会设在东南隅的桂公阁（今徐州市人民政府驻地）。铜山县商务分会成立不久，会务尚未展开，即爆发了辛亥革命。革命成功，清朝垮台，所颁一切法令废止，商务组织亦随之更易。

1915 年北洋政府公布《商会法》，为商会组织正式法规。据此改组成立铜山县商会，选出赵品成（号毅斋）担任会长。赵品成在二府街（现中枢街东段）路北开永泰合，经营广东成药、英美卷烟和利华肥皂等。选他为商会会长，主要原因是他在清末民初时，被认为是热心地方公益的绅士，为商户所尊重。早期的徐州商会组织机构较为简单，事务不多。其内设有总务科和商事科，另外还设有公断处，负责调解商界中的纠纷。

1928 年，北伐军进到徐州后，南京国民政府加强了对商会的控制。铜山县商会的主持人先后为戴效雍和兰伯华。徐州城的商会活动有了进一步发展。[①]

商会会长及主要商会领袖都是势力较大的商绅。如 1927 年当选为商会会长的戴效雍，是城南郊奎山一个大族，他家世代经营酒坊，在奎山开设有上仁和、下仁和两大酒坊，戴效雍则在南门大街（现彭城路）路西开设新华布店。而副会长丁荫周则为益贞粮栈业主。抗战胜利后的徐州商会理事长黄乐山在徐州沦陷时期于文婷街东首路南开了一个中华药房，跻身商界。

商会会长一般都是通过竞争民主选举产生的，如 1927 年，戴效雍在与商界中的大商人马英武竞选中获胜，当上了商会会长。

1930 年初，南京国民党政府公布了《商会法》和《同业公会法》，在这个立法的基础上，徐州陆续改组或新成立同业公会 36 个。1930 年冬，县商会改组，选出 15 人为执行委员，组成委员会，另选 5 人为监察委员，组成监委会。县商会的会员，除 36 个同业公会外，尚有登记会员（直接会员）七八户，因为他们同行户数不满 7 户，不能组成同业公会，便有商会收为直接会员。

迄至 1937 年夏，县商会的会员属同业公会者，已由原来的 36 个增加到

---

①　《铜山县商会档》，中国第二历史档案馆，档案号422—4—8728。

48 个，属直接会员者已增加到 20 多户。行业最大者仍然是纱布，其次是南货、绸缎、百货和粮业等，当时号称五大行业。参加商会的行业，据统计，1946 年有 54 业、4227 家，1947 年有 56 业、5969 家，1949 年增至 63 业。[①]

（2）商会与城市地方社会

商会是近代中国城市社会中最具有代表性的社会组织。马敏和朱英通过对晚清苏州商会的个案研究，认为晚清商会组织已经把自己的影响力渗透到城市社会生活的各个领域。以商会为核心，众多民间社团组织纵横交错，形成了一个游移于政府之外的民间社会权力网络，控制了相当一部分的市政、工商、文教、卫生方面的管理权，在很大程度上左右着城市经济和社会生活。[②]

徐州商会的发展，使得商绅在徐州城市中的政治地位大为提高。除了审断商务纠纷外，虽然他们没有像上海、广州等地商会那样组织商团，保护地方，但是他们仍然在徐州城市的诸多事务中发挥着重要作用和影响，充分显示其在社会中的政治地位。徐州商会对城市社会的作用主要表现在以下几个方面：

第一，维护商民权益、组织协调地方商业活动。

在社会事务中进行管理与协调的过程中，徐州商会与地方政府之间形成了既依赖又制衡的复杂关系。如清末徐州商会和其他各地商会一样，还有一个重要功能是设立商品陈列馆。对于设立商品陈列馆，直隶商会办理最早，1904 年 8 月 1 日，开设一馆。江苏最先开办者，除上海外，则为江宁。1905 年商务局附设商品陈列馆，于 4 月 20 日开幕，陈列中国、亚洲、欧美等货品，植物、矿物等标本。[③]清末最大的一次全国商品展览会是端方所办的"南洋劝业会"。[④]民国以后江苏不断举办物品展览会。[⑤]此种展览会，

---

① 青州建设研究会编：《徐州概况》，徐州市档案馆藏，第70页。

② 马敏、朱英：《传统与近代的二重变奏：晚清苏州商会个案研究》，巴蜀书社1993年版，第233页。

③ 《东方杂志》卷2 第2期，第3403页。卷3第8期，第7370页。

④ 上海《时报》，宣统2年8月15日。

⑤ 上海《时报》，民国4年3月3日。

有助于民智开通、工商业之推展。

商会在维护商民权益、组织协调地方商业活动方面发挥了积极作用。如要求铁路改善管理。1932 年的秋天，交通部（部长孙科）在南京召开全国铁道会议，讨论客运、货运中存在的问题及改进意见。铜山县商会由兰伯华、于东海和杨树诚（宝兴面粉厂业主）代表出席，那时徐州火车站的秩序很混乱，特别是偷盗之风甚炽，兰伯华等据此提出要求改善的提案，后来情况有所好转，商品在运输过程中减少损失得保安全。

面对动乱，商界负担过重，商会积极向政府进行申诉，以维护商民的利益。作为政府与商户之间媒介，商会在解决税务纠纷发挥着重要的协调作用。1930 年代，徐州城内曾经发生过商户与国民党税务当局多次税务纠纷，最终都是县商会出面解决。1932 年，国民党税务当局成立营业税办事处，设于县商会内，由县商会统包营业税，全年金额为 2000 元。由各业分等摊派，至年终实交 1200 余元，欠 700 多元，经商会一再出面要求，终于豁免。[①]1934 年，县商会以统一税收为由，代商民向县府和省府财政厅申请撤销前设立的地方公益捐物处，免征按进货额抽取 1.5% 的地方附加税。交涉经年，终于获准。1935 年春，为营业税核实查账稽征问题，曾发生过一次商民大请愿。其时税务局局长为汪长清，态度生硬，激怒了商户，被捣毁了税局门窗桌凳，以后兰伯华带同商民代表转向省府请愿，得到表面缓解，结果不了了之。1935 年夏，对烟酒税、牙行牌照税、箔类税等稽征税额，当局都有提高，尤其是箔类税以迷信品为由提得特别高。县商会应箔业户的要求，陪同去税局交涉，几经谈判，局方总算做了近一些让步。[②]

1933 年，徐州商会协助政府和银号与商号平息了"挤兑"风潮。1933 年 11 月，徐州私人票号，如春泉、世兴昌、聚和昌等发出的庄票充斥市面，丧失信誉，提款人纷纷要求庄号兑换流通现金，于是发生群往挤兑事件，弄得整个市场闹闹嚷嚷，紊乱不堪，秩序大乱。县商会召集了各业同业公会主

---

① 陈仲言：《徐州商会组织简史》，《徐州文史资料》第7辑，第178页。

② 陈仲言：《徐州旧事四题》，《徐州史志》1987年第3期，第34页。

席联席会议，商讨善后办法，各票号业主到场申述了他们的困难处境，最后各业大户允予帮助，筹借给足够资金，支持票号，在商会内办理收兑，商会派员监督。回收的第一、二日异常拥挤，商会铁门几乎挤坏，以后渐渐平静。在这场抢险风波平息后，私家票号出票大大受到限制，不久便全部禁绝了。但有一小部分未收兑者结果都成了废纸，持票人吃了亏。[①]

第二，参与城市地方政治活动。

自民国以后，随着国内形势的动荡，洋货的大量涌入，军阀以及各类政治势力对商业的控制利用，商会在自身发展过程中，几乎参与了徐州城市的所有政治活动，甚至有时扮演了极为重要的角色。如商会配合工人、学生的集会和游行活动，积极宣传动员群众参加抵制日货、提倡国货的爱国运动。

九一八事变后，日本吞并东北三省，东北军民组织义勇军浴血抗战。县商会动员商民捐款，汇东北马占山部慰劳，并发动各业青年组织口琴队，在城里和近郊农村宣传抗日。这个口琴队，一直延续到次年的"一二·八"淞沪抗战和1937年的七七事变，直到徐州沦陷前夕，仍坚持演出。

在全国抗日救国高潮中，学生会于1931年9月下旬要求查封日货，县商会派员随往协同晓谕。首先查封的是马市街的洪昌顺，业主就是商会常委之一的张相臣。此人一贯经销日货如糖纸、海味等。

1931年初冬，为宣传爱国，上海国货厂商来徐在花园饭店展销国货，商会出面积极协助。1932年日寇挑起"一·二八"事变，商会积极募捐汇往上海慰劳奋起抵抗的十九路军。1936年冬初，日寇进犯我绥远省，遭到傅作义的坚决抵抗，绥远旅居北平的同胞绝食集资慰问前线战士，徐州商界闻之极受感动，遂由商会汇集各户捐献寄绥远支援。七七事变初起时，商会在县当局的领导下，即组织商界青年人参加集训，在铜山师范、省徐中受训，分三期进行。后来这支队伍，在日军飞机狂轰滥炸中，对维持治安、指导疏散和募送慰问品都起过很大作用。台儿庄大捷时，群情振奋，商会曾募集现金六、七千元，慰问品数十担，送五战区司令部转前线慰问

---

① 《铜山县商会》档，中国第二历史档案馆，档案号422—4—8728。

将士。在徐州会战中，特别是台儿庄大捷之后不久的一段时间，我军牺牲者甚多，商会应五战区的要求，会同木器业公会主席刘步月，临时组织公义木厂于统一街为阵亡将士赶制棺木，日达数十口（仅收成本费）以埋忠骨。①

南京国民政府成立后，将权力延伸到城市基层社会，加强了对城乡基层的控制，徐州城市商会的职能和作用的发挥受到了很大的限制。

第三，关注社会公益事业，丰富社会娱乐生活。

徐州商会通过各种途径直接从事或间接参与了当时的社会活动。在徐州城市社会生活的诸多领域都会发现有商会的存在和影响。

对地方福利等公益事业的关注是商会参与社会生活的一个主要方面，如参加水灾救济。1931 年秋，徐州遭受罕见的大水灾，由县府及有关单位组成水灾救济委员会，县商会、救济院、十字会等都是救济委员会的成员，该会由县府秘书左端周主持会务，并有陈秉恕（又名仲言）、王松如辅佐工作。为了救济灾民，商会曾与粮业公会合办平粜。冬初时候上海华洋义帐会运来救济衣物数十包，由商会直接办理查账发放，年终时举办赈灾义演，由苏少卿（京剧评论家）出面联系，聘请杨宝森、刘奎官等名伶演出京剧于升平舞台，义演所得全交水灾救济会赈春济，1932 年春节时又募捐了大量豆饼施放给灾民，荒时又与十字会合办粥厂施粥。②

徐州商会还为困难商户设置贷款基金。1932 年，县商会设立了小额贷款处，向大商户筹集贷款基金，约 1000 元，无息借用。发放无息贷款的对象是小摊贩，贷款额分作 4 元，6 元和 8 元三等，由告贷人申请，找人担保，具结 3 个月归还，到时如再需用，可续转一期。这种小额贷款措施，确实方便了小商小贩周转，以利谋生。③

由于日本帝国主义对我国的侵略日益加剧，全国军民抗日情绪高涨，社会动荡，商业大受影响，徐州的中、小商户更是周转不灵，大有倒闭之

① 陈仲言：《徐州商会组织简史》，《徐州文史资料》第7辑，第181页。

② 《铜山县商会》档，中国第二历史档案馆，档案号322—4—8728。

③ 《铜山县商会》档，中国第二历史档案馆，档案号422—4—8728。

势，1935 年，县商会有鉴于此，便召集各业谋求救济之计。继由县商会与银钱业同业公会主席濮述铭（平市官钱局总经理）做进一步之研究，最后决定由兰、濮出面，商请中央、中国、交通、中国农民银行四行筹资 5 万元，作为无息贷款基金。贷款金额分 100 元、200 元和 400 元三种。后因贷款户太多，将 400 元之贷款额取消。仅保留前两种，由县商会派专人办理审批和对保手续。中、小商户有了这笔贷款，缓和了危机。这一无息贷款直至徐州沦陷前，四行西撤时才停止。^①抗战胜利后，徐州商业经济萧条，徐州商会积极寻求政府对徐州工商业的救助。"……战后千疮百孔，复兴本已不易，并兼失久扶植，及种种环境驱使，同患资金贫乏，外无游资流入营业萧条，普遍亏界，经济状况日益恐慌，市场崩溃，迫在眉睫。近两月来，各大公司商号相继倒闭，中小商店亦陷无法支持，即其例证，若不积极设法维护徐州工商前途，均不堪设想，本会职司工商福利，……解救办法三条：请求财政部指命四行在徐州办理工商业低利贷款 100 亿元。由商会督同各业公会清查各商号资产情况贷于援助；请各银行在徐州办理货物短期押贷，俾资周转；请求财政部于全国建设费拨款 10 亿元，建设徐州自来水，以便工商业救济、失业贫民救济。"^②由此可见，商会在徐州工商业经济发展中充当着十分重要的角色，发挥着重要的作用。

为了活跃市场，徐州商会积极推动传统庙会活动的开展。每到庙会，商号都会相继迁往搭棚、摆摊、设点，场面极为热闹。庙会是城乡居民买卖商品的场所，也为他们提供了必不可少的交往渠道和娱乐空间，在徐州城市社会生活中占有着十分重要的地位。因而商会和商号在庙会活动中虽然有追求自身经济利益的一面，但其在客观上也起到了丰富地方社会生活的作用。

近代商业组织经历了一个以地缘关系为主到以业缘关系为主的逐渐转变的过程，加强了近代城市商业内外联系。近代商业组织的发展在推动城

---

① 陈仲言：《徐州商会组织简史》，《徐州文史资料》第7辑，第179页。
② 徐州市商会理事长黄乐山的电文（1946年8月21日）。"为电转请财政部指定中中交农四行在徐办理工商业低利贷款及货物短期押贷并拨款建设徐自来水由"，江苏省档案局藏，档案号1004—3624。

市商业经济发展的同时，在城市社会的变迁中发挥了重要的社会政治作用。
当然，在社会政治生活中，近代商业组织的势力相比较通商大埠是很微弱
的，对地方社会的影响和作用相对有限。

第四节　战争对徐州城市商业的影响

一个城市商业的发展，离不开社会政治、经济、军事、地理等因素的
影响和制约。徐州是南北东西货物往来的重要集散地，成为物资交换的重
要市场和枢纽，其地位和作用十分重要。当时人曾这样强调徐州及其商业
的重要性："徐州为苏北皖北豫东鲁南出产物集散之重心，向握商业之枢
纽，徐州市场营业之荣枯即四地经济之长消，同国计民生关系至大⋯⋯"[①]由
于徐州的特殊地理位置，为兵家必争之地，战争对近代徐州城市的发展有
着极为密切关系。徐州近代商业的兴衰，更为战争所影响。

一　战争对城市商业的促进

驻军的增多刺激了徐州商业的繁荣，官绅大族日用消费需要市场来供
应。这些生活高消费刺激了徐州市场商品档次的提高。1927年，张宗昌的
直鲁联军总司令部进驻徐州，市面又趋繁荣，张部溃走后，消费力减低，更
兼兵燹水灾，商业复呈衰落现象。徐州沦陷后，大商家一部分迁走后，商业
全为日商所垄断。日本投降后，大官僚的商店代之而起如鼎泰、庆昌等公
司，新新西菜馆等。民营商店如中国百货公司、庆华祥与华成绸缎庄等较
大商号相继倒闭。[②]根据后人回忆，"1940年以来，铁路交通经常阻断、原料
涨价货源匮乏、磨面、榨油、织布等手工业户也是时断时续，无法正常生
产。当时的商业、服务业因适应徐州所处的特殊环境，支撑着市场的虚假

---

① "为电转请财政部指定中中交农四行在徐办理工商业低利贷款及货物短期押贷并拨
款建设徐自来水由"（1946年8月21日），江苏省档案局藏，档案号1004—3624。
② "青州"建设研究会编：《徐州概况》，徐州市档案馆藏，第68页。

繁荣。军政机关林立，国民党官员及其家属奢侈成风，形成一个特殊的消费层。金店银楼有 60 余家，钟表眼镜、绸布、百货、西药、饭店、旅馆、浴室等行业畸形发展。"① 可见，徐州商业的繁荣受到战争的影响极大。

徐州驻军的增多，刺激徐州商业、金融业的畸形发展。徐州常常是大军云集，大量的军政机关的薪饷存入商业银行。每月成百上千亿的军费流入市场，游资泛滥，同商业资本相结合，买卖黄金银圆、纱布、颜料、煤油、杂货、西药、粮食、油料，囤积居奇，投机倒把，牟取暴利。私营商业为适应国民党军政人员及眷属生活消费，经营奢侈消费品的增多，吃穿用商品无不有美、英外货、呢绒、绸布、百货、针织、服装鞋帽、食品糖果、烟、钟表眼镜等商品更新换代，花样繁多②。

在抗战时期，日军控制铁路沿线，广大农村地区，如安徽阜阳、鲁中南、沂蒙山区、鲁西南菏泽、济宁地区、河南商丘地区，是抗战区和抗日根据地，则通过各种渠道在徐州购销物资，使徐州商业贸易趋向畸形发展。1943 年，日军控制加强，东、西、北等方向铁路交通时有中断，鲁南、豫东、皖北、苏北广大城乡的农副产品大都汇集徐州，销往南方，有山东济宁、菏泽地区的皮毛，泰安、临沂、益都、济南等地的山货、红枣、烟叶、辣椒，河南驻马店、许昌、开封、商丘一带的黄豆、烟叶、芝麻、棉花、硝碱，皖北阜阳、亳州、宿县地区的粮食、有镣、黄花菜、瓜子等干鲜果品等，南北大中城市的工业品，在徐州落地转销，直到西安、宁夏等地。③军事、交通条件，使徐州成为商品贸易的必经之地。

二　战争对商业发展的阻滞

战争对近代徐州商业的发展也有消极的一面。1912—1937 年间，军阀混战、国共战争等各种战乱连绵不断，有些战乱是在徐州地区进行的。战事频繁，破坏严重，许多贸易商路被迫中断。

---

① 回忆者系新中国成立前中央银行徐州分行的职员耿继信。见《徐州文史资料》第21辑，第111页。

② 徐州市地方志编纂委员会编：《徐州市志》，中华书局1994年版，第923页。

③ 徐州市地方志编纂委员会编：《徐州市志》，中华书局1994年版，第922—923页。

　　1938 年 5 月，日军占领徐州后，烧杀抢掠，商业遭受极大破坏，市民几乎全部逃往四乡。商户停业，殷实商户迁往后方。商业集中的中道街，被烧成废墟，丰储街 20 余家粮行被焚，曹铭记绸布店被烧毁七八万元商品，五金铁货业和铁工厂的生铁铁货全被掠走。

　　商业富户接受战争破坏的教训，有的在邻县区购置房产土地，有的在上海、天津、济南、苏州等地购置房产开设商号，分散资金，或在本地化整为零，多元经营。这在一定程度上使徐州商业无法扩大经营规模，限制了商业的发展。首富商户同盛永南货栈，分散资金开设振胜颜料店、恒大颜料店、华成电料行等，并投资于天津固丰染料厂、大庆颜料店、同裕颜料店、济南的复兴织布厂、巨声颜料店、南京的同兴袜厂、宿县的华茂百货店、萧县的成记颜料店，另在天津、苏州等地购置房产。[①]在抗战胜利后，国共两党在徐州及其附近地区展开了激烈的争夺，战争不断，对交通和经济产生了极大的破坏。受此影响，徐州城市商业日益萧条。1946 年 10 月间，徐州地方政府曾向当时江苏省政府报告了当时徐州商业情形并要求给予救济："商业暂维现状，交通的破坏，一般商业因而停顿，市面凋敝，大小商号因而倒闭者，日必数起，其间曾经商民各界一再恳请政府速筹挽救。然迄未得到妥善处理，致使商业工业日趋崩溃，倘长此外，国计民生受损殊大。请求办理普通低利贷款，便于各种工业之运用，以资救济，而利民生。"[②]

---

　　① 姜新：《苏北近代工业史》，中国矿业大学出版社2001年版，第241页。
　　② "为转请救济本市工商业祈鉴核由"（1946年10月3日），江苏省档案局藏，档案号1004—3624。

第五章　近代徐州金融业的变迁

　　商业和金融业的发展是相辅相成、密切关联的。金融业是适应商业经济而发展起来的，并成为商业经济发展有力的推动力。从1897年中国第一家银行——中国通商银行建立，到1920年代末至1930年代初逐步形成了以上海为中心，向沿海、内地城市扩展的包括封建时代就已经出现的金融机构钱庄，以及具有近代性质的银行、交易所等机构的金融市场。[①]

　　近代徐州金融业极为活跃，徐州作为区域金融中心，发挥着重要的作用。 近代徐州的金融格局基本上由三类机构组成：一类是钱庄，一类是典当，一类是新式银行。从数量而言，徐州传统金融机构——典当和钱庄相对较多，银行机构相对较少；而从时间上来看，1930年代以前徐州典当和钱庄的活动较为活跃，占据优势；而1930年代以后，新式银行业逐渐掌控了徐州金融局势。

　　徐州金融业的发展，在一定程度上促进了徐州近代工商业的繁荣，对徐州城市社会生活产生较大的影响。之所以众多绅商在徐州进行商业活动，与徐州金融业的活跃不无关系。

第一节　传统金融业的近代变迁

　　传统金融业在近代徐州依然存在，在很长一段时期里甚至是在出现新

---

　　① 赵津：《中国近代经济史》，南开大学出版社2006年版，第152页。

式银行之后，占有相当的势力并发挥着十分重要的作用。徐州传统金融机构主要有钱庄和典当。

一　钱庄业

徐州钱庄作为一种旧式的封建金融机构，在近代社会急剧变动下，开始了前所未有的历史性变迁。

1. 徐州钱庄的兴衰

钱庄俗称钱铺，又称钱店，源于银钱兑换业，是在市场流通中形成的。中国古代货币制度的一大特点是多种货币同时流通，唐宋以来尤甚，这就使货币兑换业发达起来。唐代金银铺、宋代交引铺、明代的钱铺，都具有货币兑换的职能。明代的钱铺是最早的钱庄。到了明末，钱庄已成为重要的信用机构，不仅从事金、银、钱之间的兑换，还办理放款、存款和汇兑业务。钱庄主要活动在长江流域和东南各省，而以上海为中心。北方地区如北京、天津、沈阳、济南、郑州等地银号，亦即钱庄。在徐州地区钱庄与银号名称并存。银号与钱庄实为一类。

早期钱庄的投资人是地主、高利贷者和商人。其主要业务是兑换银钱，发行可兑换的钱票和银票，兼营存款和放款，放款重个人信用，不重押品保证，只同少数熟识的商人来往，业务范围不大，外地不设分支机构，业务活动多限于一地一业。钱庄对于商人的商业活动、促进地区物质交流和扩大国内市场起到一定的历史作用。

近代以来，中国商业活动发生了重要变化。原有的商业适应社会的变化，进行改组，先后出现了近代百货、洋布、五金、西药等新式商业。近代商业的兴起对中国传统商业金融枢纽钱庄提出了时代的要求。因而钱庄发展很快，其数量和资本有很大幅度的增长，业务有了很大的扩展。除了传统的银钱兑换、办理存放款、签发银钱票以外，随着进出口贸易的增长，钱庄开始广泛地使用庄票、汇票。民国初年以至一战以后，民族工商业有了进一步的发展，钱庄业也在新的历史条件下再度繁荣。徐州钱庄业的繁荣就是一个明显的例子。

近代江苏各地，均有钱庄存在。上海最为发达。"苏省钱庄之分布，实错综复杂互相关联者也"。江苏各县钱庄直接间接均仰赖上海之调剂。镇江为江北门户，其钱庄"实为江北金融之调节范围"，而镇江又直接以苏州钱业间接以上海钱业等为仰赖之所。徐州钱庄，"率多仰赖镇江金融之调节"[1]。

徐州钱庄数目较多，辛亥革命前尤多。如徐州在辛亥革命前有钱庄12家，辛亥革命后复业者只有6家[2]。徐州钱庄业最初极为简陋，大都仅以兑换为主要业务。随着徐州商业的繁盛与发展，与各地贸易往来日益增多，豆麦杂粮交易为大宗，并转往外地。这需要银钱为之周转，于是钱庄业务逐渐推广。

表5—1　　　　　　　　1915年江苏钱庄地区分布

地区	钱庄数（个）	资金（元）	百分比
上海	30	1821000	48.2
苏州府	21	310000	
松江府	3	58000	
常州府	27	299500	
镇江府	24	243000	
太仓州	6	60000	
小计	111	2791500	73.9
江宁府	43	60600	1.6
扬州府	69	253700	
淮安府	8	15000	
徐州府	21	297800	
海州	10	55885	
通州	27	293330	
海门	1	12000	
小计	136	927715	24.5
合计	290	3779815	100.0

资料来源：王树槐《中国现代化的区域研究，江苏省（1860—1916）》，台北"中研院"近代史所，1984年，第326页。

[1]　（民国）实业部国际贸易局：《中国实业志》（江苏省），第10编第2章"钱庄业"，第38页。

[2]　王树槐：《中国现代化的区域研究，江苏省（1860—1916）》，台北"中研院"近代史所，1984年，第325页。

从表5—1可以看到，近代江苏钱庄显示传统金融机构仍然具有相当的势力。上海钱庄虽然只列30家，资本总额却占48%，江宁钱庄虽多，但资本有限。这主要是因为受到辛亥革命即二次革命战争的影响，经济大受打击。而徐州钱庄对江北地区来说，是占据第一位的。与江南的苏州府和常州府的势力相当。由此可见徐州金融业是较为繁荣的，而从另一个侧面也反映了徐州经济在民国初年有了较为迅速的发展。

据1933年实业部调查，徐州钱庄业共有10家①，资本总额为16.2万元，营业总额为19.8万元。1930年代后徐州钱庄业走向衰落。这与当时社会环境是密切相关的。1928年南京国民政府成立中央银行，对钱庄实行监理。同时，由于银行业的竞争，钱庄开始走下坡路，1933年废两改元之后钱庄就日益衰落了。如上海是钱庄业最为集中的城市，1927年时全市有钱庄85家，到1937年时只剩下46家。②

表5—2   徐州城市钱庄调查表

庄名	设立年份	营业种类	资本数（元）	每年营业额（元）	备考
同和裕银号	1930	存款放款汇兑贴现	30000	250000	存款800000
公裕银行	1927	存款放款汇兑贴现	40000	100000	
信昌银号	1830	存款放款汇兑	20000	20000	存款10000
中孚银号	1931	存款放款汇兑贴现	20000	80000	存款30000
公济银号	1930	存款放款	10000	20000	
巨诚	1931	存款放款汇兑贴现	20000	50000	存款30000
春泉	1912	存款放款贴现	5000	10000	存款5000
天宝育	1913	存款放款贴现	10000	20000	

---

① （民国）实业部国际贸易局：《中国实业志》（江苏省），第10编金融机关第2章钱庄业，第69页。

② 中国人民银行上海市分行编：《上海钱庄史料》，上海人民出版社1960年版，第260页。

续表

源丰	1930	存款放款汇兑	5000	10000	
义成	1929	存款放款汇兑	2000	8000	

资料来源：（民国）实业部国际贸易局《中国实业志》（江苏省），第10编金融机关第2章钱庄业，第69—70页。

2. 钱庄经营近代化

若就江苏各地钱庄营业性质而言，江苏各地钱庄（除上海外）大多注重信用放款。此外，汇兑、兑换、存款、放款，均为最普通之业务，除无锡外，鲜有作押款者。营业对象以商界为最多，放款多为商家。存款活期多商界，长期则多住户，与农业发生关系绝少。此种情形，各地并无大异。徐州钱庄自然亦是如此。

徐州钱庄资本少，存款对象、范围狭小，存款人非亲即友，存款增长非常缓慢。在清末民初，虽然钱庄经营存放款及汇兑业务，而实际上却无人去存款，更没有资本去放款，仅有普同庆钱庄业主杨鸿宾，与军阀张勋系儿女干亲之故，张勋的军款层存入杨的钱庄。再如公裕银号开办初期，曾吸收过几个土财主的少量存款，其余的钱庄都没有吸收过存款。①

有少数几家钱庄能开展汇兑业务。如公裕银号的汇兑业务较好，因为经理张绍芝与南京通汇钱庄的总经理胡金章有师生之谊（胡是张的学生），公裕银号和南方各地往来的汇兑业务，都是胡大力介绍及支援的。②1920年代后，徐州钱庄逐渐增多，经营有了很大的改观。许多钱庄吸收了一些社会游资，至1932年，同和裕、信昌、中孚、巨诚、春泉5家钱庄或银号共吸收存款15.5万元。多者5万元，少者5千元，平均吸收3.1万元。徐州钱庄的存款对象多为商界和当地财主。③

徐州钱庄的一项重要业务是干些商品囤积贩运的买卖。为了扩大经营和信用，各个钱庄都发行庄票。当时徐属八县的农产运销南方，农村每年

---

① 徐叔安：《抗战以前徐州的银钱业略述》，《徐州文史资料》第7辑，第142页。

② 徐叔安：《抗战以前徐州的银钱业略述》，《徐州文史资料》第7辑，第146页。

③ 徐州市金融志编纂委员会：《徐州金融志》，中国矿业大学出版社1994年版，第53页。

所收的小麦、棉花、花生米、瓜子、黄花菜、鸡蛋、牛羊皮毛等，都有人大批收购，运往无锡、上海、广州等地出售。所有钱庄都利用自家发行的庄票来收购农产品，整火车的装载南运，牟取厚利。[1] 由于此种庄票既无发行定额，又无充足保证金，紊乱金融，贻累商民。1933年，江苏省财政厅决定取缔地方和私人发行的各种票券。[2] 这直接导致徐州钱庄的衰落。

徐州新式银行的发展促使徐州钱庄的经营走向变革之路。面对竞争激烈的新形势，徐州钱庄开始尽力改革，拓展业务，向资本主义金融机构方向转化，以增加竞争力。

商业店号与钱庄的关系越来越紧密。商业店号往往请钱庄打庄票，周转资金，进行商品交易。或者商号自己出庄票在徐州市场流通，以增加自己商品买卖的资金实力。徐州这样的商号很多（见表5—3）。从表中我们可以看出，出庄票的大都为资本较为雄厚的商号，以经营纱、布以及南货栈的居多，此外还有酒油坊商号、粮栈、漆店等。他们的实力相对雄厚。他们自出庄票，有力地促进了其商业活动的开展。

表5—3　　　　　　　　　　近代徐州出庄票的商号表

商号	业主	商号	业主
树慎成纱庄	常玉三	聚和昌南货栈	王开泰
坤源酒坊	郝×	卜信记南货栈	卜治平
洪昌顺南货栈	张相臣	世典昌漆店	张寅甫
同兴公纱庄	周枫桐	益贞祥粮栈	丁荫周
陆元典布庄	陆幼臣	裕源庄	马波泉
吴镇记油坊	吴镇东	乾震丰布店	王怀义
恒丰纱庄	赵雪岑	震裕号布店	苗运斗

资料来源：徐叔安《抗战以前徐州的银钱业略述》，《徐州文史资料》第7辑，第144—145页。

① 徐叔安：《抗战以前徐州的银钱业略述》，《徐州文史资料》第7辑，第143页。
② 徐州市金融志编纂委员会：《徐州金融志》，中国矿业大学出版社1994年版，第54页。

　　近代工业出现后，资本不足，迫切需要资金周转，为适应客观需要，钱庄与近代工业也发生存放业务上的联系。钱庄的资本开始与近代工商业资本和近代金融资本相互融合。在业务经营上，徐州钱庄改变了注重商业放款的做法，对近代工业、手工业也积极放款。徐州有多家工厂手工业的资金主要来自钱庄庄票的融通，如天成百货公司、宝兴面粉厂等。钱庄对近代工商业的放款以及投资，必然使两者更为密切和融洽。

　　3.徐州钱庄的弊端

　　徐州钱庄自身存在消极落后性，这主要表现在组织和制度上的落后。徐州钱庄是合伙或独资组织，而合伙又是主要形式。这种组织形式具有很大保守性，投资人可以随时退股或拆伙，这就影响着钱庄资本的积累和社会信誉的巩固。如公裕银号（坐落银市街路西），它成立于1920年代后期，是由当地人集资开办的，以恒丰纱庄业主赵雪岑领东、张绍芝为经理，股东有元亨利、赵慎成、元丰复等纱庄，张福记、庄鼎记、周顺记、李同茂、洪昌顺等南货栈，王信成布店，益员祥粮栈等业主投资，基金约银币6万元。有职工二三十人，设有钱库（存放制钱、铜圆、庄票等）、银库（存放银圆钞票），经营汇兑、信贷，存款几乎没有。银市街上的另一家银号中孚银号①同样是由本地私人集资开办的。

　　组织制度上，钱庄采用封建的"八把头"制。经理，总握钱庄之全权，职员多为经理延请，分配职务，各有专司。大都分为八课，即所谓八把头。一为清账、专司清理账目事务，另设帮清一人助之。间有加设对账及开清单等职员。二为客堂，专任庄内迎接宾客及一切庶务。三为汇划，掌理会计事务，专任考核存欠，记录账目，管理出纳，查核票据等事务。有副汇划一人助之，助理当日收解票据。间有另设帮汇划一人，专司出票者。旧时尚有进出水一职，附隶汇划下，专司院报收解。四为钱行，又曰市场员，专任市场拆银，买卖银圆等事务。也有另设副钱行一人者。五为跑街，专司在外承揽生意，为借贷来往之居间人，荐任信用调查之责。如探询客户

---

　　① 其经理为杨雁书。抗日战争爆发不久即歇业。见徐叔安《抗战以前徐州的银钱业略述》，《徐州文史资料》第7辑，147页。

之营业及财产等情况。协助跑街工作的叫跟跑。职务无异跑街，而负责较轻，听跑街之指挥。六为洋房或洋务，专司洋钞票之出纳及洋款账目之记录。或设帮洋房，协助其工作。七为银行，专司与各银行拆款来往等事务。八为信房，实即文书科，其职务专司书面往来文件，接洽客户，代理收解。有帮信房辅之，专任抄留底稿等事务。以上八把头之位置程序，各庄互有差异。大概平常缺银之庄，以钱行置诸第一。庄中有柜额存款之跑街，为经理所倚重。责以跑街之钱行之上。或于银行方面，有巨额款项客通融，则即以银行以钱行之上。除八把头外，尚有所谓栈司者，俗称老司务，专任送银、送票、解银行、打回单等事务。学徒或练习生则仅司收票、抄录、传递等杂务而已。

钱庄在账务制度上也一直坚持陈规陋习。钱业中，以"克存信义"代表定期存款账册；以"利有攸往"代表各往来户的长期放款及定期抵押放款账册；以"日增月盛"代表各往来商家全月的存欠总数与庄内开支、盈余等账册。从这些吉利名词的运用亦可见钱庄的迷信色彩。钱庄的账册种数也很多，各种主账、辅账加起来有几十种，这也反映出钱庄制度的简陋。

4. 徐州钱庄的衰落

1930 年代，徐州钱业资本主义化的步伐较为缓慢。1931 年 3 月，国民政府颁布《银行法》，想将钱庄纳入银行系统，推动全部行庄改革管理体制，加快现代化进程。该法规定：凡营业收受存款及放款、票据贴现、汇兑押汇等业务之一者为银行，或视同银行；金融有限公司资本最少 50 万元，无限公司资本最少 20 万元；须出具投资人财产证明书和按实收额 20% 的现金保证金缴存中央银行；每营业年度终应造具营业报告书呈报财政部，财政部有权检查银行的营业和财产状况等。然而《银行法》遭到钱庄的强烈反对，最终被迫暂停实施。钱庄故步自封，墨守成规，依旧坚持合作形式，经营状况秘不示人，过度扩张信用，漠视准备金，完全依靠隔日付现制临时在金融市场上拆借头寸来维持周转。但钱庄的势力则越来越弱，逐年递减，徐州钱庄到 1937 年只有 10 家。[①]这种情况在上海也是如此，上海到

---

① 徐叔安等：《抗战以前徐州银钱业略述》，《徐州文史资料》第7辑，第143页。

1937 年还剩 46 家。

1930 年后，徐州钱庄一方面受世界经济危机造成银价下跌的影响，另一方面受国内战局的影响，银根越来越紧。特别是世界经济危机蔓延到徐州。1933 年"废两改元"案的实施，对各地钱庄的业务又是一个沉重打击，从 1865 年起就控制在钱庄手中的洋厘市场被连根拔起，徐州钱庄失去了传统优势。同时，由于物价的暴落，市面凋敝，钱庄被客户倒欠的款项越来越多。徐州钱庄一蹶不振，在业务上处于银行的从属位置，完全失去了它的优势，而且根本改变了汇划钱庄的性质。

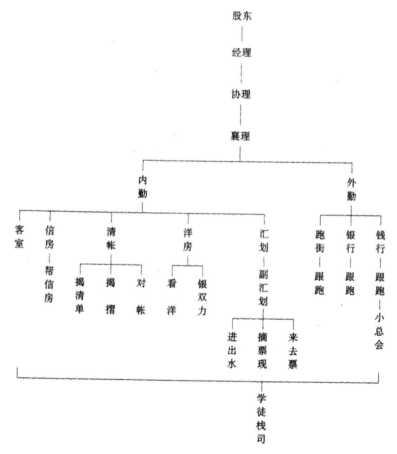

图5—1　钱庄组织系统

钱庄的兴衰与国家权力对经济及金融的控制力的强弱变化有着密切关系。南京国民政府建立前（1930年代以前），政府对地方的控制力较弱，特别是民国初年军阀割据，地方自治运动的开展，中央对地方的控制力大大削弱，对经济和金融的控制和管理松懈。因而，钱庄等民间金融机构大量涌现，对地方经济产生了重要的影响。[①] 而1930年代后，政府对金融控制逐渐加强，钱庄势力江河日下，已无力与新式银行相抗衡。

二 典当业

典当俗称当铺，亦称典押业，为我国数千年来调剂平民金融机关之一，开设极为普遍。它以吸取衣物等动产作抵押，贷放现款或实物，定期收回本金和利息为主要经营方式。早在南北朝时期，我国就有这种专门从事抵押放款的行业，多为寺院僧道济贫所为，称"寺库"。唐宋时期称"质库"，元代叫"解典库"，开始兼做一些无抵押的信用放款，渐由救济贫困转为趋于营利。至明，典当业兴盛起来，如解库、典库、典铺、质铺等，均经营抵押放款。清代典当业发展较快，由于典当业大利可图，很多地主、官僚和商人都争相投资。当铺的日常业务，主要是收当和取赎。

江苏押当业，极为普遍，无地无之。大都在通都大邑，规模较大，地愈偏僻，规模愈小。明清时期，徐州商品经济发达，手工业者和市民的生活和生产资金十分匮乏，刺激了典押业的发展。尤其是徐州灾荒频仍，因而在灾荒之年，典押业却能独享其益。[②]

典当虽是一种高利贷行业，却与城市社会广大民众生活有着极为密切的关系。明清以来大小当铺遍及全国各地。

与钱庄相比，徐州典当业显得较弱。近代徐州城内的当铺有4家，一家设在城内，三家设在城南关。在南关城外最早的一家，是上街路西的唐家当铺，人们都称它为"老当典"，它是山西人康茂才于明朝后期开设的，

---

① 熊月之：《上海通史》，上海人民出版社1999年版，第159页。

② （民国）实业部国际贸易局：《中国实业志》（江苏省），第9编"特种商业"第1章"押当业"，第1—2页。

而在 20 世纪初就歇业了。开设城内的南门大街路西的公兴当铺，人们都称它为"里当典"。它是山西人王惠斋于清朝中期开设的，但到 1917 年间因乱兵抢劫，公兴当铺被洗劫一空，被迫倒闭。

开设在城外南关上街北段路西的谨丰当铺，人们称它为"外当典"，它是山西人赵柳堂的祖辈于光绪初年开设的，传至赵柳堂是第三代。到 1920 年代初期，谨丰当铺歇业。日伪时期，曾有人在原谨丰但构南边不到百米远的路东处，开设一个小规模的当铺，人们都称它为"新当典"，但经营时间很短①。

关于典当的内部结构，在这里以谨丰为例略为说明。谨丰前后上下约有百十号人，全是山西人，其中包括老板、经理、头柜、二柜、三柜、四柜。以上四柜又统称"朝奉"②。他们都是掌管看货、估价、办赎当及"拉号"（如戏曲中的道白一样，拖着长腔，唱出当物人的姓名与所当何物及当价若干等词句）等业务能手，是当铺里的主要角色，写票、清票都是学员，小郎是学徒。朝奉写在当票上的符号或怪字，一般人是认不出来的，只有干当典的人才能看懂。谨丰的利率为月息三分，不满一月的以月息计算，押期为三年。他们以极低当价收进的那些"信物"，有很多都要成为逾期不赎的所谓"死当"物品，他们常将那些"死当"的便宜货，以超出当家几倍甚至十几倍的高价出售，来攫取暴利。

那些成为"死当"的典押物品，以各种夹单皮棉的衣物为最多，处理这类衣物，并不是由他们自己拟价出售，而大多由"树慎成"纱布庄承包转销。有时成捆批售给南门里兼营寿衣的温泰记布店及筢子街上的估衣铺。③

1920 年代以来，商业萧条，农村破产，而典当业在此种潮流之下，亦

---

①　《徐州典当业调查》（1946年），江苏省档案局藏，档案号1004—16—乙—3520。

②　"朝奉"这一称谓的由来，是因在封建社会里开当铺，须要得到朝廷核准，所谓"奉者——经办"。

③　董玉岭：《铜山县的当典业》，《铜山文史资料》第7辑，第90页。

日渐趋于衰落，纷纷闭歇。①

典当是高利贷的一种特殊形式，以其当本低、利率高、当期短、轨迹多等特点，集中体现了旧式金融业的剥削本质。典当在其长期存在和发展的历史过程中，充当了剥削工具。由于典当放款的主要对象是经济状况不稳定、与近代信用机构几无关系的广大下层人民，社会基础广泛，影响范围较大，呈现出顽强的生命力，体现着其他金融机构（包括新式银行）所无法替代的功能，也在一定程度上维系了城市社会的经济运作。②

第二节　近代银行业的兴衰

一　新式银行的设立与发展

银行是通过存款、放款、汇兑等业务，充当信用中介和支付中介的近代新式金融机构。银行的设立是近代社会经济发展的产物。

近代银行的发展，首先是由外国人在中国设立的。自鸦片战争后至甲午期间，外商银行纷纷在通商大埠开设银行，利用不平等条约，乘我国金融机关之幼稚无能，吸收现金，操纵汇兑。这一时期共设 14 家银行，至清末时，又增设 8 家。③外国人在中国设立的银行，对中国银行出现和发展有着示范与警惕的作用。它们刺激中国一批有识之士倡议设立银行。中国第一家银行是由盛宣怀奏请设立的"中国通商银行"（1897 年，设立于上海），1904 年设立"户部银行"，1908 年改为"大清银行"，辛亥革命后改为"中国银行"。④至清末时，中国共设立银行 17 家。江苏省内银行之设立，首先是由无锡人周廷弼在 1906 年设立的"信成银行"，是为中国第一家储

---

① 江苏省原有500余家，今仅300余家。

② 小田：《江南乡镇社会的近代转型》，中国商业出版社1997年版，第212页。

③ 杨端六：《清代货币金融史稿》，武汉大学出版社2007年版，第233—243页。

④ 《清朝续文献通考》，卷65，考8215。张家骧：《中华币制史》第二编，民国大学出版社1925年版，第126—127页。

蓄银行。①

表5—4			江苏省民国初年中国自行设立的银行列表			单位：字，千元	
时间	项目	总行数	资金	分行数	资金	合计行数	合计资金
1912年	江苏	8	4617	8	4979	16	9596
	全国	51	26885	44	6118	95	33003
	百分比	15.7	17.2	18.2	81.4	16.8	26.0
1913年	江苏	7	2455	8	4279	15	6734
	全国	54	28997	86	16209	140	45206
	百分比	13.0	8.5	9.3	26.4	10.7	14.9
1914年	江苏	6	5750	16	5445	22	11195
	全国	59	56717	116	17631	175	74348
	百分比	10.2	10.1	13.8	30.9	12.6	15.1
1915年	江苏	5	8750	14	2728	19	11478
	全国	42	62189	125	14914	167	77103
	百分比	11.9	14.1	11.2	18.3	11.4	14.9

资料来源：《民国六年年鉴》，第926—927页；《民国八年年鉴》，第1210—1212页。

新式银行的发展，代表金融机构的现代化发展方向。据有关统计（见表5—5），江苏银行的发展是居于全国前列的，其现代化较早，一直是全国重要的经济中心。而徐州银行业的发展则相对滞后。表中所列苏省银行都设于苏南与南通地区，而徐州则一家没有。

南京国民政府成立后，银行业日趋增进。新设银行不断出现，原有银行势力增长。分行之设，日趋普遍。考其原因，有四点：一是内地不靖，资金集中于大都市；二是欧美各国经济不景气，同时银价大跌，均来中国设法投资；三是财政当局，积极为之债务信用，结果，银行之经营债券，获利颇厚；四是银行界提倡新式银行经营方法互相效法，银行事业乃有大发展。②新式银行集中

---

① 杨端六：《清代货币金融史稿》，武汉大学出版社2007年版，第376页。

② （民国）实业部国际贸易局：《中国实业志》（江苏省），第10编"金融机关"第1章"银行业"，第1页。

在东部沿海之大都市，尤其是上海，此种情形就平时而言，足使内地工商业迟迟不能发展。造成的原因是内地交通闭塞，在内地投资非常困难，内战频仍，时局不靖，是内地握有资本者，相率之大都市，且携带其资金以俱来。[①]

近代徐州商业的发展，使商品货币流通范围不断扩大，产生大量的金融周转，金融市场更加扩大，对金融机构提出更高要求，需要一种能充分调节、平衡金融的机构，而徐州原有的金融机构钱庄势单力薄，满足不了商业发展的需要；同时，资本主义工业的发展对信用的使用更加广泛，需要低利贷款，而徐州钱庄贷款利率很高，工商业主不能承受。徐州近代工商业的发展，迫切需要与之相适应的近代金融机构为之筹集、周转资金以及借贷往来等。徐州新式银行机构逐渐设立并得到发展。[②]徐州银行的出现较早，但发展较为缓慢。直到1920年代后才有较大的发展。

二　徐州官营银行

清末至抗战前，徐州银行主要是官营银行居多。商业银行的发展与繁荣则要等到抗战胜利后。

徐州最早的一家官营银行是平市官钱局（坐落在银市街路西）。它是民国初年北洋军阀时代北京政府设立的，后隶辖于江苏省财政厅。有职工30余人。局内设有会计、出纳、文书、业务四股，经营存放款和汇兑业务，并发行纸币，票面为100枚（当制钱100文）和50枚（当制钱500文）两种。后又发行辅币券5角、2角、1角三种。它的汇兑业务很发达，因与南京通江钱庄和上海新华银行有较好的关系而开展起来。至1933年，平市官钱局又划归设在上海的江苏银行管辖，此后不久，又划归江苏农民银行管辖。江苏农民银行的分支设在公安街路南（今青年路与解放路北段相接处的西南拐角）。抗日战争开始不久停业[③]。

民国初年徐州城市开设官营银行，有中国银行徐州分行。中国银行，

---

①　《中国金融年鉴（民国二十八年）》，文海出版社1983年版，第4—5页。

②　（民国）实业部国际贸易局：《中国实业志》（江苏省），第2编"经济概况"第2章"农业经济"，第76页。

③　徐叔安等：《抗战以前徐州银钱业略述》，《徐州文史资料》第7辑，第145页。

前身是 1905 年设立的户部银行，1908 年改称"大清银行"，民国以后改组成中国银行是官商合办性质的。徐州的中国银行，于民国初年设在察院街祠堂巷（今大同街老图书馆东侧巷内）路西，有职工二三十人，它是徐州开设较早的银行之一。1928 年规定该行为特许的国际汇兑银行，管理外汇和外钞。在 1930 年代前后，营业状况良好。抗日战争爆发时撤离徐州。

　　1920 年代后，尤其是南京国民政府成立后，徐州城内的官营银行逐渐增多。据实业部 1932 年 10 月调查，徐州银行总行一个，分行有 5 个。[①] 从表中可以看出徐州城市商业发展较好，而工业较为落后。中央银行徐州分行设立在文学巷中段路西，有职工 40 余人。中央银行代理国家金库，经理公债，收进国家各项税款，发放部队军饷，管理金银外汇，调剂金融市场，独家发行货币。有时还发行本票，它对一般工商企业和居民，并不发生直接往来关系，而只与商业银行和其他金融机构打交道。中国农民银行成立于 1935 年，在徐州大同街中段路北设立分支机构。有职工 30 余人，它的业务与一般银行不同之处在于，主要办理农贷和农业建设投资，供应农民资金，复兴农村经济，促进农业生产，操纵和垄断农业经济命脉。江苏农民银行，设立于公安街今青年路中段路南，主要办理地方农贷，对外也吸收储蓄存款。另外河南农工银行在察院街今大同街中段路北设立了分支机构。[②]

表5—5 　　　　　　　　　　　　　　　**徐州新式银行**

银行名	性质	开办时间	业务种类	营业额	主顾类别
中国银行	分行	1915年	存款、放款、汇兑、贴现	放款1000000	商业占60％工业35％住户15％
交通银行	分行	1913年开办	同上	放款200000	商80％工5％住户15％
河南农工银行		1931年	同上	放款300000	商50％工25％农20％住户5％
国民银行	总行	1929年	同上	300000	商100％

---

　　① 　（民国）实业部国际贸易局：《中国实业志》（江苏省），第10编"金融机关"第1章"银行业"，第33页。

　　② 　徐叔安等：《抗战以前徐州银钱业略述》，《徐州文史资料》第7辑，第148页。

续表

中央银行	分行	1928年	同上	1000000	军政界最多，其次商业
江苏省农民银行	分行	1931年	同上	300000	农民100%

资料来源：（民国）实业部国际贸易局《中国实业志》（江苏省），第10编"金融机关"第1章"银行业"，第33页。按：据有关记载，交通银行徐州分行开办于1920年代后期。见徐叔安等《抗战以前徐州银钱业略述》，《徐州文史资料》第7辑，第146页。

三　徐州银行体系的形成

抗战胜利后，徐州银行业走向成熟，达到徐州金融史上空前的繁荣。徐州市的金融体系大体上可分为三个层次：

第一个层次是四行二局一库即指中央、中国、交通、中国农民四个银行。中央信托局、邮政储汇业局和中央合作金库，在徐州均建立了分支机构。它们是国民党政府金融体系的支柱，垄断全市金融市场、并进一步掌握全市整个经济命脉。

第二个层次为官商合办的省、市、县各级银行。南京国民政府于1940年1月20日颁布《县银行法》，其规定，"县银行由县政府以县乡镇之公款与人民合资设立之，以调剂地方金融，扶助经济建设，发展合作事业为宗旨"。当时地方政府分期推行县银行计划。江苏省共有县市银行34家。徐州市银行设立于1946年10月①。当时在徐州设置机构的地方银行还有江苏省银行、山东省银行、安徽省银行、铜山县银行等。

第三个层次则是各商业银行，如属于"北四行"的金城银行，属于"小四行"的四明银行、中国实业银行，还有大中银行、国民银行、亿中银行、华侨银行等也都在徐州设有机构。此外，尚有徐州市第一、二、三、四、五信用合作社及其市联社。

全市如此众多的银行，以中央银行居主宰地位，它执行国家银行和金融管理职权，领导监督各银行的活动。中国银行行址在原市图书馆馆址、交通银行行址在现在的工商银行储蓄部、中国农民银行行址在现淮海东路人民商场、中央信托局设在中央银行内、中央合作金库库址设在现彭城饭

①　《中国县银行年鉴（民国三十七年）》，文海出版社1983年版，第13页。关于徐州市银行的成立时间，后有人回忆为1946年4月20日。

店东侧。其他各行大多数分布在市中心一带的商业区，如大同街、淮海路中段、彭城路中段等地。这些银行职工人数较少，一般不超过 20 人，甚至像交通银行这样的金融机构其内部并无科室的设置，仅以营业员、会计员、出纳员的职务名义主管各项业务。

当时在徐州的国家银行分支机构都有各自的经营方向，如中国银行垄断了国际汇兑业务；交通银行垄断了实业投资，办理铁路营运收入及贾汪煤矿、宝兴面粉厂等较大工业企业的存放款业务；中国农民银行垄断了农贷和其他农村金融业务；中央信托局由中央银行拨给资本，垄断各种出口物资的收购权；邮政储金汇业局专营储蓄汇兑；中央合作金库除由国民党政府国库拨资金外，其余由中国农民银行、各地合作社和各省县合作社金库拨缴，从事城乡合作事业的金融活动。①

各商业银行主要是办理一般商业性质存放款业务，实行存贷合一，由中央银行核定其透支的额度。同业之间通融资金比较灵活方便，当日营业终了轧计"头寸"后，如实际发出的贷款数超过其当日存款数和准予透支的限度，即需向同业间临时借贷，一般期限不超过一二天，利率则低于其他种类的贷款。②

四　银行业的畸形繁荣

解放战争时期，徐州市区不大，城市人口不足 30 万人，工商经济虽有发展，但不能算是发达的城市经济，其所以能存在 18 家银行和 6 家信用社，究其原因，这主要与这一时期的政治军事形势有很大关系。从政治上看，其原因就在于抗战胜利后，地方政府注意整顿地方金融，加强了对金融业的控制。如各县市政府斟酌实际情形和地方经济状况，筹设县市银行，期能扶植地方经济建设，徐州市被核准设立银行。③

---

① 《徐州市银楼业》（1947年），江苏省档案局藏，档案号1004—16—乙—3513。

② 耿继信：《解放前徐州中央银行和全市金融业概况》，《徐州文史资料》第7辑，第164—166页。

③ 王懋功：《江苏省政府政情述要（民国卅四年——卅五年）》，"财政部分"，文海出版社1983年版，第23页。

而最主要的原因在于当时徐州处于军事战略要地。1946 年夏,内战爆发,徐州为国民党的重要军事基地,驻军不断增多,军政机关林立,军需补给剧增,刺激了徐州市场一度畸形的繁荣。巨额军款参加了资金流通,成为金融业重要支柱。国民党为了打内战,1947 年驻徐军队有陆军 7 个军部、18 个师部,以及不归上述军事管辖的独立团部 14 个;另有空军第 3 大队,宪兵 3 团;军事机关学校则有陆总徐州司令部、联勤第一补给区司令部、第三绥靖区、师管区、徐州警备司令部和装甲兵学校等。每月军饷约在千亿元以上。[①]

各种官商合办和私营商业银行吸收存款的主要来源是军饷。国民党军队下级官兵从未按月领取过薪饷,军需人员从中央银行领取大批现钞,转手化名存入其他银行,侵吞利息中饱私囊。各行"走街"人员,能以各种方式攫取"消息",每天都跑到中央银行,国库课的柜台前每天门庭若市,彼此心照不宣,各找各的熟人去拉军款[②]。据中央银行检查,徐州大中银行 1947 年甲种活期存款有 409 户,存款数 15600 万元。发现陆军第 × 师军需处,化名存款 3300 万元,第五兵站总监部经理处化名存款 1100 万元,仅此两项款占总存款额近 30% 。定期存款 43 户,总额为 19717 万元,发现陆军第 × 师存款 982 万元,还有一个化名存款五笔,共 4250 万元。[③]这些巨额军款变为游资暂存各家银行,壮大了金融实力,但投放市场,其后果必然是通货膨胀,直接或间接刺激物价上涨,严重影响国民生计正常活动。

另一原因是各行还无一例外地参与商业投机活动,从中牟取暴利。各银行除留少量现钞以应付客户需要外,一般都将大量现金投资市场,从事商业购销活动。较大的银行都有较大的仓库可利用,当时经营的热门货如金银、白布、棉纱、面粉、粮油、生漆、桐油等大宗物资,这是在通货膨胀,物价上涨的情况下,各种商业银行所共同采取的一条"生财之道"。当

---

① 耿继信:《解放前徐州中央银行和全市金融业概况》,《徐州文史资料》第 7 辑,第 168 页。

② 《中国县银行年鉴(民国三十七年)》,文海出版社 1983 年版,第 14 页。

③ 耿继信:《解放前徐州中央银行和全市金融业概况》,《徐州文史资料》第 7 辑,第 169 页。

时私营商业银行在社会信誉较好、经济实力较强的是大中银行①。该行以吸收商业存款为主，设有专用仓库，办理抵押放款等业务。

表5—6　　　　　　　　　徐州金融机构简表（1946—1948）

银行名称	经理姓名	行址	备注
中央银行	朱承略	崇文路中正路	复业
中国银行	陈俊霈	大同街祠堂巷	复业
交通银行	毕丹屏　孙蕴三	大同街	复业
中国农民银行	李超	中正路	复业
中央合作金库	张遒钧	中正路	新成立
江苏省银行	单谷成	道平路	复业
江苏农民银行	张道银　丁圣民	中山路中正路	复业
安徽银行		大同街东头	蚌埠分支
山东省银行	石达	彭城路南头	济南分支
徐州市银行	滕云汉	民主路中正路	新成立
铜山县银行	胡晓村	大同街路北	新成立
国民银行	朱宜清	统一南街	复业
亿中银公司	顾新盘	中正路中段路南	新成立
大中银行	吕相臣	彭城路大同街	上海分支
四明银行	孙霞蔚	同街大东头路南	上海分支
金城银行	徐周唐	同街大东头路南	上海分支
华侨银行	高家骥	同街大东头路南	上海分支
中国实业银行	祝步唐	中正路路南	上海分支
市联社信用部	黄乐山　杨文炳	马市街	三四区合并
第一信用合作社	张庆常　王子野	兴隆巷19号	新成立
第二信用合作社	韩铸祥　刘伯英	彭城路408号	新成立
第三信用合作社	朱子庄　李亮	中正路中段	新成立
第四信用合作社	陈兴自　夏健民	英士街路南	新成立
第五信用合作社	黄乐山　马叔和	彭城路南头	新成立

资料来源：耿继信《解放前徐州中央银行和全市金融业概况》，《徐州文史资料》第7辑，第172页。

————————

①　1943年即在徐州开办，经理为吕相臣。

徐州银行业收益颇丰，如当时中央银行徐州分行经理公库，饷项支出为数綦巨，每月约在千亿元以上，仅此每日传票可达五、六百张[1]。据中央银行徐州分行的资料，各家银行获利不等，都有较丰的纯益。以1947年上半年为例，江苏省农民银行纯益达1.6亿元，居首位，徐州市银行纯益4736万元，大中银行纯益679万元，国民银行纯益208万元。[2]再如徐州市银行1946年4月开业时，注册登记资本为1亿元，营业额在1947年6月底达5600亿元，（涨价因素包含在内）纯益在5000万元以上。[3]可见，当时在通货膨胀和物价上涨的基础上，徐州市金融业有着丰厚的利润。[4]

五　银行与城市工商业

徐州工商业的发展尤其是徐州商业贸易的发展已经远远超出了徐州市区域范围，这就要求金融业在大宗商品流通中提供所需资金调剂，既要求资金周转，又要求增设若干汇点，打通横向金融联系，以各种形式提供资金的方便。而发达的金融业，又在客观上促使工商业开拓更大的活动范围和市场。徐州市除中央银行外，其他各商业银行积极为工商业提供各种形式的信用，或直接参与商业经营活动，这种相互依存的关系，使双方在经济活动领域中能够取得较大的发展。如宝兴面粉厂创办之初，与地方上的徐州官钱局，私人经营的普同庆钱庄有来往，后来宝兴面粉厂以贷款方式向银行抵押借款，有国民银行、上海银行、中国银行、交通银行等，以房地产契、仓库存货等向银行抵押。这是宝兴面粉厂得以迅速发展的一个重要因素。[5]

再以徐州市银行为例，它在经营上除了大力吸收军款外，还以地方士

---

①　耿继信：《解放前徐州中央银行和全市金融业概况》，《徐州文史资料》第7辑，第164页。

②　张绍棠：《抗战后的金融业》，《徐州史志》1987年第4期，第6—7页。

③　《徐州市银楼业》（1947年），江苏省档案局藏，档案号1004—16—乙—3513。

④　《中国县银行年鉴（民国三十七年）》，文海出版社1983年版，第13页。

⑤　邢鉴泉：《回忆徐州宝兴面粉厂》，《徐州文史资料》第3辑，第96页。

绅及工商业殷实富户为后盾，营业上存放灵活。徐州市银行在上海设有徐州市银行驻沪办事处，有四五人办公，专做徐沪间资金调拨及滕氏弟兄和至亲好友们私人生意，相互间调节资金余缺，并可代徐州工商往来沪汇款，解决他们经营贷款之划拨。徐州市银行在其工商业往来户中特别抓住山东帮的纱布业和粮食业、土产贸易业中的殷富大户，这样便有了可靠的流动资金基础。

当初徐州市银行创办时就有许多工商户入股，加强了银行的实力。如百货业公会会长黄品正，当初向该业劝股（动员入股）时，不是挨户动员自愿入股，而是采取摊派方法，大户多摊，小户少摊，款集中后却以黄品正个人名义入股，因此博得董事席位，每月还享受银行发给车马费十五元；西药业公会会长黄乐三募来的股款则是以西药业名义入股的。因此引起许多人对股权有意见。对外放款抓住了商业大户，特别是资本雄厚、经营面广者，抓住了相当多的户数。对他们贷款，有求必应，促进他们能做大生意，赚大钱，而银行也就因此赚得大量利息。银行与商业大户，有时是相互借重的，如突然有大额军款准备提出，银行临时发生周转不开，即向大户们说明情况，请其支援，他们立即多方设法归还贷款。即无贷款之大户，闻到消息后，也千方百计调款，或有向其他商店借款来援助。①

第三节 金融风潮与社会变迁

一 近代徐州的货币

清末民初，徐州城里流通的货币比较混乱。这反映了徐州近代城市发展缺乏良好的金融环境。

在清朝时期，市场上小额交易，都是使用制钱，一个制钱成一文钱。近代徐州流通的制钱主要有：顺治通宝、康熙通宝、雍正通宝、乾隆通宝、嘉庆通宝、道光通宝，均为一文钱。咸丰时，铸造过当五文、当十文、当

① 蔡笑萍：《徐州市银行概况》，《徐州文史资料》第7辑，第158页。

二十文、当五十文、当五百文、当千文的大钱。咸丰之后，制钱走向衰落，商人注意使用银两，加之铜圆的兴起，致使制钱被淘汰。1912 年，制钱退出流通领域。

在徐州市场上流通的银两有元宝、银锞、碎银三种。清末民初，大宗交易，都是使用银两制度，即用白银重量计价，结算是和制钱平行的本位制。因存在检验成色、称量使用等缺点，银两逐渐被银圆所代替。1933 年4 月，全国实行"废两改元"，银两被废止。

1900 年，开始铸造铜圆，甚便流通，不久，铜圆完全代替了制钱流通。铜圆面值有当二文、当五文、当十文、当二十文等多种。市面上广泛流通的有铜圆，是当十文（俗称小铜子）和当二十文（俗称大铜子）两种。当五十文铜圆，因其用铜量尚不及三十文，市场上都不愿使用，一直未能广泛流通。①

在徐州流通的银圆较多的有清末铸造的"龙洋"，1912 年铸孙中山半身侧面像的银圆，有 1941 年铸袁世凯头像银圆，还有墨西哥"鹰洋"，英国"站人洋"，在市场上渐为国内自铸的银圆所代替。1920 年前后每枚银圆可换制钱三千七百文到四千文。1930 年前后，就涨到五千文。1935 年国民党政府实行法币政策，禁止银圆流通。但银圆仍在市场交易。②

除以上硬币外，徐州市场上流通的纸币，主要是中国银行和交通银行所发行的钞票（分一元、五元、十元三种）了。因它的基金（银圆）雄厚，信用较高，故能不受各个时期的政治动乱影响，随时都可兑现（钞票一元兑银圆一元），以后还有中国农民银行发行的钞票。

在直鲁军阀盘踞徐州期间，还曾被强迫使用过山东省银行和直隶省（今河北省）银行钞票。当时市场上的山东直隶省银行钞票贬值很大，和中国、交通银行的钞票，同时购买同一物品，其价格就是两样，大致可相差一成至数成。1935 年，实行法币制度，即统一由国家四行（中央、中国、

① （民国）实业部国际贸易局：《中国实业志》（江苏省），第2编经济概况第6章各县货币，第129页。

② 韩席筹等：《徐州光复前后》，《徐州文史资料》第4辑，第11页。

交通、农民）发行法币，其他一切金融机构，均不准发行货币①。

二　纸币的滥发

清末，政府对于官方民间发行的纸币漠不关心，其有发行者随心所欲。发行纸币，是否有充足的基金，无人过问，则整个纸币的流通，有如赌博，时有倒闭之虞。清政府未有积极取缔之行为，钱庄自由发钞，自由贷借，漫无节制。一旦出事，相率牵连倒闭，1882年12月金融风潮的爆发就是由此引起的。②

民国以后，关于纸币滥发不兑现之陋习，仍未割除。南京政府成立后，始加以整顿，定期检查。公私发行纸币之机关不可胜数。最初钱庄为主要发行者，此外还有若干商店行号，竞相效尤。此两种主要之发行机关，均不受任何发行规制之约束，流通的多寡从未公布，埋藏危机。清末民初纸币流通小的原因是社会对于纸币之需要因交通阻滞造成的。

纸币有银两票、银圆票、钱票三种。中央和地方可自由发行，中外公私银行、钱庄、银号亦可自由发行，各注明所发单位、银两成色、银圆种类等。发行数量，难以统计。如徐州平市官钱局，发行纸币，票面为一百枚（当制钱一千文）和五十枚（当制钱五百文）两种。后又发行辅币券五角、二角、一角三种③。

辅币诸如角票、铜圆票及流通券等，或由商会发行，或由商号发行。角票则多系中央、中国、交通银行所发行者。江北各县发行铜圆券最多，而尤以徐州为最。徐州发行纸票的金融机构或商号竟有十七八处之多。除此以外，尚有所谓撕票，各钱号发行之纸票为五千、一千、五百文、三百文及二百文，小贩商人，因找零不便，即将一千文之票撕为二片或四片，每片作五百文及二百五十文。而以票换票、纸票票面所书本为兑铜圆若干。以票向小号兑换，甲号则以乙号票付之，乙号又付以丙号票，并无一枚铜

①　徐叔安等：《抗战以前徐州银钱业略述》，《徐州文史资料》第7辑，第148—150页。
②　王孝通：《中国商业史》，商务印书馆1936年版，第222—223页。
③　徐叔安等：《抗战以前徐州银钱业略述》，《徐州文史资料》第7辑，第145页。

圆流通。还有一种以竹牌代票，各菜场等以长约寸许之竹牌代票，上刻一百文字样，亦可流通。① 纸币的滥发和使用的混乱，很容易导致金融危机的出现。1933 年徐州出现的纸币挤兑风潮，是长期货币发行和使用混乱必然的结果。

三　1933 年纸币挤兑风潮

近代金融风潮不断发生，影响比较大的有很多，其中徐州 1930 年代发生的一次金融风潮颇具影响。处于当时社会形势下，徐州金融市场秩序混乱、市场脆弱，出现部分商人投机，导致 1930 年代的徐州金融危机。这从一个侧面反映了徐州近代金融业的发展状况及存在的问题。它反映了近代许多中小城市金融业的发展状况。

1. 纸币挤兑风潮的发生

1933 年 11 月 11 日，在古城徐州爆发了一场震惊苏北，波及上海、天津、镇江、南京等大中城市金融界的金融风潮（俗称"抢险"）。据当时人回忆说："成千上万的挤兑者纷纷拥在公裕（位于银市街）、世兴昌（位于中道街）、春泉（位于南门大街）、益真祥（位于东车站票房南首）、天保育（位于南门大街）、卜信记（位于公洽路）、聚和昌（位于公洽路）等七家私人票号门前，银市街更是人潮人海。"② 据报道，在挤兑风潮发生时，"有数百名士兵踏在人头上，挤入商会大门兑换，由此可知待兑者人山人海……"③ 这在徐州引起了轩然大波，市面陷入恐慌之中，社会、金融紊乱。《申报》报道了当时挤兑风潮对徐州造成的影响："徐州纸币风潮渐趋平息，缘公兑处之设，原为救济贫民，聚集各家于一处，人数众多，迭酿惨变……刻下市面对于各票，或用或拒，至不一致，大商店避免麻烦，一律拒用，小本营生，非此刻停营业，敷衍收用，八折九扣，繁乱已极，商业之萧条，金融之

---

①　（民国）实业部国际贸易局：《中国实业志》（江苏省），第2编经济概况第6章各县货币情形，第130页。

②　刘振华：《30年代徐州纸票挤兑风潮》，《徐州史志》1990年1—2合辑，第1页。

③　《中央日报》1933年11月17日。

恐慌，均一落千丈，恐至年矣。"① 在政府、商会等官方与民间力量的共同努力下，这场金融风潮最终得以平息。② 但有数家钱庄不得不倒闭，徐州金融环境受到极大破坏，这对商业的发展是极为不利的。

2. 金融风潮爆发的根源

1933 年金融风潮的爆发有其深刻的社会根源。它与政治环境的变迁、经济发展、社会需要等密切相关。这次风潮爆发的原因有以下几个方面：

一是长期以来钱庄或商号大肆发行纸票，却无足够的准备金。徐州地处苏、鲁、豫、皖四省交界处，是商品集散地。民国初年铁路通车，给徐州带来了更进一步的经济发展，经营粮食、农副产品和糖、纸、纱、布等商品的商号增多，生意兴隆，经济活跃。钱庄、商号为了扩大经营、方便顾客找零钱，辅助铜圆使用而印发纸币。也有钱庄为了达到发财欲望，扩充资金，扩大经营而印发纸币。例如裕源庄，本身是经营烧酒的酒坊，又用裕源庄的名义印发纸币。当裕源庄收购高粱时，不付给卖高粱的农民现钱，付给的是裕源庄纸币。在用高粱做原料烧出酒来，销售出去之后，才收兑本庄纸币，付给现钱。这样裕源庄利用发行纸币扩充了经营资金，以此扩大了烧酒经营。社会变迁和经济发展给私营钱庄、商号印发纸币创造了客观条件。③ 这种行为是一种合法的行为，政府并没有给予干预。于是市面上由钱庄、商号发行的纸币越来越多，异常混乱。纸币的票面均为一千文和两百文两种，早期多为竖式，到民国十年前后，均改为横式，大多是在上海用胶版彩色印刷。根据当时的金融行情，五千文制钱当作银币一元使用。当时还没有发行辅币券，有时仍将一千文的纸币撕成两截，各截作一角钱使用，五百文也可撕成两截，各作五分钱使用。所有钱庄都利用自家发行的纸币来收购农产品，整火车的装载南运，牟取厚利。④

---

① 《申报》，1933年11月26日。

② 《申报》，1933年11月22日，11月26日。

③ 马鸣远：《徐州私营钱庄、商号印发纸币的概况》，《铜山文史资料》第4辑，第80页。

④ 徐叔安等：《抗战以前徐州银钱业略述》，《徐州文史资料》第7辑，第143页。

表5—7   徐州金融机构简表（1946 — 1948）

户名	业主	开设地址
乾德丰	赵毅斋	南门大街
陆元兴纱庄	路兆祥	南关大街
万蚨祥钱庄	陈璞完	东门大街
锦丰庆钱庄	金姓	南门大街
大德生钱庄	杨惠生	东门大街
协昌永银号	张姓	东门大街路北
景盛公号	张姓	
宝华号		
洪昌顺庄	张相臣	买卖街西头路南
隆源号钱庄	赵荣帮	北门大街路西
益贞祥粮行	丁荫周	东车站票房南首
光裕号油坊	周姓	天桥东南首
春泉钱号	张仲警	南门大街路西
聚和昌南货号	王开泰	公沿路路北
久裕祥北庄		东门大街
吴镇记油酒号	吴镇东	西关堤北
裕源庄	马波泉	徐州南关
普同庆渐记	杨鸿宾	中道街
卜信记南货号	卜为帮	公沿路
恒丰纱庄	赵雪岑	南关大街
坤源酒坊	郝姓	东门大街
祥顺永	杨鸿宾	中道街
世兴昌漆店	张敬修	中道街
同顺永银号		大马路东首
公裕银号	张嘉荣	银市街

续表

天保育钱庄	赵邦清	南门大街
乾震恒布店	王怀义	南门大街
震裕号布店	苗运斗	南门大街

资料来源：马鸣远《徐州私营钱庄、商号印发纸币的概况》，《铜山文史资料》第4辑，第81—82页。

在1920年代，徐州私人钱庄发行纸票大约有30多家，是纸票发展的鼎盛时期（如上表所示）。这期间，一些唯利是图的钱商，利用人们信用纸票的心理，不顾有无资本，均大量地发行纸票。这是一种一本万利的投机行当，用这种无本钱的纸票，大买杂货土产，办北庄跑洋票，比用银行息款便利多了。加上当时社会秩序逐步平稳，为徐州资本主义工商业的发展提供了条件。百业待兴，交易兴隆，各钱庄票商大发横财。

二是各钱庄或商号不事经营，大肆挥霍，造成亏空严重。当时各钱商饱暖思淫欲，广置宅房田产，纳姬妾，烟酒嫖赌，纵欲无度。其妻儿老小也上行下效，均染有嗜好。由于钱来得容易，花钱大手大脚，悖入悖出，不几年便家财荡尽。虽然一再发行票纸，但无论钱庄还是商号，准备金都很少，不可避免地时常发生挤兑风潮，这些钱庄或商号终因不能支持而宣布倒闭。[1]政府不得不严令其收回，或者提案押追，结果变产收回的也不过十之一二，其余散存于百姓之中的就都成为废纸了。被贻害的民众，不计其数。

三是地方政府对金融监督控制不力。各票号经历连年淘汰，到1930年代初仅存有平市官钱局（为江苏省财政厅管辖）、公裕、卜信记、聚和昌、天保育、益贞祥、世兴昌、春泉等八家。除了平市官钱局外，其余七家多年来大肆发行票纸。不少知情人早就知道其内部的空虚程度，料到将来必有坑害民众的一天。当时社会舆论不时抨击，地方各界人士也倡议肃清。但各票商仍在挣扎，暗里与地方长官勾结，这种因官商勾结而发行的巨额纸票，路人皆知，成为公开的秘密。1932年春天，徐州各界及商界的28家

---

① 刘振华：《30年代徐州纸票挤兑风潮》，《徐州史志》1990年第1—2合辑，第1页。

业主曾一致主张肃清票纸，并建议："宁愿票号全部倒闭，大家忍痛一时，以免给日后留下大患。"但此议遭到地方军事机关内部人士的阻拦。这就为日后惨剧的发生埋下了祸患。[①]

四是 1931 年大水，徐州受水灾影响严重，经济不景气，有不少商店倒闭，仅存的只能维持现状。这大大动摇了所有发庄票的钱庄和商号的金融基础，发生大规模的"挤兑"风潮已在所难免了。

徐州私人发行票纸，从产生到消亡历时近 30 年，成为这一时期的社会、政治、经济情况的历史佐证。本来发行纸票是为便利商民。然而由于商人之滥发图利、政府之故意放纵，出现金融风潮，严重地损害了社会经济的发展。徐州钱庄业因此次金融风潮受到严重打击，而银行业随之取代徐州钱庄业成为徐州金融业的主角了。

从表面上看，金融风潮的出现是钱庄、商号的经营不善导致的，实际上深层次的原因在于徐州工商业发展的落后，缺乏良好的金融环境，政府对社会公共事务管理的缺失。

---

① 刘振华：《30年代徐州纸票挤兑风潮》，《徐州史志》1990年第1—2合辑，第1页。

第六章 灾害与城市社会救助

灾害与战乱是影响社会历史发展的重要因素。有学者认为，"灾害对苏北社会的最大影响就是对苏北现代化进程的阻滞和延误"①。而灾害对于近代徐州的影响，亦是如此。考察近代城市的发展变迁时，灾害应值得我们重视。近代灾害的社会救助，成为城市的一项日益重要的功能。而社会救助的变动，从一个侧面也反映了城市社会的变迁。

第一节 近代徐州的灾害

所有来自自然的和人为的、危及人类生命财产和生存条件的祸害，都可归为"灾害"。无论是自然灾害还是人为灾害都具有社会性。城市灾害就是指"一定时间内，发生在城市空间中的主要由各类人为因素所造成的、对社会系统正常运行造成负面影响的事件，它的产生与人类在社会经济结构中的行动有关"②。城市灾害种类多种多样，既有自然灾害，也有人为因素造成的各种灾害。人为造成的城市灾害明显增加。灾害与城市社会的发展有着密切的关系。

历代徐州城市的发展无不受到灾害的影响。关于徐州灾害的记载是不

① 汪汉忠：《灾害、社会与现代化：以苏北民国时期为中心的考察》，社会科学文献出版社2005年版，第334页。

② 章友德：《城市灾害学——一种社会学的视角》，上海大学出版社2004年版，第3页。

绝于书的。"徐州南北襟要，自书契以来，水旱、兵革之患，殆不胜纪"。①
近代徐州城市及其所处地区灾害频频发生。灾荒、兵祸、匪患，不仅使徐
州城及其居民遭受严重的灾难，而且迫使无数农民离村，河南、山东、安
徽及徐州四乡难民大批涌入徐州城，更加重了徐州城的苦难。

一　自然灾害

中国自18世纪中期进入自然灾害多发期，20世纪上半期更是达到了
顶峰。徐州所在的黄淮地区一直是自然灾害的频发区，特别是水灾和旱灾。
而且，越到晚近，灾害发生的频度越密，强度越大。这些自然灾害对乡村
经济和社会造成的灾难性后果较为深重。据统计，清朝268年间，徐州城
市及其所属地区发生自然灾害大小计430次，其中水涝203次，干旱58次，
蝗灾30次，冰雹28次，风灾37次，瘟疫18次，地震28次，寒霜2次，
暴雪9次，其他类严寒6次，雷灾1次，雾灾5次，牛疫2次，兽害1次，
陨石2次。②

民国时期，38年间，徐州地区发生大小自然灾害可考者计104次，其
中水涝23次，干旱8次，蝗灾14次，冰雹7次，风灾7次，瘟疫28次，
地震8次，暴雪3次，其他类陨石1次，高温2次，严寒1次，瓦斯爆炸1
次，鸟灾1次。③有研究者也认为：黄河长期夺淮后，徐州水旱灾害发生的
频率提高了，徐州历史水灾多于旱灾，大水102次，大旱34次④民国时期，
灾害频仍。据统计，自民国成立至抗战全面爆发的20多年间，"各种灾害
至大者，竟达77次之多"。其中水涝对徐州城市直接危害最大。

中国的河患以黄河最显著，次为淮河。徐州"地扼吕梁，大河之冲，
屡遭水患"。⑤历史上徐州受到水患的危害较深，尤其是在明清时期徐州城市

①　《全本徐州府志》（新千年整理本），中华书局2001年版，第131页。

②　赵明奇：《徐州自然灾害史》，气象出版社1994年版，第199页。

③　赵明奇：《徐州自然灾害史》，气象出版社1994年版，第381页。

④　徐近之：《黄淮平原气候历史记载的初步整理》，《地理学报》1955年第21卷第
2期。

⑤　《全本徐州府志》（新千年整理本），中华书局2001年版，第42页。

直接受到水灾的影响甚为严重。徐州水灾主要是因为黄河、淮河、运河之故。1194 年黄河在阳武县决口，其南支经徐州夺泗入淮，黄河正式流经徐州。直到 1855 年黄河改道向北入渤海，黄河在徐州城下奔腾了六百多年。这六百多年间，黄河常常破堤溃出，盈溢数百里，其中有水灾的记录就有近二百年，连同蝗灾、旱灾、疾疫一起，每两年就有一次灾害。①

黄河从上游挟带的泥沙在此淤积愈来愈多，河床升高形成悬河，数次决堤，水流横溢。著名的古城下邳成为泽国，徐州的军事要塞吕城被黄沙吞没，荡然无存。丰、沛、萧、宿迁、睢宁等县城则数被水淹。其中受害最深的就是徐州城。明代后期，徐州城三次被淹，最严重的是天启四年（1624 年）六月，黄河深夜破城，城中水深一丈三尺，居民逃避不及，淹死无数。数年之间，这里是一座死城，水退滞后，古老的徐州城被深深地埋在黄沙之下。1980 年代在徐州城地下三、四米处发现了明代建筑，有药铺、民宅、官署、庙宇等。②黄河不断淤塞和溃堤，破坏了徐州的水上交通，明代的经济动脉京杭大运河徐州的一段，就是借用黄河来维持的。而徐州一段河床经常淤塞，迫使徐州一段漕运停止，重开泇河运河，避开黄河的危害。这直接影响了徐州城的经济与社会的发展。③

近代以来，虽然黄河北徙，黄河对徐州城的危害减轻。但徐州依然受到水灾的直接和间接的危害，如 1898 年五月，徐州大水，清廷命张之洞赈济徐海灾区，铜山县知县陶海铭疏浚发源于城东牛陵湖的牛陵河，后因此改名为陶公河。④1910 年徐州又遭大水。⑤1911 年大水灾，"江苏淮海及安徽凤颍等属……饥毙人数多时每日至五、六千人……江皖二十余州县灾民三百万人，已饿死者约七八十万人"。⑥

①　武利华：《徐州古代经济概述》，《徐州史志》1986年第4期，第25页。

②　同上。

③　武利华：《徐州古代经济概述》，《徐州史志》1986年第4期，第26页。

④　《全本徐州府志》（新千年整理本），中华书局2001年版，第333页。

⑤　《全本徐州府志》（新千年整理本），中华书局2001年版，第340页。

⑥　张红安：《民国时期苏北灾荒及其影响》，《江苏社会科学》2000年第5期。

表6—1　　　　　　　　　　民国初年徐州地区大水灾状况

时间	淹没田亩数	灾民总数(人)	禾稼损失石数	死亡人数
1916年	5246917	810188	2984973	804
1921年	11963666	1229872	5362160	982
1926年	5565572	700275	3858213	1449
1931年	21412627	4082785	12386903	6592

资料来源:《苏鲁豫皖省各县1916、1921、1926、1931年水灾调查一览表》,中国第二历史档案馆藏,档案号320—2—52。

　　1931年的大水灾,无论从受灾的范围,还是从危害的程度来说,在近代的灾荒史上都是空前的。全国"受灾的省份计有十七省之多,灾民几达七八千万人,淹没农田约占七万亩"。"人民死于水患及病疫者,日以百千万计"。其中以湘、鄂、赣、皖、苏、豫、鲁、浙八省受灾最重。据估计,此次水灾的总损失在50亿元以上,仅农产品的损失即达4亿余元。

　　如表6—1所示,1931年大水是近代徐州及其地区遭受的最为严重的一次水灾,对徐州地区的政治、经济和文化带来了巨大损失。这次水灾对徐州社会经济造成了极大的破坏。如家庭纺织业就遭到打击,织布生产萧条,织户逐渐减少,1929年有织户800多,而至1937年仅存400户左右。[1]

　　1936年,徐海地区多雨,黄河及微山湖水上涨,淹没徐州附近田地,又加本地降雨量过多,各县形成内涝,致使徐海地区灾情严重,秋粮几无所收,民众饥寒交迫,难以度日。徐州地区公路由于是用当地粉砂土填筑而成。经水冲刷,流失严重,因而丰、沛、萧、睢通往徐州之路均已冲断。1947年夏季多雨,微山湖水涨,徐州地区又遭水灾。徐州地区公路大部分被水冲毁。徐州丰县、丰沛、徐州沛县、徐州睢宁公路中断。据徐州日报载,徐丰、徐沛最严重时,公路上积水在一尺以上,以致两路毁坏严重。[2]这些水灾严重破坏了徐州同周边地区的交通,进而影响了徐州城市社会的发展。1948年徐州又爆发了一次大水灾。当年8月11日夜,"豪雨倾注……

① 姜新:《苏北近代工业史》,中国矿业大学出版社2001年版,第146页。
② 王林绪:《徐州交通史》,中国矿业大学出版社1988年版,第189页。

徐市周围已遍成泽国，所有田禾尽被淹没，损失之重诚十余年来所罕见"。①
当时的徐州市参议会向江苏省政府社会处的请求救助的电文中对这场灾害
做了描述："自入夏以来，大雨时行，入秋更连绵不止，本月十日（当时
为9月），夜间倾盆大雨，达六小时，致奎河倒灌城区，废黄堤防溃决。而
市区下水道自敌伪时期即行失修，宣泄不畅，全市化为泽国，房屋倾塌
四十余间，人民死伤将近百余名。口粮漂没，财产损失，据初步调查，达
二万四千余亿元，灾情之重为五十年来所未有，除已由参议会会同市政府
就地发动救济外，惟以频年军事供应，民力凋敝之余，殊难作大规模自救，
而灾民数万，露立水中，为状之惨，目不忍睹。"②

二　兵灾

徐州遭受的兵灾战乱在史书上有大量的记载，这给徐州城市本身带来
了深重的灾难。城毁人亡的劫难，屡屡发生。这是影响徐州城市发展不可
忽视的因素。

汉末群雄混战给徐州的经济带来了第一次大劫难。陶谦任徐州牧，"信
用非所，刑政不理"，重用诐佞之人，徐州由斯之乱，后来陶谦与曹操矛盾
尖锐，曹操在徐州一带"凡杀男女数十万人，鸡犬无余"。彭城一带"五县
城堡，无复行迹"③。徐州成为一片焦土。到西晋统一时，彭城国人口只有2
万多，是东汉时人口数字的二十分之一。西晋时，仅大的水灾记录就有7
次，余为兵祸，永嘉之乱，匈奴侵占徐州，使徐州经济大衰。

历史上徐州地区也是农民起义多发地区，因此反抗与镇压的较量和斗
争常常在徐州地区发生。其中较为有名的，且对徐州城市带来一次浩劫的
起义是元末芝麻李起义。元至正十一年（1351年），萧县人李二（世称芝
麻李）等8人，率众10万人在徐州发动起义，占领州县，阻截漕运，以示
反抗。元军数度征讨，均被击败。1352年，元朝右丞相脱脱亲率大军前来

① 《各地农业机关报告灾情》，中国第二历史档案馆藏，档案号437—461。
② 《徐州市政》档，江苏省档案局藏，档案号1004—1734。
③ （晋）陈寿撰：《三国志》，卷八《魏书·陶谦传》，中华书局1984年版。

镇压义军，以巨石为炮，昼夜向城中轰击。义军被迫离城转移，后终遭失败。徐州城内无数百姓惨遭元军杀戮，州城化作废墟。徐州城的政治地位大受影响。元政府一度迁城到城东南的奎山脚下，并"改徐州为武安州"①。

近代是中国历史上政局不稳、内战频发的黑暗时期之一，徐州作为南北过渡地域，在南北政治、军事势力的对峙下，往往成为南北政治势力争夺的要冲。中国近代史上几次著名的战事均发生在徐州地区。徐州屡屡蒙受兵灾匪祸，导致徐州的社会生产衰竭，民困财绝。徐州百姓"平日在军队骚乱与苛政之下，穷而无以为生"②。徐州所处的苏北地区匪祸是极为严重的，近代曾有人撰文谈到这一点："一般说来，江苏是全国政治经济乃至文化中心。然而现在看来，这中心所表现的地方，只是江南一带，其他江北各县是没落而成为荒凉满目的土匪世界了。"有人说："在江北每一县中，是没有一天没有盗案没有杀人案的，洗劫一个村庄，或是掳了大批的人去勒赎，都不算什么一回事。""江北散在民间的枪械有二十万，这二十万条枪中，二分之一乃至一半属于匪类的。有机关枪及迫击炮的股匪，也不算稀奇。"③"江北之患在水而又在匪"，每当青纱帐起，徐州地区许多地方行人稀少，"商旅断绝"。"江北人民决不是生来就富于当匪之天性，他们之所以当土匪，完全由于环境的逼迫使然，由于他们失地失业之结果。"④灾害频发，地瘠民贫和失地失业是许多农民转化为土匪的物质外部驱动力。

近代徐州遭受的兵灾战乱不仅多，而且造成的灾害极为严重。1911年辛亥革命爆发，张勋所统率的江防军兵败退至徐州，对徐州城进行了一次抢劫掠夺。据当时人后来回忆，1911年张勋部队同自淮阴逃来的淮军，在南关大肆抢劫。李同茂店中除金银钱财埋藏未损失外，其余货物、衣物损

---

① （明）宋濂等撰：《元史》，卷四十三《顺帝纪》，中华书局1976年版。

② 邓云特：《中国救荒史》，商务印书馆1993版，第109页。

③ 骆美奂：《江苏江北各县的没落——其原因及其救济办法》，《江苏月报》第1卷第2期，第69页。

④ 同上。

失一空。①

　　1917 年的兵变对徐城造成的危害最为严重。张勋复辟失败导致张勋部队兵变，徐海地区受灾极为严重。徐州城遭受的这次历史浩劫也是空前的。据后人回忆，当张勋在北京复辟失败消息传来，徐海一带的部队发生兵变，大肆抢劫掠夺，危害徐海各地甚大，而徐州城的情况更为糟糕。徐州兵变起于 1917 年 7 月 12 日夜，当时"枪声四起，变兵直入街市，分头抢掠放火焚烧，计焚劫房 42 间店铺，被抢劫者 106 家，住户被抢者 10 家，枪伤事主者 4 家。至 3 点钟后，枪声始息，次早访闻首先起事者系新招之营而招安之土匪煽惑勾结。事前未能防范。枪声既起，一哄而出，亦遂无力制止。幸而城门早闭，城中尚有得力之两营，张镇守使督率指挥登城抵御，乱事始定。然城外溃兵，有得脏而散者，有结队而逸者，亦有陆续回营者。忆辛亥冬间江防军退至徐州因前敌战败而有 12 月 20 之兵变，抢劫焚掠接连数次，南关之受害最深，盖徐州商务精华所萃聚也。时张勋正驻车站目见商民之惨状，接见绅董痛自引责，曾电奏请帑银二十万两抚恤。奉准交度支部筹拨及清廷逊位，张勋移驻兖州，此案遂致虚悬。……乃市房甫经造齐，元气尚未尽复，又罹浩劫。使张勋犹在徐州，恐亦哀此无辜，触发恻隐。现在被劫被伤之事主纷纷报告调查财务损失，房舍焚毁，核计三十余万元，其间专依市廛为生，专恃房租存活者，一炬荡然，顷刻贫无立锥"。②可见，徐州城遭受的破坏是极为惨重的。

　　1917 年 9 月 5 日，江苏海属旅京公民谢诩元等曾向中央政府请求抚恤灾民，在他们的报告中较为详细地描述了当时张勋所部兵变所造成的灾害："江苏东海灌云两县项为定武军驻扎地点，平日剿匪尚称得力，惟自复辟事起，风声鹤唳，谣诼繁兴，地方颇露警扰之象。迨京师败耗传至海境，势益岌岌。突于七月十二日夜间哗变，东海城内破狱纵囚，肆行无忌，抢劫

_____

　　①　高成富：《张勋复辟与徐州》，《铜山文史资料》第8辑，第112页。又见韩席筹等：《徐州光复前后》，《徐州文史资料》第4辑，第1页。
　　②　《1917年张勋复辟之役所部兵变苏省徐海地方受损请赈有关文件（1917年8月—1918年9月）》档，中国第二历史档案馆藏，档案号1001—2—510。

二百余家，尤以殷实商店焚掠极惨，约计泉城损失之数，不下一百余万精华所萃，荡然一空，迄今，该地商民犹复惶恐万状不知死所，市面萧条，金融艰涩，甚至银圆兑换亦苦无交易之处，伤心惨目，泪下潸潸。继此而闻因效尤者以沭阳县城为最甚，历三昼夜，其乱始平，损失与东海相等，而焚杀过之。此外，如灌云县之杨家渠，东海县之新浦市所驻军队亦多蠢动，因而如飞蜂起乘机窃发，商旅裹足，民不聊生，危害之大，将有不堪设想者，诩元等或谊关桑梓或身受祸害，隐忧靡已，缄默难安。……援照民国二年南京抚恤成案。"①

关于徐城被害情形，据江苏徐属商民代表王玉树奉江苏省长齐燮元之命②，前往徐海地区宣慰军民，亲身所见当时徐州及徐州地区被灾的惨状："……江苏徐州之南东关，邳宿之窑湾以及铜山、砀山、宿迁、邳县、睢宁之各乡集惨遭兵匪抢劫烧杀。"而徐州城及窑湾受害最为严重，王玉树在给中央的报告中称据实汇报了徐海各地受害情形，他指出："徐州南东关及窑湾两处，市肆鳞骈，商贾云集，精华所萃，生活攸资，横被兵灾，民安托命，迄今殆不绝如丝，凋敝情形鼻酸心痛，此商埠受灾之实情也。铜山县之敬安集、郑集、黄集、大庙等处，砀山县之鼎新、杨集、关中坝一带、邳县之耿家集等处，睢宿交界之巩家湖、归仁集、杨家圩一带或被抢劫焚烧，或被抬架勒赎。变兵挟土匪肆行无忌，民不聊生，受灾之区，难以枚举。死者委诸沟渠，生者泣于路隅。惨目伤心无过于此！"③当徐州商民要求中央政府照民国元年南京被张勋部队洗劫之成案给予抚恤。内务部回复："被劫徐窑两处，迄今闭户廛市为墟，商货无存，生命尽绝，商市不复，民安资生凋敝，情形痛心酸鼻……"而对于被灾地区，中央因财政窘迫无力

① 《1917年张勋复辟之役所部兵变苏省徐海地方受损请赈有关文件（1917年8月—1918年9月）》档，中国第二历史档案馆藏，档案号1001-2-510。

② 《南京王玉树等报告赴徐属各县宣慰商民定武军掠害情形并请将该军改编电》（1917年8月13日），中国第二历史档案馆藏，档案号1011-716。

③ 《1917年张勋复辟之役所部兵变苏省徐海地方受损请赈有关文件（1917年8月—1918年9月）》档，中国第二历史档案馆藏，档案号1001-2-510。

救助，只得令"所有赈济地方查照核办"①。

江苏督军省长呈送中央的报告中称"被害灾民共计损失一百五十余万元"，并请求中央"筹拨巨款以备分给偿恤"，然而中央财政府以为"徐海地方损失过巨，自非目前所能应付"，"部库困难"，应由江苏省"就地自行设法，以资赈恤"②。此外，树慎成纱庄，是由山西帮经营的，专门经营棉纱业务。民国初年开业，最初生意较好。1917 年张勋复辟失败，徐州兵变，抢掠焚烧，树慎成纱庄蒙受其害，损失惨重。该号所销售的棉纱，由上海纱厂进货，间有采自青岛纱厂者。③

战争对徐州城造成破坏的事例极多。在抗战行将胜利之时，徐州南关生意兴隆的"晓市"遭遇过一次飞机轰炸的巨大灾难。据亲身经历者回忆，当时的情形是极为惨烈的。1945 年 8 月 3 日上午 9 时，"晓市"热闹非凡，商贩和顾客是一天最多的时候。当时空袭警报已经拉响。但市场里的人群大都没有疏散，因为过去曾经有过多次警报，但都没有飞机来，以致后来的空袭警报多未能引起人们的警觉和恐慌。而这次人们多认为飞机也不会来，即便来也是自己国家的飞机。但两架飞机飞临"晓市"上空投下一种杀伤力很大的"子母弹"。随着震耳欲聋的爆炸声，"本来摩肩接踵、热热闹闹的市场，一下子变成了凄惨可怖的人间地狱。"市场里，"滚滚浓烟并混合着泥土和弹片以及人的血肉，猛烈的向上飞迸和翻腾着。霎时间看不见人和摊棚，只听到市场里面哭喊连天，哀号不已。"这次"晓市"被炸，男女老少死伤惨重，据负责清理现场工作的红十字会有关人士的粗略统计，死伤约 2300 余人（死者约 700 人）。④

解放战争时期，徐州更受战乱之害。据当时的江苏省政府 1947 年的调查报告称，苏北经战乱后，"一草一木，俱被摧残无余。去年夏间，三百万流亡难胞，蒙中央爱护问切，得出水火，渐次归乡，惟大乱之后，一片瓦

① 《1917 年张勋复辟之役所部兵变苏省徐海地方受损请赈有关文件（1917 年 8 月—1918 年 9 月）》档，中国第二历史档案馆藏，档案号 1001—2—510。

② 同上。

③ 陈仲言：《清末民国时期徐州社会大观》，《徐州文史资料》第 14 辑，第 177 页。

④ 董玉岭：《晓市回忆录》，《徐州史志》1990 年 1—2 期，第 32—33 页。

砾，民间存粮……焚烧掠夺，颗粒无存，延至今春，凋敝益甚。贫民掘食树根野菜，已成普遍现状。饿殍载道，转死沟壑，日有所闻，淮北以至徐属海属麦苗枯萎，或尚荒芜，估计上地收麦不及五成，次者每亩难获斗麦，因上年水患浩灾，又经变乱，耕种失时，肥料、子种缺乏，今年亢旱成灾，平原千里，半成赤野，大乱未平，匪气尚炽。月前治安问题，极感焦急。……尤以徐海等属最为严重"。① 这基本反映了当时徐州城市所面临的灾乱困境。当时徐州有一些救济机构，如联合国救济总署徐州办事处，徐州国际救援委员会等，但这些救援机构的实际把持者，存在贪污腐败、办事不力的行为。他们"利用职务之便，侵吞盗卖面粉和其他物资，贪污肥私，据为己有，能发到灾民手中的已所剩无几"。②

三　徐州城市灾害的特点

徐州城市灾害的特点主要有：

第一，灾害有连续性。连年灾荒，多种灾害同时发生。如在1947年，徐属各县灾况空前，"徐属地瘠民贫，兼为军事重心，抗战八年，疮痍满目，胜利后饥馑连年……，去年春日苦旱，夏初天降雹灾，麦收大减，夏秋之交，淫雨连绵，数月未息"。兵灾旱灾、雹灾、水灾并发，使徐属地区民不聊生。

第二，水患危害最烈。据国民政府治淮委员会统计，从1912至民国1932年的21年中，徐属萧县地区发生了20次水灾。1931年大水对徐州及其所属地区民众生命财产造成了极大的危害（如表6—2所示）。表中所示徐州所在的铜山县遭受的损失尤大。

---

① "苏北各县灾荒救济案档"（1947年12月），中国第二历史档案馆藏，档案号20—4151。

② 同上。

表6—2 　　　　　　　　　1931年徐属各县人口因灾死亡统计

县名	全县总人口	被灾人口	因灾死亡人数	占总人口百分比	占被灾人口百分比
铜山	986536	441162	105	0. 011	0. 023
萧县	509644	89980	36	0. 007	0. 04
沛县	346593	32000	25	0. 007	0. 078
睢宁	547848	60000	100	0. 018	0. 166
砀山	288865	130000	160	0. 052	0. 115
宿迁	610712	190000	300	0.049	0. 157

资料来源：根据国民政府救济水灾委员会江苏赈务专员公处编辑《苏赈纪要》中《江苏省被灾各县人民死亡率统计表》改制，引自汪汉忠《灾害、社会与现代化：以苏北民国时期为中心的考察》，社会科学文献出版社2005年版，第185页。

表6—3 　　　　　　　　　徐州各县1931年水灾损失状况

县别	被灾面积（方里）	被灾农田（万亩）	被灾房屋（间）	灾民人数	死亡人数	损失估计（万元）
铜山	5623	97. 95	113355	441162	64	1200
睢宁	1600	59. 23	1900	130000	1320	34. 755
砀山	2200	25. 68	30000	130000	200	500
萧县	3401	112.88	12980	89980	1825	1190
邳县	4800	80. 6	23840	350000	4000	50.4
丰县	2960	46. 6396	12120	58633	163	400
沛县	2600	42. 56	3206	20353	12	122. 9

资料来源：根据《国民政府救济水灾委员会工赈报告》中的《江苏各县水灾状况表》改制。[①]

　　第三，灾害使徐州经济破败，生存环境恶化。灾荒来临时，农田遭灾，轻时减产、歉收，重时则颗粒无收。灾荒使灾黎困顿流离，人口流失严重。如1938年花园口黄河决堤，水势所至，"彭湃动地，呼号震天，其惊骇惨痛之状，实有未忍溯想。间多攀树登屋，浮木乘舟，侥幸不死，因而仅保余生，大都缺衣乏食，魄荡魂惊，其辗转外徙者，又以饥馁交迫，疾病侵

─────────────

　　① 引自汪汉忠：《灾害、社会与现代化：以苏北民国时期为中心的考察》，社会科学文献出版社2005年版，第185—186页。

寻，不为溺鬼，尽成流民。"① 大量人口涌现城市。徐州城市逃难流民日益增多。 据《徐属各县市灾荒实况》显示，1947年大水灾后，徐属各县市灾民在粮食匮乏的情况下，以豆饼、谷糠、树皮、草根、野草等充饥。饿殍遍野，疫病与灾荒相连，灾荒后，因生存环境恶化，卫生条件缺乏，疫病便会爆发。1931年大水灾后，"里下河……疫病业已发生……棺材店昼夜工作，现在木料已告缺乏，甚有将前次飘来的旧棺，弃去尸骨，重新改造"。②

造成徐州近代灾荒不断的原因是多方面的。民国时期诸多社会政治因素增加了徐州灾荒种类，加重了灾荒程度。军阀部队的恣意妄为和土匪的打家劫舍导致徐州经常遭受兵燹匪祸。如前所述，徐海地区为张勋定武军的驻扎地点。1917年张勋复辟失败，徐州"变兵直入街市，分投抢掠放火焚烧"。③徐州土匪最为猖獗，"徐属各邑近自青纱帐起，土匪如蜂"，④1938年6月6日，国民党重演杜充以水代兵一幕，在花园口决堤，同时使河南、安徽、苏北三省44个县千百万民众遭受灭顶之灾，苏北原本薄弱的水利设施更加残破不堪，开始经历9年黄泛区的苦难。

徐州所处的地理位置及当时各种政治社会因素使徐州地区灾荒连年，明显多于重于江南各地。灾荒对徐州社会经济的影响和冲击是巨大的，有直接的，也有间接的。灾荒是徐州在近代化道路起步较晚、步伐迟缓的重要因素。

导致徐州灾荒连年不断的原因中，还有一个重要的就是社会救灾抗灾能力不强。接下来就着力来探讨近代徐州城市社会救助的发展演变及其特点，以更好地把握近代徐州城市演变的轨迹。

---

① 《中央日报》1938年6月11日。
② 《大公报》1931年10月22日。
③ 《1917年张勋复辟之役所部兵变苏省徐海地方受损请赈有关文件（1917年8—1918年9月）》，中国第二历史档案馆藏，档案号1001—2—510。
④ 《申报》1921年7月10日。

第二节　城市灾害救助中的国家与社会

城市救灾能力的强弱反映了城市社会发展的程度，也反映了城市社会进步程度的高低。民国以后，政府赈灾能力与清代相比明显减弱，但是在徐州这样的城市中，大量非政府中外慈善组织、救济机构的出现以及赈济方式的改变，使得城市的赈灾能力大为提高，甚至成为区域救灾的中心。

徐州作为区域中心城市，处于苏鲁豫皖交界地区。每当黄淮地区遇到灾荒战乱，徐州城往往成为周围受灾地区离村农民选择的重要的求生之地。因此相对来说，徐州城市的社会救助任务更重，意义更大。

徐州城市社会救助形式和内容上都比近代以前有了很大的变化。近代徐州的社会救助中，地方政府和民间社会力量都发挥着重要作用，而地方政府与民间力量对灾荒战乱的救助又有所不同。

一　社会救助中的政府行为

在传统社会，地方政府的职责之一就是当灾害发生时设法暂时安置灾民，通过赈济使他们得以活命，灾害过后让他们恢复生产。当时地方政府最有效的赈济方式就是设粥厂施粥。乾隆年间，徐州地方政府就开始设四门粥厂。在传统社会条件下，地方政府所能做的除了施粥外，也只能是灾后发给少许钱粮，打发进城灾民返乡。对于灾民而言，在当时的条件下，他们根本无法在城市里生活，即使下层社会也很难有他们生存的空间。他们或聚集在粥厂就食，或暂栖身于城墙根等荒僻之地，等待灾害过后返回家乡。

近代以来徐州的公益与慈善事业有了明显的发展，接受政府赈济的灾民和贫民人数迅速增加。政府在社会救助中的作用发生了很大的变化，这种变化既表现在成立各种社会救助机构，又表现在社会救助活动之中。

1. 政府社会救助机构

有计划的社会救助是从设置机关团体开始的。对于救灾，民国政府不仅设有专门的职能部门，还成立了一些常设的或临时性的赈灾救助管理机构。

（1）政府的专门职能部门

救济那些死亡线上挣扎的灾民，是政府不可推卸的责任。1880年，徐州道桂嵩庆兴办因利局，其职能为借钱给贫民营生之用。[①]北洋政府时期，内务部的职能之一就是管理善举公益事业，下设民政局，掌管贫民赈恤、罹灾救济等事项，地方民政机构亦有救济灾荒的职掌。常设的防灾赈灾机构有附设于内务部的全国防灾委员会和赈务处。全国防灾委员会以筹设防灾办法、防止各省区灾歉之发生为宗旨。赈务处则综理各灾区赈济及善后事宜。发生重大水旱灾时，另组赈灾机构。1924年设立督办赈务公署主办全国官赈事宜。[②]而在地方上则道、县的长官直接负责官赈事宜。

南京国民政府成立以后，内务部改称内政部，下设民政司掌管地方行政及经费、赈灾、济贫、慈善等事项。各省设民政厅，城市设民政局，管理赈灾、救贫、慈善等事务。南京国民政府时期的主要救灾机构是1929年初设立的赈灾委员会，它直接隶属于行政院，主要办理各灾区赈灾事宜。遇灾时则成立中央赈务委员会一类机构专门负责赈灾事宜。1930年1月赈灾委员会改为赈务委员会，各被灾省份分别成立相应组织，即赈务处，由省政府、省党部和民众团体共同组成。再如，1931年江淮大水时，成立了国民政府救济水灾委员会及有关各省分会。

地方政府对社会救济、慈善事业愈加重视，不断加强管理和协调。如在1930年代地方政府积极整顿及扩充救济机关。当时省政府派员分赴各县实地调查，以组织重叠、开支浪费为其通病，因令各县振作经济情形及事业需要，分别裁并，并力求组织合理化以节省靡费，一面充实设备，兼施教养。经此整顿，包括徐州在内的江苏各县救济事业较前已稍切实际。地方政府还筹设县救济院，收容受灾贫民等人员。

1935年5月召开江苏省救济事业会议，通过决议：添设及充实各组织，

---

①　《全本徐州府志》（新千年整理本），中华书局2001年版，第328页。
②　敖文蔚：《中国近现代社会与民政》，武汉大学出版社1992年版，第46页。

每年定期举行救济事业会议，院所收容人应编组保甲，育婴所应附设幼稚园暨保姆训练班，实行教养兼施，规定施粥所劳作得食制度。拟定救济经费保管暨分派办法等。通过这些措施，徐州等江苏各地的社会救助事业得到较大的改善。

1946年，苏北由于战乱，"人民……相率奔避，流亡于收复地区，尤以扬、徐、镇三地为麇集之地，生活窘迫，情殊怜悯……"，地方政府"商准苏宁分署，释放大量救济面麦，并由冬令会灾省会办平粜，以资救济"，向社会各界呼吁，广揽社会贤达，组织救济苏北流亡难胞募振委员会，扩大捐募以募足20亿为目标，并提倡节约募振运动。6月间，中央政府特拨救济专款10亿元巨款面粉，并组织苏北难民救济会议，为指导设计监督联系之最高机构。在难民集中之处，如扬、通、泰、徐、海及京沪地区分设办事处，会同当地政府与善救协会，办理各项救济事宜。将筹振委员会并入苏北难民救济协会。

（2）常设的政府社会救助机构

这类社会救助机构主要有：

育婴所

育婴所是以政府为主导的传统社会救助机构。它们在近代继续发挥着重要的社会救助作用。

徐州的育婴所，最早出现在康熙年间。据《徐州府铜山县乡土政绩录》记载："佟国弼，奉天人。康熙卅九年知徐州。值岁饥……又立育婴堂。"育婴堂是收容弃婴的社会慈善事业机构。被收养者由官府按期供奉，宣统年间为每人每月白银六钱。幼婴达到学龄后，即由教师授以历史及有关知识，重点是教习弹、拉、打、唱和工尺谱，还辅以周易的卜卦等。待学成出师，便替人算卦、合年命、卖纸牌，主要是沿街卖唱，或者被邀到富贵人家客厅演唱，谓之"唱堂会"。育婴堂的学童，后来还设立了宗牌：昔、立、礼、学、正、群、贤、孝、哲、明、恭、谟、国、景、泰、崇、高、世、发、兴。①

① 王幼颐：《徐州琴书源流》，《徐州文史资料》第12辑，第222页。

习艺所与教养所

习艺所与教养所也是徐州城市社会救助中的重要形式。

1906 年，徐州道尹袁大化在城东南隅设立习艺所，"以容八县轻罪犯人习艺"。铜山县知县袁国均在东门内关帝庙设立县习艺所，专收本县轻罪犯人习艺。①

民国以后习艺所与教养所继续存在并发挥作用。当时政府组织游民习艺所与妇女教养所以感化教育与职业教育入所之游民与妇女，并授以公民、千字课、珠算、常识等课程，尤重视技艺之训练。一般地，游民习艺所工艺种类计分金工、木工、编织藤工，木刻竹工等种，妇女教养所则注重家事、看护、缝纫、刺绣、编制等之训练，各种工艺均设有专门技师，指导学习。其出品售价，除成本外酌提若干成为奖励金，专款存储，在所民艺成出所时，即行发付作为谋生资本。

此外，江苏省自厉行禁烟以来，所有查获之烟犯，经处徒刑者为数甚多，徒令身系囹圄，无所事事。于是从 1935 年 4 月至 1936 年 2 月，先后在南通、铜山、盐城各区设立烟民习艺工厂各一所，收容判处一年以上徒刑，而年龄在五十岁以下之烟犯，及贫苦无依之戒绝者入厂习艺授以生活技能，从事生产，"俾日后得以自由谋生"。铜山烟民习艺工厂，设于徐州，自 1935 年 7 月起开始筹备，规定开办费为 15000 元，经常费用为每月 960 元，1936 年 2 月正式开工，收容烟民犯 85 人，从事生产，有织席、织巾，制鞋等产品。②该厂负责人为徐守泰，立有厂规，共同遵守，个人尽其所能生产，或由该厂内技术人员教导学艺，规定期间并视其成绩令其出厂，有许多烟民得以自新。③

行政院善后救济总署苏宁分署

抗战时期，行政院下设赈济委员会，省县两级各设赈济会，掌管赈济行政。1945 年 1 月，成立行政院临时善后救济总署，抗战胜利后各省设立

① 《全本徐州府志》（新千年整理本），中华书局2001年版，第339页。
② 陈果夫：《江苏省政情述要（民国廿二年十月至民国廿五年五月）》，"民政部分"，文海出版社1983年版，第65页。
③ 陈仲言：《清末民国时期徐州社会大观》，《徐州文史资料》第14辑，第172页。

分署，配合联合国善后救济总署办理战后救济。

抗战胜利后，行政院善后救济总署在江苏成立苏宁分署，分署设在镇江。联合国善后救济总署规定的任务为"救济难民，防止瘟疫，恢复迫切需要的农工生产及公用事业"。苏宁分署在全省开展各项业务。其中苏宁分署对徐州及徐属地区拨给大量物资赈济。

抗战期间，徐属地区沦陷，河防失修，江堤溃决河塘出险，农田水利百废待兴。苏宁分署成立后，将水利工赈列为其重要任务。苏宁分署疏浚徐州拔剑泉引河，修桥9座完成土方68881立方，用工105620个，拨助面粉130吨，使该地区获取灌溉之益，增加农业生产，使人民生命财产得以保障。同时修复徐州坝子街中心小学、徐州师范附小、铜山敬安镇中心小学等学校，总共修复校舍310间，用工169195个，拨助面粉100吨，豆粉241吨。

修复市政为分署的主要工作之一，徐州在抗战期间市政建设或则全部破坏，或则护养失宜，而当地难民聚集众多，亟待救助。苏宁分署设县级工赈工程督导队，疏浚徐州下水道文曲沟22735公尺，使沟渠畅通。苏宁分署又拨供食粮及部分材料，翻修徐州青年路、崇文路路面、中山路弹石慢车道，中正中山路面、民主路、自忠路、环城路以及小型工赈铜山徐属铜沛公路，建桃源三孔石桥，翻修路面75239平方公尺以上，两年间受赈难胞做工317186个。徐属地区地瘠民贫重罹兵劫，生计艰难。赈灾济贫对于安定社会秩序有着十分重要的意义。①

抗战前，江苏人口3600万以上，为全国人口密度最大区域。所辖61县，皆设县立医院，医务工作取得显著成效。抗战期间，徐属地区公私医院破坏严重。而人民流离失所，温饱已感困难，瘟疫流行，民不聊生，徐属地区流行地方病蔓延最烈，为害甚重者是黑热病，在1934年估计患者已达20万以上。由于天灾人祸，疫区日渐扩大，铜山等5县患者极多，分署成立后，对瘟疫的防治除积极补助外，并大力修复省立徐州医院，徐州基督医院、徐州铁路医院、华东煤矿医院、县立卫生医院，购拨配发大

---

① 《抗战胜利后徐属地区的施赈工作》，《徐州史志》1992年第1—2合辑，第30页。

批牛痘苗、霍乱伤寒疫苗，白喉抗菌素 DDP 等防疫药品，还拨给药械 81 吨，病床 339 张，面粉 128.5 吨。这些措施有利于增进人民健康，减少生命损失。①

抗战期间，徐州工矿企业或毁于轰炸，或损于迁徙，或为敌伪拆弃，工厂破坏较为严重。抗战胜利后，苏宁分署向总署申请配予器材。经核准后由厂家在上海直接向总署领运，徐属地区申请者甚多，如拨华东煤矿炸药 5 吨，修建徐州自来水厂一座。其他公共事业、社会福利设施均得到大力协助。②

难民招待所

由于战乱，苏北各县难民纷纷逃亡镇江、扬州、徐州、南通、泰县等地难民陡增。"彼辈只身来归，一无长物，顾此颠沛流离，满腹仇恨，而又迫于饥饿线上之群众，苟不安为处置，非但妨及治安，酿成剧变……经拟定难民集中地区管理办法，分令难民集中地区之各县市政府，会同善后协会，切实遵行。……该办法之内容，其首要在居住救济，设立难民招待所以安其居，并编组保甲，以防奸宄，而便管理。此外给养救济，凡居住在招待所之难胞，由苏宁分署与苏北救济会议经常发放面粉，以维持生活，该项招待所，即以镇江一地而论，计有 55 所，共收容 7978 人，并自 7 月份起，计发面粉 6 次，共计 16444 袋，杂粮 387605 市斤，食米 147.38 石，旧衣 160 包又 97 件。又妇女会发放大衣 97 件，援华会发放旧衣 500 包。"③此外如扬州、泰州、徐州等地，亦均有设置，其办理情形亦略同。徐州为难民密集之地。

徐州难民招待所非常注意难民的卫生工作，由行总第二医防大队，设置难民招待所 3 所，并办理难民门诊工作，由徐州铁路医院、基督医院、平民医院，分设免费病床，以利收容，由第二医防大队，派员办埋各难民集

①　《抗战胜利后徐属地区的施赈工作》，《徐州史志》1992年第1—2合辑，第31页。

②　同上。

③　王懋功：《江苏省政府政情述要（民国卅四年——卅五年）》，"社会部分"，文海出版社1983年版，第19页。

中地区环境卫生工作。①

表6—4 　　　　　　　　　徐州难民医疗工作统计 　　　　　　　单位：人

医院	住院	出院	死亡	巡回医疗	复诊
基督医院	578	554	24		
徐州平民医院	81	79	2		
徐州铁路医院	2	1	1		
善后救济总署医疗防疫总队第二大队				15253	22112

　　资料来源：王懋功《江苏省政府政情述要（民国卅四年——卅五年）》（近代史料丛刊续编），"卫生部分"，文海出版社1983年版，第17页。

（3）临时社会救助机构

　　水灾救济委员会是1931年成立的以政府为主导的一种临时水灾救济机构。它对1931年大水的社会救助起到极其重要的作用。

　　1931年大水后城内灾情严重，"沟河外溢，街巷皆水，高处稍浅，低处没膝，商店居室，积水者十之六七，乡间农田被水有同池沼，城乡顿成泽国，军民党外扶老携幼，挑扶衣物，纷向户部、云龙、卧牛等山及东北部铁路路基避水，络绎于途，行色仓惶"。并且，"房屋损毁千余间，嗷嗷待哺者，无家可归者，牛衣对泣者，坐困者，行乞者，比比皆是"。采取救助措施是非常紧迫的一项任务。县政府、县党部联合召开会议，凡机关、团体由主管人参加，商讨成立水灾救济委员会事宜，认为灾情严重，急待调查，统筹救济，事属眉急，不容少缓。县长杨蔚主持会议即席推选县政府、县党部、救济院、商会、教育会、卍字会、工会、农会、公款公产管理处、地方捐务处、铜山县第一区公所等11个机关、团体之主管人委员，设办公地址于铜山县民众教育馆内，处理调查、捐募、会计、庶务、文书、救济等事务。该会派人调查城内受灾情况，派人分赴各大商号、富户等劝募捐款，又分寄捐启与上海等地较有声望的徐州人请为捐募。②

----

　　① 　王懋功：《江苏省政府政情述要（民国卅四年——卅五年）》，"卫生部分"，文海出版社1983年版，第4页。

　　② 　《江苏省铜山县社会救济事业协会》，江苏省档案局藏，档案号1009—乙—518。

江苏省政府由财政厅发来一宗救灾款，地方上也募得一批，先设粥厂于卍字会，按人施粥，又为无居的稍事修补，或权搭棚安置。所备之料，多系募来，人工均属义务。其外地捐启陆续寄回，最大者为常年居住上海的邑人曹干臣，募集数千元汇来。当地劝募的，人均乐输，视其经济情况，由数元以至百余元者，也有捐助食物、豆饼等者。宝兴面粉厂即捐四等面粉五百袋，分批拨给。实物因无仓库存放，天热又怕霉坏，决定事先做好调查，分别缓急，遂收遂赈，并派专人办理平粜。至十月间结束。清理以后，该会撤销。①

2. 政府其他社会救助活动

（1）推行义诊

江苏省地方政府鉴于各地"以迭遭兵灾，……民生困苦，达于极点，人民偶患疾病，每因迫于经济而无法诊治，影响社会卫生于民族兴替，至深且巨"，"为普济贫病，促进民族健康起见"，督饬各县市镇推行义诊工作。江苏省各市纷纷组织义诊委员会，成立义诊所。徐州义诊所成立时间为1946年5月15日。委员人数7人，义诊所4个，轮诊医师24人，各月施诊给药平均人数达到2160，给药人数达到502人。均走在全省的前列。施诊医师由当地合格中西医师轮流担任，只以各县市限于财力药品甚感缺乏，而赤贫之病民甚多，给药方面，难以应付，经商请善后救济总署苏宁分署，酌予配发，以谋补救。②

（2）加强与非政府救济机构的合作

在灾害爆发时，地方政府与华洋义赈会密切合作实施救助。中国华洋义赈会是美国基督教会与美国红十字会在中国的救济慈善机关，常以救灾兴赈出现，其经费来源大都是美国人民捐助，以及在中国的筹集。1947年夏，徐州地区多雨，又遭水灾，致使公路大部水毁。政府商请华洋义赈会来徐州地区救灾修路，设立苏北黄灾工赈处。该会在徐海地区分为两地拨

---

① 陈仲言：《铜山县水灾救济委员会的始末》，载《铜山文史资料》第8辑，第26页。

② 王懋功：《江苏省政府政情述要（民国卅四年——卅五年）》，"社会部分"，文海出版社1983年版，第14页。

款，共出救灾费用 7 万元，徐州地区灾情严重，路段毁坏较多，故以 4.5 万元救济费修路；海州地区灾轻，以 2.7 万元救济费修路。徐州地区由华洋义赈会委派当地基督教会牧师彭永恩主持该项救济修路工作，征集灾民 2500 余人修筑公路。海郑、徐丰、铜沛三线重点恢复，徐萧稍加整修，并辅筑徐州郊区路面和改善路基土壤。①

再如抗战胜利后政府积极协进善后救济。为配合苏宁分署办理善救工作便利起见，江苏省政府拟定《江苏省各县市善后救济协会组成办法》，通饬各县市政府策动当地公正人士组织。当时包括 61 县 2 市，均以完全组设，并以苏北情形特殊，为便利联络及办理紧急救济计，分别在徐、扬、通及省会等地，设置临时办事处或联合办事处，以便分署或分署工作队互相联系，以利进行社会救济。善后救济会之主要业务，是为调查抗战损失，登记灾民，规划当地善救事宜，协助办理工赈，查放救济物资等工作，与苏宁分署收相辅相成之效。并为推展该会业务起见，除向苏宁分署领得津贴费外，并准在各县市地方总预算内，每月拨支补助经费。

以工代赈是一种两全其美的赈灾方法。它既可以赈济灾民，又可以兴修水利和其他工程。江苏省地方政府为了实施以工代赈，制订兴修水利公路工程计划书，以便核转苏宁分署核发材料，并依照工赈办法，发动地方贫苦人民从事地方建设工作。其中水利工程已施工兴修者，有镇江、奉贤、南汇、扬中、宜兴。徐州等六县市，计修江堤 3236 公尺，堤坝 49515 公尺，公路 50 公里，河道 33933 公尺，征用灾工 123339 人，发给面粉 180 吨又 1616774 市斤，小麦 97348 市斤。

各地机关团体及善后救济协会，先后呈请拨发紧急救济物资，均经随时转请苏宁分署核发，截至 1946 年底，呈报获得物资者，有川沙、砀山等 31 个县市，苏北占 20 县市，共计面粉 169872 袋，小麦 1016059 斤又 45 吨，米 6657 斤，旧衣 52301 件又 29 包，旧鞋 1844 双，牛痘苗 735 打，法币 15610050 元，受救人数为 604414 人。江苏省地方政府为赈济灾民积极准备储藏救济物资仓库。为协助善后救济综述储运物资便利起见，地方政府曾

---

①　王林绪：《徐州交通史》，中国矿业大学出版社1988年版，第135页。

会同苏宁分署商定在交通方便地点冲要之吴县、无锡、武进、镇江、南通、江都、徐州、东海等地为救济物资储运中心地点，同时并请军事机关协助办理。①

由此可见，政府与民间社会组织之间并非是相互独立、毫不关联的两种救助力量。在灾害救助和平时救济方面，二者往往是相互合作，共同施救。

（3）平时政府的社会救助

平时政府开展救助的活动主要是救济贫穷和教养孤独。

这一工作一般为各地社会局或民政局负责的。其形式有：冬赈，即在冬季对社会残老孤幼施赈救济，包括施粥、施寒衣、设烤火处、庇寒所。常设的社会救助机构有育婴堂、恤孤局、养济院、残老所、劝工院、习艺所等，对城市贫民和无依无靠的社会弱者进行恤养和教育。1945 年 7 月，依照政府指令，徐州城市地方政府筹组冬令救济委员会，配合苏宁分署办理冬救工作。②

徐州城市地方政府平时还办理小本贷款救助贫困小商贩。此种贷款具有服务社会性质，对于平民小贩，裨益良多。抗战胜利后，江苏省政府、江苏农业银行创办苏北难民小本贷款。徐州也属于此列。这项属于救济性质贷款。后来由于战争日益激烈，难民剧增，农业银行难以应付。于是省政府一面令江苏省银行同样办理，一面由财政厅召集省会银钱业同业工会商讨扩大举办，经决定贷款总额为十亿元，苏北救济会议认拨 25000 万元。中央银行、中国银行、交通银行、中国农业银行四行认拨 65500 万元，余由各行庄分别认摊，推苏农行承办，并由苏北难民救济会议财务委员会组织苏北难民小本贷款委员会主持其事。③

---

① 王懋功：《江苏省政府政情述要（民国卅四年——卅五年）》，"社会部分"，文海出版社1983年版，第18页。

② 王懋功：《江苏省政府政情述要（民国卅四年——卅五年）》，"社会部分"，文海出版社1983年版，第17页。

③ 王懋功：《江苏省政府政情述要（民国卅四年——卅五年）》，"财政部分"，文海出版社1983年版，第25页。

二 民间力量与城市社会救助

社会慈善和社会救助活动是一种社会动力，是调节社会不可缺少的重要手段。近代中国社会灾难重重，百孔千疮，各种不可抗拒的自然灾害（包括水、旱、火、疫等各灾）与人为的社会灾害（包括兵燹、匪患等等），严重地困扰着当时徐州城市社会与民众。这些灾害的发生，在很大程度上是政府统治的腐败与无能所造成的。政府很难在灾难发生时能全力安定社会与救助人民，因而也无力独立地来承担救助人民的重任。如在解放战争时期地方政府曾自己承认这一点："苏北天人交祸，哀鸿遍野，视救济为当前要政。秉承中央抚辑流亡安定民生之意旨策略，举办各种救济业务，而省无专款可支，不得不运用社会力量，以期群策群力等斯民于衽席。①"而民间社会力量，包括社会团体如红十字会、红卍字会等，在相当程度上担负起了安定社会与救助人民的重任。

近代徐州商业贸易较为发达，城市经济有所发展。城中会馆、公所、商会、同业公会等商人组织很发达，士绅商人、达官显贵集中，民间社会救助活动也很活跃。除了有传统的慈善组织善堂，徐州还建立了一些带有近代色彩的新型慈善机构和团体。

1. 民间社会救助组织

近代徐州城市形成了各种各样的社会救助团体和组织，各自有其各自的救助对象、任务和特色，并发挥着各自的作用。1930 年代到 1940 年代徐州城市里活跃的近代慈善救助团体和机构不断增多，据有关报告称，新中国成立前夕徐州城市里的社会救助团体和组织有 11 个（如表 6—5 所示）②。

（1）中国红十字会徐州分会

中国红十字会以发扬人道主义为己任，以博爱、恤兵为宗旨，以救死扶伤为天职。它战时扶伤拯弱，平时救灾恤邻。1904 年中国红十字会创会，

---

① 王懋功：《江苏省政府政情述要（民国卅四年——卅五年）》，"社会部分"，文海出版社1983年版，第16页。

② "青州"建设研究会编：《徐州概况》，徐州市档案馆藏，第143—144页。

在各种社会救灾事务中，都发挥着重要作用，从事各种救护和赈济。

中国红十字会徐州分会在战乱和灾荒之年，积极开展战地救护和灾害救济。如1913年癸丑之役发生，袁世凯调兵南下，与南方革命党人的军队战于江西、安徽、江苏等地。徐州及其附近地区也是重要的战场。中国红十字会召开第6次常议会，商决战事救护办法，其主要办法有：一是筹款，一方面向社会各界劝募，另一方面是向国际求助。二是组织救护医疗队、掩埋队。三是禀请交战各方一体保护。四是增设各省分会及临时医院，并联合社会力量共同施救。[1]徐州是当时中国红十字会救助癸丑之役的四个中心之一（分别是九江、上海、南京、徐州）。在徐州方面，有南京宝琅医生组织沿津浦南段救护车及救护队，往来徐州、浦口一带，请段少沧、朱星齐等组织徐属五县分会，辅助进行。并在徐州一带加派掩埋救护队。在九江、上海等地战事结束后，红十字会又组织两地其他分会力量奔赴徐州救护。癸丑之役甚为惨烈，战斗激烈、持续时间长、死伤人数多，尤其以徐州和南京两地最多。因此，红十字会在徐州投入的精力相当大。[2]徐州红十字会对徐州等地受伤军民、流离难民积极开展救护，救伤葬死，花费不下数万元。红十字会在战争中起到了政府和其他民间组织所不能起到的作用。[3]

表6—5 徐州解放前夕社会救济团体

名称	负责人	地址	备注
徐州各县善后救济协会联合办事处	沈子廉	中山路97号	
救济福利事业审委会	委员冯子固等	经常在天主堂开会	
救济福利辅导区		自忠路231号中南旅社	江苏社会处视导
徐州中和慈善社		统一街	

---

① 《红会紧要会议》，《申报》1913年7月20日。

② 中国红十字会总会：《中国红十字会历史资料选编》，南京大学出版社1993年版，第294—305页。

③ 周秋光：《民国北京政府时期中国红十字会的慈善救护与赈济活动》，《近代史研究》2000年第6期。

国际救济会徐州分会	荣士谦	青年路16号	
美教会援华赈济代表	商干领	天主堂内	
世界卍字会徐州分会		二马路35号	
红十字会徐州分会	刘文忱	中正路103号亚东医院	
徐州市救济会		夹河街	
徐州临时救济委员会	左锴康		1948年6—8月
一善社	社长孟昭远	文亭街陆总西侧门东	以慈善为名

资料来源：青州建设研究会编《徐州概况》，徐州市档案馆藏，第143—144页。

抗战初期，徐州会战期间，在敌机轰炸徐州后，立即由徐州红十字会、宝兴面粉厂组织的救护队，出发救护。[1]在抗战胜利后，徐州红十字会组织医疗救护队，收容难民。平时开办医院，救死扶伤，还开展施药、施棺、掩埋等业务。

红十字会因恤兵而设，其主旨是救济难民与救护兵灾，但基于人道主义精神和原则，对于水旱各灾都一体救助。红十字会的平时各项救助活动主要有：一是开办医院，救死扶伤，救治时疫，施种牛痘。近代徐州红十字会在徐州设有医院，对徐州城乡居民救死扶伤，一般只取药费不取医资，对贫困者分文不取。二是自愿为一些公共活动提供救护、医疗、卫生服务。三是每届年关，赈济贫民。近代徐州城市社会贫民极多，每到年关，贫民缺衣少食，难以卒岁。红十字会往往在年节前准备各种米粮食品施放冬赈，以惠灾黎和无告之民。如每年冬季，阴历腊月初八起，即开放粥厂，救济贫民，每年延续三个月，每晨发放一次，就食颇众，粮食等供应除地方上人士捐助部分外，以宝兴面粉厂负担为主，还发放现金、棉衣等。其发放方法为由杨鹤轩、姜子干、单会堂等随身携带现金、棉衣票、饭粮票等到贫民住区发放。此外，红十字会徐州分会，每逢灾荒年月，向城内各槽坊定购一批豆饼，以备救济灾民。所定购的豆饼，仍存放在槽坊内，以便灾民持领饼的条子到槽坊去领取，每张条子可领豆饼一块。[2]

---

[1] 邢鉴泉：《回忆徐州宝兴面粉厂》，《徐州文史资料》第3辑，第98页。

[2] 董玉岭整理：《徐州解放前的酿酒及榨油业》，《徐州文史资料》第7辑，第42页。

　　对于遭受战乱之苦的农民来说，城市是他们的避难所。一旦发生战乱，他们逃向城市。为了城市的安定，官方与民间均努力救助蜂拥而入的难民。首先从生活上对难民给予救助，待事态或灾情平息后，又资助流入城市的难民返乡，雇用车辆将他们送返原籍，并分发一定的费用。如1920年代军阀战争在徐州附近交战，各乡难民纷纷向徐州城市逃难。徐州城内各慈善团体多设立收容所，救济难民。徐州城市红十字会是战乱期间活跃在战区拯救难民生命财产的主要力量。一善社也是救济难民很活跃的慈善团体。战事平息后，各慈善团体组织难民乘坐由官方准备的车辆返乡，而且每人还能领到一定的费用，一般是大洋一元，还有少许粮食。徐州沦陷后，徐州红十字会组织过难民所，1938年徐州沦陷，居民多逃往外地，或逃往徐属各县乡村，其未及逃避之老弱妇孺，由徐州基督教组织一所难民所，由徐州天主教堂和红十字会组织一难民所，收容难民各数百人。宝兴面粉厂负责供应面粉，维持生活，经数月之久。①

　　（2）世界红卍字会

　　另一重要的民间社会救助组织是世界红卍字会。世界红卍字会最初发源于道院，1922年成立后在各省商埠设分支分会共317处。徐州也成立了世界红卍字会分会。②当时国内水旱灾害频仍，战事不断，世界红卍字会"竭力设法赈济及筹办救护各项工作"。而在平时则"筹办各种慈业，如育婴堂、残废院、恤养院、卍字医院及施诊所、因利局、平民学校、卍字新闻等项事业"。由此世界红卍字会由原来的宗教团体改划为慈善团体。③

　　在战事爆发时，世界红卍字会等慈善机构做了大量的战地救护和收容、掩埋等工作。1925年长江一带及直鲁豫各省发生战争，徐州与北京、济南等地红卍字总分会组织救济队，分途出发，至战区实施救护，约救护

---

①　邢鉴泉：《回忆徐州宝兴面粉厂》，《徐州文史资料》第3辑，第98页。

②　《世界红卍字会中华总会组织工作概要》，上海市档案馆馆藏，档案号Q120—04—0002。

③　同上。

115900 余人，掩埋尸体 5069 具，收容妇孺 5000 余名。①

1928 年，北伐军与北洋军阀在徐州接壤的山东济宁地区血战数月，地方被灾甚重。徐州红卍字会分会募集巨款，会同其他各地分会一起对济宁遭受兵灾地区实施赈济。②

（3）救火会

城市救火组织既有官方的也有民间的。近代徐州消防组织有政府负责的如铜山县警察局所属消防队，顾馨九任队长，队员 20 多人，位于铜山县民众教育馆之后东北院，有水龙四架。

民间自发的救火会有老西门内（今医学院附属医院东）、统一街南端、统一街北头、彭城路马市街南、解放路建国路口、月波街、二马路、坝子街等多处，各拥有水龙 1 架或 2 架，挠钩、梯、桶等，人员皆为附近小户居民，每有火警，敲锣报警会员即赴会内，挑担拉龙赶往现场。指挥者一人，余人挖房、排水、掌溿子（即都会龙带头端铜头，式如喷雾器，出水为簸箕）、掌龙等各任其事。水龙为一水箱，2 人轧水由水龙带输送，挑井河之水以供水箱。此种设备，据清陆以湉《冷庐杂记》载清道光时天津始有之，后各地仿行。徐州者亦相沿袭。其救火人员出动一次，给钞 500 文为洗澡之资，他无待遇；设备之修缮更新，由当地富户、商店分任之。并有地方绅董理其事，各救火会中以现解放路者较之他处为好，会中有一人常驻，曲突勇敢，上场敏捷，故每次遇警，多系该会拦防火头，堵其滋蔓，屡次所获得的锦旗、银盾等均在会内陈列。③

此外徐州城内救火组织中还有宝兴面粉厂的救火队。宝兴厂设有消防组织，自备救火机，由邢鉴泉负责调度指挥。一方面因宝兴面粉厂及其多为铁木结构，面粉、麸皮等均易着火，除厂区严禁吸烟外，并备有灭火装

---

① 《世界红卍字会慈业工作报告书》，上海市档案馆馆藏，档案号Q120—04—00002。《世界红卍字会中华总分会历年办理临时赈济工作一览表》，上海市档案馆馆藏，档案号Q120—04—00437。

② 《世界红卍字会慈业工作报告书》，上海市档案馆馆藏，档案号Q120—04—00002。《申报》1928年6月6日。

③ 陈仲言：《徐州的国货展览与大同街大火》，《徐州史志》1988年第4期，第80页。

备，以及消防机车，用资防范，并对地方上的火警亦尽力去救。一旦发生火警，立即出发。当年大同街发生火灾，宝兴消防队首先到达，首先出水，奋力救火。①其实，这反映了近代徐州民众及各种工商业组织防火意识比以前有较大的提高。

2. 民间社会救助活动

除专设慈善机构外，还有一些临时性质的慈善机构开展社会救助活动，一般是依时而办，如开办粥厂。

开办粥厂是救助灾民与贫民的重要方式。粥厂是从传统沿袭而来的一种在冬季和灾荒时期为贫民或灾民免费提供事务的地方。粥厂一般是由政府出资或富绅大户捐募，在通都大邑或交通便利的地方搭盖席棚煮粥散放穷人或灾民。明清时期徐州就有粥厂。随着水旱灾害的不断发生，灾民与贫民生活日益窘迫，官方与民间均设厂煮粥，以救民活命。民国以后在战乱期间，粥厂救济形式逐渐多了起来，且多由民间慈善团体主办。徐州城内设立粥厂的社会救济组织越来越多，主要有红十字会、一善社、各区建设办事处。

近代徐州教会的社会救济活动十分突出。徐州宗教界人士所举办的慈善事业和救济活动是徐州城市社会民间慈善事业的重要组成部分。

徐州教会传教士在近代以举办慈善事业，如开设医院、育婴堂、孤儿院来传播教义，接纳教徒。徐州教会的慈善活动的内容比较广泛，如设立基督医院，对贫苦病人免费治疗，个别无家可归者还收留在医院工作。还开办育婴堂、孤儿院，收养穷家婴儿和无父母之孤儿，进行慈幼教育。战时或灾害发生之时，组织救济工作。

西方传教士在徐州城市社会救济中十分活跃，在灾害发生及平时，都能见到他们的身影。光绪三十三年，美籍传教士顾多马来徐以"华洋义赈会"的名义放赈救灾，同时传教并办理孤儿院。②宣统二年美籍传教士利用放赈余款开办济孤堂，收容孤儿，并开办学校、诊所等慈善事业等。③1897

---

① 邢鉴泉：《回忆徐州宝兴面粉厂》，《徐州文史资料》第3辑，第97页。

② 《全本徐州府志》（新千年整理本），中华书局2001年版，第340页。

③ 《全本徐州府志》（新千年整理本），中华书局2001年版，第340页。

年由美南长老会差会出资，美籍传教士葛璧金在徐州西门大街开设简易诊所，施医布道。1900 年沿街道建平房数间设门诊，院内建平房 10 余间，充病房，设床位 10 余张，取名坤维医院。1921 年医院进一步扩大。[①]1933 年铜山董庄黄河决口，徐州部分地区水灾严重。华洋义赈会在汴塘、石庄、柳泉、利国、郑集、大许等地施赈面粉、衣物。[②]

　　近代徐州还出现一种新型社会救助形式，即徐州京剧票友的义演。徐州正风社是旧时徐州的票友、票房。它是 1930 年建立的。票友大都为士绅富户社会名流等，共有 20 多人。逢年过节多次演出，大都在城隍庙戏台，颇受地方群众的欢迎。在灾荒发生之时，正风社的票友常常举行义演，开展救灾赈济活动。如 1931 年徐州洪水成灾，正风社的刘仲秋曾作过义演，当时邀请了杨宝森、刘奎官、曹艳秋、汪素云等名演员与正风社联合演出于升平舞台，所获收入全部捐献救灾。当徐州的王少华为了抗拒张勋向民众摊派款项而跳楼自杀后，徐州人们要建立"王少华纪念馆"时，刘仲秋作了义演。[③]

　　民间慈善救助组织开展的各种社会救助活动是对官方赈灾济穷的有力推动和有效补充。民间绅商是民间社会救助的重要力量。如近代徐州油漆行业永顺长油漆店业主任效勤，是行业里的殷实大户，被选为同业公会会长。他关心儿童入学极其困难的社会现实，将自己在马市街中段路南的一些房产约三四十间，还有约 200 平方米的长方形空地捐出用来开办小学。并且他捐出约 1000 银圆作为整修房地和添置教学设备的费用。学校于 1948 年秋季正式开学，学生共 200 多人。学校命名为德淳小学。[④]

---

① 《全本徐州府志》（新千年整理本），中华书局 2001 年版，第 345 页。

② 李庆先：《铜山基督教的过去和现在》，《铜山文史资料》第 3 辑，第 53 页。

③ 苏知纯：《琐谈徐州京剧票友》，《徐州文史资料》第 17 辑，第 148—149 页。

④ 赵耀煌：《徐州市工商联接办的三所小学追忆》，《徐州文史资料》第 17 辑，第 199 页。任效勤皈依佛门，法号为德淳，故校名取之为德淳小学。

第三节　近代徐州城市社会救助的特点

近代徐州地区多灾多难。除了经历连绵不断的战争外，各种各样的自然灾害频繁发生，严重地困扰着广大受灾民众。官方和民间的慈善救济组织，从事种种慈善救助和赈济活动，在很大程度上减轻了民众的痛苦，缓和了社会矛盾。近代徐州城市的社会救助活动具有以下几个方面特点：

一　参与慈善救助活动的社会成员具有广泛性

明清时期民间慈善救助活动就已经存在，如绅商捐资赈灾的现象不为少见。但那时民间的慈善救助活动往往是个别人的慈善活动，赈济的力度和范围十分有限。清末绅商团体意识不断增强，赈济救灾成为集体联合行动。一般由有一定经济实力、一定地位、一定号召力的地方士绅发起，热心公益事业的富商大户踊跃捐资，并设立筹赈机构，坚持长期的散赈活动。[①]近代徐州城市社会救济、慈善救助活动是全方位、多层次进行的。毫无疑问，地方士绅与有力者是民间社会救济、慈善活动的中坚力量。新兴的工商业者成为民间社会救济、慈善活动的一支重要力量。

值得我们注意的是，在清末至民国初年政府在社会救济方面弱化，民间势力救济行为在强化。城市士绅的经济实力雄厚，是维持社会救济机构运营、经久不衰的重要前提。而到了民国后期，尤其是在抗战胜利后，政府作为在加强，民间社会救济逐渐纳入国家体系之中。

二　社会救助中的民间力量在不断增强

无论是灾害救助还是平时救助，除了有政府社会救助机构外，民间社会救助机构也发挥着重要的作用。尤其是在面临突发性社会成员需要大规模救助的时候，近代新兴的带有近代色彩的慈善机构如红十字会等的作用

---

① 严昌洪：《20世纪中国社会生活变迁史》，人民出版社2007年版，第403页。

日益突出。[①]

在政府的倡导下，民间慈善活动日益频繁，社会救济组织、慈善团体不断建立。在对难民及贫民的社会救助中大量烦琐具体的工作要有民间慈善团体来做，所以政府的作用相对较小。当然，有些慈善机构、救济机构不能发挥正常作用，不能维持长久，这与徐州城市经济的发展程度有着密切关系。

除了专门的民间慈善救济机构外，宗教组织、商人组织、妇女团体等在社会救助方面发挥了很大的作用。这些组织凭借独特的劝善教规或强大的经济实力在救助难民表现异常突出，与专门的慈善救济机构相互补充，推动着近代社会救济事业的发展。

三　徐州城市社会救济、慈善活动重视道德教化

注意教养并重，这是近代中国社会救助思想受到西方社会教养观念的一种结果。传统社会救助活动重养轻教，传统的社会救助主要是放赈、发放钱粮、施粥施寒衣，再就是豁免赋税，另外就是实行农赈，即贷给农民少量籽种，以便恢复生产。以工代赈的形式仅仅在一定的范围内进行。

从徐州城市社会救助活动中，我们可以看到社会救助活动在恤养的同时，重视传授技艺，以使被恤养的对象获得谋生的手段。如贫民工厂、教养所中的习艺工厂等。还有官办民办以及教会所办的慈幼院，对儿童进行文化教育和技术教育。在赈灾时除了施粥放粮外，更注意工赈。如1931年江淮大水期间。徐州城内设有多处粥厂施粥，另一方面举办工赈，修筑城市道路。

政府与民间团体逐渐认识到社会救助的目的不仅仅限于让难民不受冻挨饿，难民及其子女的教育及难民子女的抚养和自救成为官方与民间社会救助机构关注的问题。官方主要是倡导各师范学校及社会教育机关在难民收容所及粥厂附近对难民子女进行临时教育。教养所以教养兼施为原则，

---

① 任云兰：《民国灾荒与战乱期间天津城市的社会救助（1912—1936年）》，《中国社会经济史》2005年第2期。

在教授初级文化知识的同时，还教以各项手工工艺，如编制发网草辫、织毛巾等。对于难民子女，帮助其掌握一门实用技术，实现自养资力，这是社会救助的重要措施之一。教养兼施的原则符合近代社会慈善救济的思想。这种积极的救济思想成为中国近代救济事业中的指导思想。

灾害频仍是造成徐州城市落后的一个重要原因。近代徐州地区除水灾严重外，还有旱灾、蝗灾、冰雹、风灾等自然灾害。水旱灾害对环境产生了恶劣的影响。1935年的黄泛，造成徐州地区多处防汛区决口，使许多河道淤垫。[①]1938年黄泛，不仅带来了巨大的生命财产方面的损失，而且裹带泥沙的洪水加重了河湖的淤垫。

灾害在影响生产的同时，必然对商业和金融业产生一系列的影响。农产品剩余构成徐州商业、金融业活跃的基础。灾乱使农产品歉收，剩余产品短缺，交换能力的降低，导致货币拥有量的急剧减少。灾乱有时直接地导致金融业的混乱。首先表现在典当业的倒闭上。兵灾直接造成典当店铺的财产大量损失，被迫倒闭。如谨丰当铺的倒闭就是因为兵灾所致。其次表现在钱庄的倒闭。钱庄依靠存贷之间的差额生存和发展。一旦无法收回，则钱庄的倒闭势在必行。1931年大水后，徐州的钱庄大肆发行纸票。"徐州春泉、聚和昌、天保育和世昌兴四个钱庄，自1931年大水以后，前后滥发了13万元的土票，散布于徐州、沛县、砀山等地，结果都变成废纸。"[②]这为1933年徐州纸币挤兑风潮的爆发埋下了伏笔。

近代徐州慈善救助的活动，受到当地经济落后的制约，社会财力有限，民间社会力量的救济作用受到很大的限制。虽然有许多民间组织和士绅积极开展慈善救济活动，但仍然难以达到理想的效果。因此在很多情况下，徐州的救助活动是寄希望于政府的力量。而政府作用的缺失，使得外来慈善救助机构和组织的作用就显得极为突出，也很宝贵。

如果变换一下视角来审视徐州近代城市社会救济、慈善活动及其特点

---

① 《江河修防纪要》，民国史料丛刊（20），（台）传记文学出版社1971年影印出版，第71页的"苏北防汛区决口统计表"。

② 《中央日报》1935年1月26日。

的话，应该说，社会救济活动的盛行正是社会危机日趋严重的表征。徐州城市近代社会救济机构不断增多，救济活动日益频繁，正说明徐州城市等待救济的人口增多，也表明徐州城市社会危机更为深刻。社会救济、慈善活动的开展只是一种治标之策，只能起到延缓社会危机爆发的作用。

第七章 从旧学到新学：近代徐州城市教育的变迁

新式教育是城市现代化的起点，也是城市现代化的一项成就。观察一个城市的新式教育，不仅可以了解这个城市近代教育的发展情况，具有何种特色，且可观察此种特性与现代化发展有何关系。

近代徐州教育经历了由传统向近代转变的过程，传统教育从内容到形式都发生了根本性的变革。新式教育不断发展，有力地推动了徐州城市社会的发展。但是受到各种因素的影响，徐州近代教育的发展又是较为落后的。教育的落后，是近代徐州城市缓慢发展的重要因素之一。

第一节 传统教育的变革

清朝末年，随着科举制度的废除及西学思想在中国影响的不断扩展和深入，维系中国两千多年封建统治基础的传统教育不可避免地受到了强有力地冲击。清政府对教育进行了一些局部的整理，但由于时局动荡，没有收到预期的效果。

一 科举制的废除

1905 年，许多封疆大吏，如袁世凯、赵尔巽、张之洞、端方等人联名奏请《立停科举以广学校折》，强调了停罢科举之意，"科举一日不停，士人皆有侥幸得第之心，以分其砥砺实修之态。民间更相率观望，私立学堂者绝少，又断非公家财力所能普及，学堂绝无大兴之望"，所以"科举不停，学校不广，士心既莫能坚定，民智复无由大开，求其进化日新也难矣。故欲补救时艰，必自推广学校始。而欲推广学校，必自先停科举始。拟请宸衷独断，雷厉风行，立沛纶音，停罢科举"。①

迫于国内外强烈要求改革的压力，清政府于1905年9月2日颁布上谕："着即自丙午科始，所有乡会试一律停止，各省岁科举考试亦即停止。"② 至此，在中国沿袭了1300年的科举制度在形式上被完全废除，打碎了长期禁锢人们思想的精神锁链，搬掉了严重阻碍新式教育发展和中国社会进步的一大绊脚石，成为中国教育史上的重要事件。

二　清末教育行政的变革

新式教育的推行，必须有其专门的教育行政机构，负责此项工作。1902年，京师拟设学务大臣，1903年张之洞定学务纲要，"宜于各省设学务一所"③。1903年正月初五，张之洞在江宁设"两江学务处"。以布政使、督粮道、江南盐巡道3人为总办，以候补道等人为会办，候补知府张预为总提调，负责全省行政事宜。1905年6月，周馥又于清江浦设江北学务处，以淮扬道总理其事④。1904年8月，清朝明令各省学政专司考核学堂事务，直隶学部，不再属礼部。1905年废科举，于是新式学堂大盛。1906年4月，学部奏裁学政，改设提学使司，下设学务公所，总辖全省学务，至此省府才有专门的学务行政机构。江宁、江苏各设一学务公所。州县则设劝学所，设总董一人。又划分各州县为若干学区，每区各设劝学员1人，负责该区学务之推广，统一办法⑤。州县经费多来自地方政府或地方公产，自与地方

① 朱有瓛：《中国近代学制史料》，第2辑上册，华东师范大学出版社1986年版，第110—111页。

② 朱有瓛：《中国近代学制史料》，第2辑上册，华东师范大学出版社1986年版，第113页。

③ 民国教育部：《第一次中国教育年鉴》（民国23年），甲，第28页。

④ 《东方杂志》卷2第7期，第4517页，卷2第9期，第4862页。

⑤ 民国教育部：《第一次中国教育年鉴》（民国23年），甲，第30—31页。《东方杂志》卷3第5期，第6648页，第11期，第7951页，卷4第9期，第10344页。

繁荣有密切关系。[1]1910 年，修改劝学所之职责，原为主管教育单位，改为补助州县主管，监督即调查地方教育事宜。[2]

三　清末新式学堂

清末新式教育初起时，其设校的地址，自与政治经济中心有关。地方新式教育的兴办与地方官员的热衷新政有关，与地方精英的努力倡导有关。如清末通州之注重事业教育及师范教育，与张謇其人有关。

表7—1　　　　　　　1907年江苏省各类学堂及学生数（一）

地区	专门学堂（个）	学生（人）	实业学堂（个）	学生（人）	师范学堂含传习所	学生（人）
苏属公有	4	379	1	85	1	119
苏州府	1	27	2	90	2	454
松江	1	200	3	122	5	182
常州	2	76	2	118	3	115
镇江					1	20
太仓			2	99	1	46
小计	8	682	10	154	13	936
百分比		82.07		24.33		35.70
宁属公有	2	149	3	364	1	535
江宁					4	458
扬州					3	145
淮安			1	26	0	90
徐州					2	157
海州						
通州			2	89	3	301
海门						
小计	2	149	6	479	13	1686

---

①　王树槐：《中国现代化的区域研究，江苏省（1860—1916）》，台北"中研院"近代史所，1984年，第232页。

②　民国教育部：《第一次中国教育年鉴》（民国23年），甲，第33页，附章程。

续表

百分比		17.93		75.67		64.30
总计	10	831	16	633	26	2622

资料来源：学部总务司编《第一教育统计图表》，第29—34，446—448，476—482页。王树槐：《中国现代化的区域研究，江苏省（1860—1916）》，台北"中央研究院"近代史所，1984年，第248页。

表7—2　　　　　　　　1907年江苏省各类学堂及学生数（二）

地区	中学堂（人）	学生（人）	百分比	初等学堂含蒙学院及半日学堂（个）	学生（人）	百分比
苏州	2	150	5.76	195	5736	11.75
松江	7	1032	39.66	295	11542	23.63
常州				214	7871	1612
镇江	3	291	11.18	37	1479	3.02
太仓				168	5322	10.90
小计	12	1473	56.61	909	31850	65.42
江宁	5	655	25.17	163	5244	10.74
扬州	1	58	2.23	100	2313	4.73
淮安	2	181	6.96	68	1894	3.88
徐州	1	93	3.57	88	2212	4.53
海州	2	142	5.46	19	427	0.86
通州				141	3890	7.97
海门				53	906	1.86
小计	11	1129	43.39	632	16886	34.58
合计	23	2602	100	1541	48836	100

资料来源：学部总务司编《第一教育统计图表》，第29—34，446—448，476—482页。王树槐《中国现代化的区域研究，江苏省（1860—1916）》，台北"中研院"近代史所，1984年，第249页。

　　清末教育地区分布的特点与江苏各地现代化的发展也有着密切关系。由上表可见：专门学堂，以苏属为多，学生占82.07%，多在上海苏州两地。实业学堂及师范学堂则以宁属为多，多在江苏省垣。

　　1903年，铜山县官绅公立高等小学堂成立。由县政府拨部分款，地方官绅筹建，祁世倬任校长，韩元方等担任教师。校址在原云龙书院（今云

龙山白鹿洞附近）。这是徐州兴办的第一所学堂。所后徐属各县书院相继改
为学堂。①1908 年杨维周、张矸纯等创办四维小学堂，四维初小，学制五年，
后与回笼窝高等小学堂合并，定名为"四维高等小学堂"。1909 年，韩元方
与其女韩中英在东岳庙（现少华街小学校址）创办了坤成女子学堂。这是
徐州地区兴办最早的一所女子小学堂。堂长为韩中英。徐州官立初级师范
学堂，建立于 1907 年 2 月，学科 14 项，学级 3 级，共 108 名。师范传习所
于 1908 年 2 月成立，学科 9 项，学级 2 级，共 36 名学生。官立中学 1907
年 2 月成立于徐州城东门街，学科 12 项，学级 2 级，学生 140 名，附有教
育养成所。到 1911 年全县兴办公私立初高等小学 61 所，徐州市内 23 所。②

　　这些学堂的兴办，使徐州教育开始摆脱传统教育的束缚，进入一个新
的阶段，从而对徐州城市社会产生深远的影响。这是徐州教育史上的一大
进步。

第二节　民国徐州新式教育的发展

　　民国时期，随着政治、社会环境的变动，徐州教育进入一个新的发展
时期。徐州的初等教育、中等教育发展较快，新式学校不断增多，规模不
断扩大，学生人数增长较快。这对徐州城市经济、社会文化、社会生活等
方面的发展起到极大的推动作用。但是受到经济条件、社会环境等因素的
制约，徐州的教育发展相对于苏南地区是较为落后的。教育的落后，又制
约徐州城市社会的发展。值得注意的是，社会教育在徐州城市中不断开展
活动，取得较好的效果，是近代徐州城市教育中的一个亮点。本章对徐州
民国时期教育的发展状况加以总结，以探讨近代徐州城市教育兴衰成败的
历史经验和教训。

---

① 《铜山县志》（民国十五年刊本），卷二十六《学校考》。
② 《江苏通志稿·学校志》，中国第二历史档案馆藏，档案号34—1323。

一　普通教育

1. 大学教育

清末江苏无大学，只有高等学堂。民初期间高等学堂的发展便成为大学或独立学院。1916年有3校，1931年共有21校。大学急速发展的原因是1922年颁布新学制，原有的专科学校多改为大学，1925年大学骤然增加许多。江苏大学多分布在江南政治经济中心地区。而徐州则发展远远落后，仅有3所高校，而且规模小，存在时间短。

抗日战争胜利后，徐州有江苏学院一所大学。1946年1月，省立江苏学院由福建三元迁回扬州，后移设徐州，设文史、外文、机工、数理、政治、经济、行政管理七系及社教专修科共14班，行政管理系及社教专修科办至1946年7月结束。1946年8月改设中文、理事、外文、机工、数理、政治、经济、法律八系，连原有二三年级之文史一系共20班，学生458名，教职员75人。[①]

此外在日伪时期有淮海学院一所高等学校，1948年徐州还有华北神学院。

2. 中学教育

与高等教育相比较，徐州城市中等教育发展较为迅速，成效较大。

1913年，徐州中学堂改名为徐州中学。1917年11月8日，江苏省立第十中学成立，同时将徐州中学并入。1919年，培心书院（徐州基督教会于光绪三十年创办）改称培心中学，只招男生。1921年，正心女校（徐州基督教会于1910年创办，原名桃李女学堂，1913年，改名为正心女学校）改称正心女子中学。1922年，顾子扬创办私立徐州中学（曾一度称将被中学）。1927年，省立第三女子师范学校曾改称徐州女子中学（1932年又恢复原名）。1928年，省立第十中学与省七师合并称"第四中山大学区徐州中学"，分高、初中两院，附设师范班。1929年民国政府废大学区制，复设教

---

①　王懋功：《江苏省政府政情述要（民国卅四年——卅五年）》，"教育部分"，文海出版社1983年版，第4页。

育厅，该校又改称江苏省立徐州中学。

至1937年，徐州市区有省立徐州中学、私立昕昕中学、培正中学、徐州中学、九一八中学、鼎铭中学和立达女中等七所中学。另徐女师、铜山师范均附设初中部。在1938年徐州沦陷，将省立徐中和私立徐中迁往后方，立达女中、九一八中学、何鼎铭中学停办，昕昕中学和培正中学（改称培真中学）继续存在。

抗战胜利后徐州中等教育得到恢复和发展，国民党接管徐州市，战前迁移或停办的中学相继复校，并新办了一些中学。省立徐州中学1946年2月复校，有16个班级，教职员48人，学生655人。1946年2月由阜阳公立桥的省立第八临中，归并徐州，15个班级，学生750人。[①]1947年，省立连云中学迁来徐州。徐州市立中学，铜山县立中学相继成立。1948年12月，铁路扶轮中学成立，山东临时中学当时也迁来徐州。

表7-3　　　　　　　　1927—1937年徐州私立中学情况表

学校	创办时间	创办人	校长	校址	备注
私立徐州中学	1923年	顾子扬	朱立民	察院街	
私立九一八中学	1932年	吴兰阶	吴兰阶	现建国西路	
私立立达女子中学	1933年	丁少兰等人	丁少兰	立达路	
私立鼎铭中学	1933年	曾万钟	张春范	津浦马路	
私立云龙中学	1945年	段聿裁	韩席筹	快哉亭	
私立大彭中学	1945年	李运周	葛砥石	户部山	
私立子扬中学	1945年	顾子扬	杨世英	彭城路46号	
私立树德中学	1946年		邵洪勋	大马路	
私立正德中学	1946年		方先觉	云龙山东	
私立建国中学	1946年		鲁同轩	宣武路	
私立坚白中学	1947年	顾祝同		大坝头	

资料来源：徐州市教育局《徐州教育志》（1991年未刊），第156页。

---

① 王懋功：《江苏省政府政情述要（民国卅四年——卅五年）》，"教育部分"，文海出版社1983年版，第13、14页。

　　值得我们注意的是徐州私立中等教育在 1930 年代至 1940 年代有了很大的发展（如表 7—3 显示）。地方士绅热衷于徐州城市地方教育，是徐州私立中学教育的重要力量。政局的稳定、社会经济发达都是地方教育发展程度的重要因素。

　　尤其是在抗战后，徐州市的私立中学发展更快。1945 年秋，私立昕昕中学重新立案开学，私立培正中学复校，同年段聿裁创办私立云龙中学。李运周创办私立大彭中学。1946 年，私立徐州中学、私立九一八中学、私立鼎铭中学复校。私立子扬中学由安徽太和迁回徐州①。1947 年，私立立达女子中学在原址复校。同年顾祝同创办私立坚白中学（未开学）。

　　至 1948 年，徐州市区有公立学校 6 所，私立中学 13 所（见表 7—4 和表 7—5），此数和抗战前相比有较大增长，特别是私立学校增多。抗战胜利后徐州出现中学增多的原因主要有：一是除抗战期间迁移、停办的学校全部复校外，国民党地方政府又开办了一些公立中学，外省外市的少数学校也临时迁来市区。二是抗战后蒋介石挑起内战，国民党政府经费紧缩，鲁豫皖靠近徐州地区的失学青年一时云集徐州。三是徐属各县的青年，为逃避国民党的兵役也纷纷来到徐州就学，在公立学校难以容纳的情况下，私立中学应运而生。其中有少数私立中学系政客、显贵如杨振仑、顾祝同、方先觉、王仲廉等，为猎取名利、培植私人势力办的学校，但客观上他们也为徐州市教育的发展发挥了积极作用。②

　　新中国成立前徐州市区的中学教育虽经历了一个曲折的发展，然而由于当时天灾人祸，连绵不断，广大工农子女仍被排斥在学校的门墙之外。

---

　　①　该校1945年创办于太和。同年，邵鸿勋创办私立树德中学。方先觉创办私立正德中学。鲁同轩创办私立建国中学（由睢宁县私立农业学校改建，校址在宣武路4号）。

　　②　关于抗战胜利后徐州市区中学发展原因，可参见"青州"建设研究会编：《徐州概况》，徐州市档案馆藏，第103页。

表7—4   1947年—1948年徐州市区公立中学一览

校名	校址	校长	教职员（人）	高中		初中	
				班级	学生（人）	班级	学生（人）
省立徐州中学	夹河街	焦福星	51	6	274	10	389
徐州市立中学	陇海路坝子街	黄紫村	25	1	72	4	253
铜山县立中学	黉学巷52号	朱茂荣	63	4	197	14	671
津浦扶轮中学		刘伯龄	7	1	25	4	125
省立连云中学	坝子街北	李简斋	56	6	332	5	269
山东临时中学	三官庙	张敬之					
合计			146	12	568	32	1438

注：1、合计栏中仅统计前四个学校，以上四校共有学生2006人，其中女生304人。市立中学的两个简师班共60人，未统计在内。2、津浦扶轮中学为交通部办。

表7—5   1947—1948年徐州市区私立中学一览

校名	校址	校长	教职员（人）	高中		初中	
				班级数	学生数（人）	班级数	学生数（人）
昕昕中学	男部：青年路15号 女部：三民巷149号	程慰先	52	6	175	13	676
培正中学	奎西巷81号	王恒心	38	3	129	9	478
建国中学	本部：宣武路4号 二部：镇平街7号	鲁同轩	16			6	820
正德中学	云龙山东麓	方先觉 丁峙山	28	2	118	6	361
云龙中学	云龙山西麓	韩席筹	24	3	116	4	143
徐州中学	一部：三民巷5号 二部：三官庙	丁熙民 王蓝田	41	4	244	4	228
子扬初级中学	彭城路64号	杨世英	13			5	221
大彭中学	户部山劳动巷	葛砥石	23	2	90	5	240
树德中学	大马路	邵鸿勋	17	2	72	3	176
九一八中学	道平路西首	王仲南	21			6	357
立达女子中学	立达路	卜蕙蒌	13			4	200
鼎铭中学	津浦马路	张春范					
坚白中学	大坝头						
合计			286	22	944	65	3400

注：表列学校共有高初中学生4344人，其中女生748人。

3. 小学教育

辛亥革命后，人们对文化的需求较为迫切，学龄儿童入学人数逐年增加。徐州市的小学教育进入一个新的历史时期，无论学校规模、组织管理、教育研讨等方面都有较大的改观。1913 年，铜山县（包括徐州市区）学龄儿童入学率是 6.28%。

1921 年，徐属各县的小学教育有所发展，适龄儿童入学率为 17.6%。辛亥革命至抗日战争前夕，徐州市区及徐属各县的小学教育事业发展较快，小学校逐渐增多，仍未能满足学龄儿童的入学要求。除开办全日制年级班外，并在市郊和乡村举办复式样班、检疫班、半日制等。另一方面为弥补小学校之不足，还办有不少数量的私塾。有的私塾经过改良，使用小学的教材，有的私塾仍是原封不动地读讲"四书"、"五经"。

在此期间，徐州市内的省属小学有徐州中学试验小学、徐州女子中学试验小学、徐州师范附小、县属的铜山县实验小学。这几所小学的办学成绩一向为各界人士所称道，并在徐州的小学教育中发挥了实验、指导、观摩和示范作用。

这一时期，徐州市小学，废除读经，教材改用语体文，准许男女同校等，这是社会进步的表现。但在教育上提倡"礼义廉耻""忠孝仁爱、信义和平"，在课程、教法上采用西方国家的一套，带有浓厚的时代特色。

抗战胜利后，徐州小学教育得到恢复和发展。根据有关调查统计，省立徐州师范附属小学于 1946 年 2 月复校，有 11 个小学班级，教职员工 22 名，学生数有 476 名儿童，其地址在徐州南关。省立徐州女子师范附属小学有小学班级 11 个，教职员工 22 名，学生有 535 名，其地址在徐州忠诚巷。关于国民小学及小学校的情况，在 1945 年度第二学期，徐州市中心国民学校 16 所，国民学校 9 所，私立小学 8 所，教职员数共 239 名。[1]小学规模和学生数都有明显的变化（如表 7—6）。

---

① 王懋功：《江苏省政府政情述要（民国卅四年——卅五年）》，"教育部分"，文海出版社1983年版，第17、20页。

表7—6　　　　　　　　　抗战后徐州城市小学班级与学生数表

年级	班级数（个）	学生数（人）		
		男	女	合计
六年级	23	581	196	777
五年级	29	797	320	1117
四年级以下	135	4367	1721	6088
总计	187	5745	2237	7982

　　资料来源：王懋功《江苏省政府政情述要（民国卅四年——卅五年）》，"教育部分"，文海出版社1983年版，第26页。

　　在这里要特别提出的是，近代徐州私塾教育仍然存在很长一段时间。和各地情况相类似，地方政府采取措施，对徐州私塾教育进行了改良，取得一些成效，推动了初等教育的发展。[①]

二　师范教育

　　师范教育在徐州近代教育事业中占有很重要的地位。近代师范教育从清末到民国有了很大发展，培养了大量的师资人才，为徐州近代教育的发展贡献尤大。

　　1. 清末师范学堂的设立

　　1905 年，清政府颁布了废科举办学堂的维新政令。当时徐州一些思想开明的学者们，如顾子扬、韩志正、杨懋卿等，纷纷东渡日本，进入"京弘学院"和"宏文学院"师范科，探求办学新法。废科学、兴学堂，已是时代的发展趋势。全国各地先后进行了由私塾到学堂，由学堂到学校的改良和改革。此时，各地师范学校纷纷建立。上海的南阳公学，首先设立师范院；北京的京师大学堂，设立师范斋；其他如江苏等省都纷纷筹备开办师范学堂。有的是由各州、府、县的书院改建，有的则是由省府县直接拨款创立。徐州师范学堂就是在这种社会背景下由留日归国的学者们和各界开

---

　　① 关于私塾改良的问题，可参见田正平：《中国近代的私塾改良》，《浙江大学学报》（人文社会科学版）2005年第1期。

明绅士共同创办起来的。

1906 年秋，徐州道台袁大化，会同徐州府台桂中行，共议创办徐州师范学堂。当时学堂礼聘徐州知名学者祁世倬①担任学堂监督（即校长），延请张仁善先生②任副监督，聘请韩志正先生担任学监（即教导主任）。徐州师范学堂规定学制 2 年，招收高小毕业生，每期 30 人，属于初级简易师范性质。当时学生的年龄较大，一般都在 20 岁以上。学生入学后，学堂除供给膳宿外，每年还发给单、棉操衣各一套。每人每月还发给稿火费一千文③。徐州师范学堂招生范围是徐属八县即丰县、沛县、萧县、砀山、邳县、睢宁、宿迁、铜山等。从 1906 年至 1911 年，徐州师范学堂共毕业了五届学生，约计 150 名。清朝灭亡后，徐州师范学堂随之停办。这是徐州师范教育的开端，培养了一批师范教育人才，为徐州师范教育的发展奠定了基础。

清末徐州师范教育的创办与发展，主要是在政府官员的积极努力下，并得到地方商绅的大力支持。而地方留日归国的学者才俊积极投入到师范教育之中，是徐州师范教育有力的推动力量。

2. 民国时期师范教育的发展

民国以后，徐州师范教育有了很大的发展，先后设立多所师范学校，培养了许多教育人才，推动了徐州教育的发展。

1908 年，清末贡生杨世桢在徐州西关铁关帝庙创办了铜山师范传习所。每期学生约 40 人，招收铜山县的青年塾师和童生，学制为一年。这实际上是私塾改良的师资培训班。1913 年，民国教育部颁布了通令，要求各县酌设小学教员讲习所。当时徐州城市及铜山县缺乏小学师资，由此，杨懋卿、杨维周等在俞公祠创办乙种师范讲习所，学制为一年，招生范围仅限于铜山一县。1914 年，杨懋卿将乙种师范讲习所改办成甲种师范讲习所，学制为两年。1924 年，铜山县立甲种师范讲习所正式改名为"铜山县立师范学校"。学制相应改为三年，每届招生一个班。1938 年徐州沦陷后，铜山县立

---

① 祁世倬，字汉云，清末举人，曾留学日本。

② 张仁善，当时徐州首富，乐善好施。

③ 稿火费即晚间自习和照明用的灯油费。

师范学校停办。1945 年抗战胜利后，铜山师范并入江苏省徐州师范学校。

1912 年辛亥革命后，民国政府教育部长蔡元培，召开中央临时教育会议，公布各级学校教育法规，规定"优级师范学堂，改称高等师范学堂；初级师范学堂，改称师范学校"。江苏省议会根据教育部颁布的法规，决议在江苏省分设师范学校七所。其中省立第七师范学校设在徐州，开办的时间为 1913 年 9 月。这是江苏省最早的师范学校之一。江苏省第七师范学校的校址，是使用原徐州师范学堂的堂址。这所学校在徐州所属地区享有盛名，被誉为"最高学府"。①江苏省立第七师范学校的学制五年，预科一年，本科 4 年。讲习科，是为应急的师资短训班性质，学制 2 年。1923 年后，学制由原来的 5 年改为 6 年，分为前师 3 年、后师 3 年两个阶段。江苏省立第七师范学校开办 14 年，先后共招收本科学生 880 名。在开办之初，徐州一带小学师资奇缺，为应急计，在 1913 年至 1915 年期间，学校招收 3 届讲习科学生，共 144 名。1927 年民国政府在江苏省实行大学院制。大学院第一次全国教育会议决定实行中学师范合一的办法，把师范学校并入中学内，列为高级中学分科之一。江苏省第七师范学校奉命停办，与江苏省立第十中学合并，改名为江苏省立第十中学师范科。

江苏省立第三女子师范学校于 1921 年在徐州创办。其校址在西关牌坊街（现在的中枢街西段），因为校舍太小，无法扩班，就迁至徐州旧府署。其学制为预科 1 年，本科 4 年，共计 5 年。招生的对象是高小毕业生。1923 年后改前师 3 年、后师 3 年，即 6 年制。1927 年江苏省立第七师范学校改名为江苏省立徐州女子中学，实行师范中学合一制。1932 年江苏省教育厅通令取消中学师范合一制，师范教育独立。学校又改名为江苏省立徐州女子师范学校。当时江苏省只有苏州和徐州两所女子师范学校。徐州女子师范学校学生们不仅努力提高自身素质，还积极参与社会活动，开展爱国主义活动，为大众社会服务。如学生们在"九一八事变"后为东北义勇军募

---

① 程希庚：《建国前徐州六所师范学校（堂）简史》，《徐州文史资料》第17辑，第160—161页。

捐，开办夜校，唤起民众，扫除文盲等。①从 1926 年到 1931 年江苏省立第
三女子师范学校和徐州女子师范学校共有毕业生 148 名。如表 7—7 所示，
徐州女子师范教育规模不大，学生人数不算多，但已经显示了社会在进步，
并对徐州城市社会必然产生深刻的影响。

表7—7　　　　　　　　徐州女子师范学校历年毕业生情况表

时间	毕业生人数	时间	毕业生人数
1926年	40人	1930年	18人
1927年	40人	1931年	20人
1929年	20人	1932年后	不可考

资料来源：程希庚《建国前徐州溜索师范学校（堂）简史》，《徐州文史资料》第17辑，185
页。1923年江苏省立第三女子师范学校改为徐州女子师范学校，学制由五年制改为六年制。1928年
无毕业生。

　　抗战胜利后，徐州师范教育开始恢复并得到发展。1946 年 2 月，江苏
省立徐州师范学校在伪淮海省立徐州师范学校②的原校址成立。这是合并了
6 所省立师范而成的。学校在三部上课，市区有两部，一部为校东部，在原
伪淮海省立徐州师范学校的校址上课；一部在西阁街上课。这两部开设师范
7 个班，分别是师范三年级两个班，学生 87 人；师范二年级共 4 个班，学
生 182 人；师范一年级 1 个班，学生 46 人。另有 7 个班后师，总计有学生
315 人。但学校教学条件较差，教学设备、图书仪器以及医疗设备等既简单
数量又极少。学校只能按照课程表勉强上课。局势动荡对徐州的师范教育
造成了严重的影响。③

　　清末民初，徐州教育的发展与留学日本的知识分子的积极参与有着密
切的关系。这些知识分子发生了根本的转变，大都是晚清科举取得一定功

---

　　①　程希庚：《建国前徐州六所师范学校（堂）简史》，《徐州文史资料》第17辑，第
185页。

　　②　徐州沦陷期间日伪1940年2月成立了苏北第一师范学校，1944年2月伪淮海省成立，
学校改名为"淮海省立徐州师范学校"。

　　③　程希庚：《建国前徐州六所师范学校（堂）简史》，《徐州文史资料》第17辑，第
193页。

名的，适应形势的变化而变化。如江苏省第七师范学校第一任校长刘仁航早年留学日本，思想先进，作风正派，深受社会人士和学生的尊敬，为徐州的近代师范教育做出了重要的贡献。①

三　社会教育

社会教育是相对于正规全日制学校教育而言的教育形式。近代新式教育的发展，使社会教育这一新形式出现并构成其重要组成部分。民国初年专设社会教育司，负责社会教育工作，并相对应地在地方各级教育机构设专门部门负责具体工作。民国时期徐州地方的社会教育有了较大的发展，社会教育机构主要有民众教育馆、图书馆、通俗讲演所及各种补习学校等。

1. 通俗教育讲演所

1915年教育部设通俗研究会，以"研究通俗教育事项，改良社会，普及教育"为宗旨，该会分讲演、小说、戏曲三股。主要工作是编审小说、剧本、戏曲、教育画片及演讲稿，发刊时事材料等，并附设图书馆、讲演所。②1915年10月，教育部公布《通俗教育讲演所规程十六条》，规定各省省会之地须设讲演所四所以上，县治及繁华市镇须设两所以上，乡村各地方由长官酌量推行。同时还公布《通俗教育讲演所规则九条》，分普通讲演、特别讲演两种。普通讲演主要内容是鼓励爱国、劝勉守法、增进美德、灌输常识、启发美感、提倡实业、注重体育、劝导卫生等；特别讲演以时事为主要内容。③徐州在民国初年也设立有通俗教育讲演所。

2. 民众教育馆

民众教育馆起于民初通俗教育馆，1928年后，民众教育馆呼声日高，各省纷纷将通俗教育馆改组为民众教育馆，合并原有通俗讲演所为民众教育馆讲演馆，另设阅览、图书馆、教学等部。江苏亦然，徐州亦然。

---

① 程希庚：《建国前徐州六所师范学校（堂）简史》，《徐州文史资料》第17辑，第161页。

② 《第二次中国教育年鉴》，第九编，第1096页。

③ 《中华民国史档案资料汇编》，第三辑（教育册），第517—571页。

　　徐州民众教育馆的宗旨是"唤起民众，训练民众，组织民众，使民众能自养、自卫、自教"，"从政治的、文化的、经济的三种教育方式去促使民族、民权、民生主义之实现"。其施教原则定为"自教教人，自养养人，自卫卫人"。①

　　江苏省立徐州民众教育馆，成立于1931年。该馆设馆长一人，领导一切。下设总务、教导、生计、辅导四部，各设部主任一人，干事若干人。总务部负责全馆会计及民众医院、电影放映队、电影院和养鸡场的管理。教导部所辖有民众如数关、民众体育馆和四个民众教育实施区即坝子街、下淀、石桥、八里屯四区，每区设总干事一人，干事若干人。生计部负责组织和领导合作社、合作模范农田，推广农作物良种和优良种畜。辅导部设有辅导委员会负责辅导徐属各县民众教育馆的业务活动。徐毓生、葛子露先后任馆长，曾举办识字夜班，男班一、三、五、女班二、四、六分别上课，每期三个月，普通经常使用的文字多能认识，又曾设有书画业余讲习班，招收有志于此者入学，并举办书画展览。抗战期间，组织宣传队等下乡宣传抗日。②

　　徐州民众教育馆通过开展各种活动来实施社会教育，来"唤起民众"，提高民众素质。其活动主要有：一是开展识字教育，办民众学校，内设成人班、妇女班、儿童班、下午妇女班、晚间成人班（男子）。成人班、妇女班都招收成年文盲，儿童班招收失学的儿童。识字课本由馆发给。三个月结业，初级毕业后，还可以上高级。妇女班除识字外并进行家事实习和竞赛。

　　二是开展生计教育，在坝子街实施区组织工商业合作社，向银行贷款，创办工商企业；在乡村实施区组织信用合作社，以地契作担保，向银行贷款，进行农业畜牧业生产，并联络农民，会同省立徐州杂谷实验场，组织合作模范农田，推广优良品种，消除作物病虫害。

　　三是实施卫生教育，向民众宣传清洁卫生，扑灭蚊蝇。由民众医院给

---

　　①　曹良质等：《江苏省立徐州民众教育馆始末》，《徐州史志》1987年第4期，第16页。

　　②　陈仲言：《清末民国时期徐州社会大观》，《徐州文史资料》第14辑，第199页。

民众治疗疾病，只收挂号费。并组织短期训练班，积极推广种牛痘，并组织民众进行各种体育运动。

四是休闲教育，组织民众俱乐部，引导民众做正当的娱乐活动。如下棋、演奏各种丝竹乐器，进行比赛，以提高群众正当文娱兴趣，去除各种赌博活动。电影院收费比一般影戏院少。[①]

五是举办各种展览会。1932年9月8日，徐州民众教育馆与铜山县公共图书馆等单位，联合筹办了《九一八国难展览会》。展览在快哉亭公园开幕，展览内容有"甲午战争"至"九一八事变"的日本侵华罪行图片和文字史料。参观人数达到4000多。这极大地激发了徐州广大群众的爱国热情。组织学术演讲也是徐州民众教育馆开展社会教育的一种重要形式。1934年4月，徐州民众教育馆请省厅派赴日考察日本教育归来的省立徐州中学校长严立构先生作了《最近日本之教育情形及社会状况》的演讲。同年11月，邀请了由欧美回国的董谓川先生作报告。这些演讲与报告，开阔了人们的视野，推动了徐州地区文化教育的发展。[②]

为能普遍地推进各项民众教育活动，各实施区都组织城区（坝子街）和乡村促进会，由馆聘请各实施区士绅，小学校长、教员，乡镇保长为促进会委员。帮各实施区推进各项民教工作。[③]

徐州民众教育馆实施社会教育，形式多样，效果明显，是城市社会教育的重要力量。

3. 图书馆

图书馆是社会教育的重要形式之一。

徐州城市中的公共图书馆即铜山县公共图书馆，是1929年开始筹办。它对于当时的徐州文化事业、启发民智、转变社会风气等起过积极作用。在1930年代，铜山县图书馆坐落在快哉亭公园内。馆内设有藏书室、阅览

---

① 陈仲言：《清末民国时期徐州社会大观》，《徐州文史资料》第14辑，第199页。
② 曹良质等：《江苏省立徐州民众教育馆始末》，《徐州史志》1987年第4期，第16页。
③ 徐毓生：《抗战前的省立徐州民众教育馆》，《徐州文史资料》第3辑，第76—78页。徐毓生为教导部主任。

室、古物陈列室等。①普育书局和五洲大药房的业主陆树东积极支持图书馆的建设和发展。他毅然出资一千银圆成立一个儿童图书阅览室。图书馆按照他的建议对儿童图书阅览室设备一新，购置了各种图书刊物，四壁悬挂各种图表，历史文化名人相片和学习的格言，深受儿童的喜爱。图书馆专设一位指导员为儿童辅导，并定期举行学习报告会，自治少年儿童参加。②开馆初期图书馆在普及社会教育方面做了许多工作。如图书馆为了推动读书活动，于1933年间组织成人读书会和儿童读书会。参加读书会的会员除可借书馆外阅读，定期写阅读体会外，并参加不定期的学术报告会和读书交流活动。成人读书会的会员多数是中学校学生、机关职员、商店店员和社会青年，先后达100多人。学术报告会曾举行过多次，报告人有文兰若讲中国历史上的御侮战争，王仙洲讲社会科学研究方法，黄素封讲南洋的现状和华侨的创业。这些报告深受社会民众的欢迎。同时徐报副刊开辟《读书周刊》，内容有图书评论、图书介绍、会员读书心得、出版消息和到馆新书等，有力地推动了成人读书会活动。③图书馆还设有国音符号及音韵夜班，由文兰若任教，先后办有三期，学生达百余人。④

4．识字教育

进行识字教育是提高民众素质的重要手段，同时也是一项十分艰巨的任务。在识字教育过程中，政府的作用无疑是关键的。1930年代，当时江苏省政府认为，"运用政治力量，在短时间内肃清本省文盲，惟识字学校既多进非浩大，如全由政府设立则人力财力均感不敷"。各县以县长、教育局长、公安局长负绝对责任，各区乡镇均组织普及识字教育委员会。徐州城区识字班分布于乡镇各保，有附设于小学或私塾者，有附设于区乡镇公所者，有惟私人学办者。其小学校私塾者由原校塾教师兼负教学责任。公共

---

① 张绍堂：《回忆徐州三十年代的公共图书馆》，《徐州文史资料》第16辑，第141页。

② 胡骥如等：《普育书局与五洲大药房》，《徐州文史资料》第7辑，第94页。

③ 张绍堂：《回忆徐州三十年代的公共图书馆》，《徐州文史资料》第16辑，第148页。

④ 陈仲言：《清末民国时期徐州社会大观》，《徐州文史资料》第14辑，第199页。

场所或私人举办者亦由原机关人员，或热心教育人士担任教学皆为义务职。徐州识字教育所需经费是极少的，如江苏省在 1935 年度内是以各县原有民校经费直拨应用，其数甚微。当时充裕县份有四五千元者，少则数百元不等，均作为购置课本或津贴识字办之用。事实上，正是经费问题制约着如徐州这样落后城市的识字教育规模和成效。根据有关统计，铜山县民众识字班 1935 年度识字班数为 644 班，1936 年度识字教育经费统计：铜山县识字班费 200 元，课本费 3500 元，识委会费 50 元，总计 3750 元。[①]

　　江苏省政府根据普及失学民众识字教育计划实施程序，参酌各县市实际概况，制定本省普及失学民众识字教育第一年实施计划规定。徐州市于 1946 年 9 月起一律开始实施失学民众识字教育。[②] 根据有关统计，徐州城市利用小学校来实施民众教育，在 1945 年，省立徐州师范附属小学设有民众教育班 2 个，学生数为 83 名。省立徐州女子师范附属小学设有民众教育班 2 个，学生数 76 名。[③]

　　徐州城区识字班除附设各学校、各机关以及公共场所者外，其余均由乡镇自筹开办及日常等费。唯书籍由县政府或教育局公款购发，教师且属义务职，所需经费亦少，实属轻而易举。关于课本方面：各县识字班，均采用教育部编三民主义千字课丙种，以原价每套一角六分，为数稍昂，乃呈准仿印，每套仅三分二厘。

　　徐州城市中识字班，上课时间均以当地社会习惯及民众工作时间为标准，在夜间上课者，则需油灯经费，大半在清晨或晚间上课者为多。每班教学，定为 4 个月，以授完千字课全书为限。并得斟酌地方情形，缩短或延长。其每日授课时间，总以不妨碍民众本身职业为原则。

　　关于自行补习方面，识字教育以强迫民众入学为主旨，此风一开，觉

---

　　① 　陈果夫：《江苏省政述要（民国廿二年十月至民国廿五年五月）》，"教育部分"，文海出版社1983年版，第37、38页。

　　② 　王懋功：《江苏省政府政情述要（民国卅四年—卅五年）》，"教育部分"，文海出版社1983年版，第11页。

　　③ 　王懋功：《江苏省政府政情述要（民国卅四年—卅五年）》，"教育部分"，文海出版社1983年版，第17页。

悟民众，有因特殊困难，不能到班上课者，得申请自行补习，并规定自行请定教师，填具申请书，详叙理由，送经识教机关核准后，准其在家补习，并按时有识教机关派员考核其成绩。

5. 电影教育

民国地方政府推行社会教育往往借助多种多样的形式，其中电影就是推行社会教育教学的一种"新利器"。这对于启发民智，实有重大之力量。江苏省于1934年起，切实推行电影教育，规定省立各社教辅导机关，八所担任实施工作外，并协助各县社教机关，一致推行。省立各社教辅导机关，由省政府发给电影教育设备费各二千元，置备电影放映机、收音机、转播扩音器、幻灯唱片等项。其经常费用在各本机关事业费项下开支，各县社教机关则由各县社教临时经费项下指出。至于所需教育影片，改由教育厅摄制供给。

徐州民众教育馆在内的江苏省立各社教辅导机关，于其施教区或试验区，均由教育电影场之设备，除定期讲映外，轮往辅导区各县城镇乡村，巡回讲映。至于施教方法，则因内地民众智力较低，若随意映放教育影片，每感不能领会教育意义，故将每一影片先行编就教学方案配制讲词灯片，用资讲解提示，以收教学之效。①

6. 其他社会教育形式

讲演是社会教育的另一种形式。如为了寻求救国之路，徐州进步知识分子祁世倬、韩志正、梁中枢等，于1906年以后，先后赴日本留学、考察。韩志正等在东京加入中国同盟会。他们返回徐州后，四处奔走，从事革命活动，创组了"铜山县同志会"，发展了不少同盟会员。他们经常到街头宣讲国事时势和救国道理，借此唤起民众。后来，又邀请著名教育家黄炎培、陈鹤琴来铜山演讲，揭露和批判慈禧太后提出的卖国政策方针。②

武昌起义胜利后，全国革命形势急剧变化，江苏巡抚程德全和立宪派

---

① 王懋功：《江苏省政府政情述要（民国卅四年—卅五年）》，"教育部分"，文海出版社1983年版，第33页。

② 萧金：《辛亥革命对铜山的影响》，《铜山文史资料》第2辑，第16页。

一伙，把巡抚衙门改为中华民国军政府江苏都督府。消息传到铜山，同盟会会员周仲穆、韩志正、梁中枢等人在县城更为活跃，发动所有会员和进步人士宣讲武昌起义的意义以及全国的革命形势。他们还编了一些歌谣在各阶层进行教唱，如"八月十九武昌城，起了革命军，黄兴总司令，革命政府建立了，全国上下齐欢腾"；"头顶馍馍盘，身穿一裹圆，宣统坐了殿，不过两三年"。通过这些歌谣，革命进步人士大造革命舆论，唤起民众。[①]

　　社会教育的发展，的确给徐州城市教育带来了一股新鲜的空气。政府设计和实施了诸多形式的社会教育，以开启民智。但经费的困乏，常常使美好的设想只能是空想，徐州城市的社会教育机构及其一些组织，和其他各地一样成为摆设，发挥的作用有限，没有取得它应有的理想结果。这是近代特殊历史背景下众多遗憾之一。

第三节　徐州近代教育的滞后

一　徐州教育的落后

　　与苏南相比，徐州近代教育发展是相当落后的。现以徐州与苏州相比较，考察徐州近代教育发展滞后的主要表现。具体表现如下：

　　1. 创办新式教育相对较晚

　　清末到民国，徐州新式教育发展较快，但相对于苏南地区来看无论是官办还是民办的新式教育都是滞后的。与苏南的苏州相比较，在初等教育方面，1898年苏州建立第一所公立小学堂，即苏州公立小学堂，而徐州1903年才建立徐州高等小学堂。中等教育方面，徐州最早是在1906年建立徐州中学堂，而苏州是在1903年就设立了江苏省中学堂，徐州设立的私立中学更晚，直到1922年才建立有私立徐州中学，而苏州早在1907年就有苏州第一中学（民办）。高等教育方面，徐州更为落后，1944年日伪时期，建

---

　　① 萧金：《辛亥革命对铜山的影响》，《铜山文史资料》，第2辑，第17页。

有淮海学院，苏州1900年建立起第一所大学，即中西学堂。①

2．传统教育仍然大量存在

从形式上看，徐州保留有较多的私塾，以作为新式教育的补充，到1930年代，徐州地区的私塾仍然普遍存在。据统计，铜山县有420所私塾，学生有6450人。②而同时期的江南地区吴县仅有329所，学生3199人，都少于当时的徐州。在教育内容上，徐州长期使用陈旧的教材，1930年代省立第十中学，在教管办法中仍然规定"新旧文体凭师生自定"③。

3．高等教育与职业教育发展极度微弱

在徐州近代整个100多年时间里仅出现3所高等学校，而同期的苏州先后出现高等学校14所，包括工业、农业、商业、医学、政法、体育、美术各个专业，在质量及规模上都优于徐州（见表7—8）。

在职业教育方面，徐州职业教育规模小于苏州。近代徐州共建中等职业学校27所，徐州仅建19所，而且存在时间多数较短，无论晚清还是民国，职业学校数量均少于苏州。徐州职业教育的专业面较窄。苏州中等职业学校农工商、师范、医务各专业，其他专业则寥寥无几，对于近代经济最主要的部门工业与商业，徐州都没有一所职业教育学校（见表7—9）。

表 7—8　　　　　　　　　徐州与苏州近代高等学校比较

苏州			徐州		
学校	创办人	时间（年）	学校	创办人	时间（年）
中西学堂	白金俊	1900	淮海学院	郝鹏举	1944
东吴大学	美教会	1901	江苏学院		1946
官立法政学堂	朱祖谋	1906	华北神学院		1948
公立医专		1912			
共和法律学校		1912			
高等垦殖学校		1912			

① 姜新：《苏北近代工业史》，中国矿业大学出版社2001年版，第205页。

② 徐州市地方志编纂委员会编：《徐州市志》，中华书局1994年版，第1852页。

③ 徐州市地方志编纂委员会编：《徐州市志》，中华书局1994年版，第1853页。

私立法政学校		1912			
中华体育学校		1913			
苏州美术学校		1919			
苏州工业学校		1923			
苏州体育学校		1927			
国医专科学校		1935			
章氏国学讲习所	章太炎	1935			
江苏制丝学校		1936			

资料来源：据《徐州市志》（教育卷）、《苏州教育志》及部分地方史志编制。

表7—9　　　　　　　　　　　徐州与苏州近代中等职业学校比较

	苏州建校数（所）	徐州建校数（所）
师范	8	10
医学	6	4
农业	4	2
工业	5	0
商业	2	0
综合	2	2
美术	0	1
合计	27	19

资料来源：据《徐州市志》（教育卷）、《苏州教育志》及部分地方史志编制。

二　近代教育滞后的原因

地区的教育发达与否往往与此地的富裕程度有关，与生活程度有关。徐州的社会经济发展水平相对苏南地区来说是极其落后的。发展地方教育的经费，徐州地区就远远少于江南地区。"江苏教育成为发达，此不过江南诸县然耳。吴县每年教育经费30万，无锡23万，其苏松太常经费每年在10万以上。每县小学二三百校。至于淮北诸县不过一二万，全县小学不出百校，少者有三四十校，其不均衡如此。"①

　　近代以来徐州教育发展的落后状况并没有得到根本的改善。徐州经济发展的缓慢，教育经费的不足使徐州教育发展较为落后。

　　徐州地方教育经费来源是以私人捐款、地方公产及增加税捐为主。1911年后数年内，铜山县教育经费主要来自田税及其他税收的附加税，情况极为困难。1918年5月，铜山县视学张明新参加江苏省教育行政会议，提出加收亩捐、牲畜捐、杂粮捐以及教育经费等案交议，其目的即在于扩大财政收入，重视教育经费。1923年至1925年，经江苏省议会和江苏省政府决定，将国税项下之屠宰税、牙税，省税项下之漕粮附税、卷烟特税，划为教育专款，由江苏教育经费管理处管理。因此多年来教育经费的主要来源为学田、公产、田税、其他税收的附加税及官民捐款。由于战乱频仍，官吏侵占，教育经费没有保障。据1933年计算，江苏省各县教育经费征额共计11272069元，实征数仅9462381元，合征额之84%，而实收数更小于实征数。教育经费的筹集实属不易。②

　　1928年，国民党第一军军长刘峙驻防徐州时，鉴于旧有的城垣已不适应现代国防的需要，便决定予以废除。他与当时的铜山县长刘炳晨议定拆除变卖的方案。议将变卖所得之款，全部充作地方的教育经费。当时的徐州教育经费，全凭马场湖、石狗湖等处的湖田地租收入来维持。每遇湖田失收，教育经费就无着落。当时已经有几个月没有发放中小学教职员工的薪金了。③这表明当时教育经费筹集十分困难。

　　教育经费的一个重要来源是民间捐助，捐资兴学为我国优良传统之一。明清以来，士绅商贾捐献田产资财，资助府县学及书院者比比皆是。辛亥革命前后，新学兴起，学校如雨后春笋，而学校赖以维持的经费，其中颇多私人或团体捐款。1915年沛县捐助私财兴学者由县奖励，其办法为：100元以上县知事给予奖状，50元以上由县榜示，以资激劝。④徐州城市工商业

---

　　① 《江苏》，上海中华书局1936年版，第121页。

　　② 《徐州教育志》（1991年未刊稿），徐州地方史志办公室档案室藏，第11页。

　　③ 董玉岭：《铜山县长卖徐州城垣经过》，《铜山文史资料》第4辑，第40页。

　　④ 《徐州教育志》（1991年未刊稿），徐州地方史志办公室档案室藏，第15页。

相对江南较为落后，工商业主及士绅捐资兴学的力度远不及江南地区。此乃经济使然，当然社会风气也是一个不可忽视的原因。

由教育经费筹措的困难以及教育经费的短缺，近代徐州地方教育发展是较为困难的。这在一定程度上造成了徐州近代教育与江南地方教育的差距。1926年，因教育经费困难，时任铜山县教育局长张明新向县署提出辞呈。当时县教育经费欠发约3个月，市乡欠发为四、五个月不等。大彭市生活程度增高，教师薪水最多者不足8元，生活难以维持。由此可见教育经费的窘境。

教育经费的困乏导致教师的困窘。欠薪、短薪、白条代薪甚至失业经常困扰着徐州的教师。[①]如在抗战胜利后，徐州市教育经费，主要由国民党徐州市政府拨款。从1946年至1948年的3年中，由于恶性通货膨胀，教育事业濒于崩溃的边缘。1948年3月5日，徐州市公私立小学校长联谊会议第五次委员会议，决议第五条为"1、2月薪水，至今仍未发给，公推张洪忠等三人晋谒杨科长陈述困难，请转市府早日发放"。[②]教师生活是较为清贫凄苦的。1947年5月3日，一家徐州地方报纸曾刊登一篇反映这种情况的文章《小学教员的呼声》[③]：

> 编辑先生：报纸是主持正义的。现在的物价直线上升，我们的薪水4月份不但未增，至今尚未发下。一家老幼四五口人，张口待食。"抗战时期忍受饥饿，胜利建国继续努力"，你们（指国民党当局）把这种论调收一收，反问你们自己针对这样做了吗？你们也发发善心，行行王道，放开眼睛，看看我们这一班受饿的穷教员吧！
>
> 待毙教师陈宜民五、三

---

① 徐州教育志办公室：《徐州学前和初等教育巡览》，《徐州史志》1987年第1期，第39页。

② 曹良质：《旧时代教师清贫生活考查》，《徐州史志》1987年第3期，第31页。

③ 同上。

教师生活无法保障，必然影响到学校教育的发展。

教育经费的困乏严重制约着近代徐州教育事业的发展。根据江苏省民政厅在 1930 年代的一次调查：全省共有男女学龄儿童 5183397 人，但已入学者，则只 1340131 人，而未入学者，则有 3839266 人。苟以百分比较，则入学不足三分之一。以云分布状况，大抵江南入学儿童多于淮南，而淮南又多于淮北。换言之，即淮北失学儿童多于淮南，淮南复多于江南。根本原因，由于物产丰歉与经济强弱，而有以酿成。①

教育经费困乏与近代徐州地区灾害连年有着密切关系，灾害导致教育经费困乏，而教育经费困乏又导致大批儿童与学校教育无缘。这一点我们可以从表 7—10 中可以看出。灾害的频繁、经济的落后，基础教育的薄弱，使徐州人才的培养远远落后于江南地区。

表7—10　　　　　　　　　　徐州普通户口学龄儿童状况表

县别	已入学校（人）	未入学校（人）	总数（人）	入学占百分比	未入学占百分比
铜山	13133	119638	132771	10	90
丰县	2409	55091	57500	4	96
沛县	1930	50085	52015	4	96
萧县	11180	73693	84878	13	87
砀山	4851	40870	45721	11	89
邳县	8631	94241	102872	8	92
睢宁	9165	87858	97023	9	91
宿迁	18609	65991	84600	22	78

资料来源：汪汉忠《灾害、社会与现代化：以苏北民国时期为中心的考察》，社会科学文献出版社2005年版，第248页。

---

①　江苏省警官学校：《江苏省人文地理》，出版年代不详，第100页。引自汪汉忠《灾害、社会与现代化：以苏北民国时期为中心的考察》，社会科学文献出版社2005年版，第246页。

第四节　留学生与城市社会变迁

在徐州城市教育的变革与发展过程中，留学生的作用和贡献尤大。这是徐州近代教育史上较为突出且不可忽视的现象。这说明像徐州这样落后的城市在某些领域的发展受到了西方先进文化的直接影响。现以清末徐州留学生为例，探讨留学生对近代徐州城市社会变迁的影响。

一　徐州的留学生

1872年，中国开始有幼童留美。维新运动时期清政府加大了对留学工作的力度。各省挑选聪颖学生有造诣者奔赴日本美国等地游学。1905年学部成立，规定了各项留学章程。1901年至1910年间，我国出现了留日的高潮。这是大规模的出洋运动。1906年前后是中国留日高峰。徐属各州、县留学之举，起步较晚，主要是赴日留学，而且多在高峰期间。

徐州留学日本的学子多为科举出身，如韩志正为清末癸卯科举人，杨懋卿为科优贡生，祁世倬为光绪甲午科举人等。他们有公费的，也有自费的，如韩志正父女，还有少数人得到开明绅士的资助，如梁中枢1905年得富绅张仁普资助，东渡日本留学，就学于弘文书院。学师范的为数最多，如韩志正父女1906年就是入弘文学院学习师范教育。杨懋卿与顾子扬等人亦是如此。也有学习法政和军事的，如韩志正留学期间入过东洋大学学习法政，杨允升也是学习法政的，杨允华则是学习军事的。王文学是入京都大学学习经济学的，后来成为著名的经济学家和教育家。他们回国后，对徐州的政治、文化、科学技术，尤其是教育产生了广泛的影响。

二　留学生与近代教育

留学生们学满回国后从事教育的最多，对于徐州新学的兴起起到了重大的促进作用。

如韩志正回国后任徐州师范学堂监督兼国文教员。1909年，他创办了徐州第一所女学堂——坤成女学堂。由韩志正之长女韩中英担任堂长，统领全堂教务。①1921年任铜山县教育局长，对徐州新学兴起作出了重大贡献。②顾子扬，1905年赴日留学，回国后曾主持徐州中学堂，后任铜山第一高等小学教务主任，铜山县甲种师范讲习所所长，1922年创办私立江北中学（后改为私立徐州中学），任校长。

杨懋卿回国后积极倡导新学。1911年，在铜山一区开办5所高等小学堂，20多所初等小学堂，在市区周围办初等小学40多所。初步打破了封建教育的枷锁。1914年任铜山劝学所所长兼教育会会长，与杨世桢奔走各地改良私塾，大办新学。其间小学教育事业发展很快，师资严重缺乏，他接办了铜山乙种师范讲习所，改为甲种师范讲习所。他是徐州城市倡办新学的先驱之一。

祁世倬1905年前后留学日本，回国后创办新学，在振兴徐州教育事业中有较大贡献，曾主持云龙书院工作，后担任过铜山公学教务长和徐州师范学监。

梁中枢东渡日本留学，就学于弘文书院，回国后，致力于兴办徐州教育事业，曾任铜山劝学所所长，铜山第一高等小学校长。文聚芸，早年留学日本，回国后任铜山县第一高等小学校长。周德州留学日本回国后兴办教育，曾在徐州西关办过夜学。③

三 留学生与地方政治

留学生在革命和地方政治生活中也是异常活跃的，对徐州地方政治与社会产生了积极的影响。较为突出的就是韩志正。早年留学日本时就加入中国同盟会，投身革命。1906年回国后，任徐州师范学堂监学兼国文教员，宣扬自己的爱国思想和治学观点。④韩志正积极从事革命活动，宣传救国的道理。后来创建了"铜山县同志会"，发展进步人士周仲穆、刘平江、梁中

① 《铜山县志》（民国十五年刊本）卷二十六《学校考》。
② 陆保伦：《晚清徐州留日知识分子简述》，《徐州文史资料》第14辑，第126—127页。
③ 陆保伦：《晚清徐州留日知识分子简述》，《徐州文史资料》第14辑，第129页。
④ 吴书锦：《爱国志士韩元方》，《铜山文史资料》第3辑，第86页。

枢、崔道平等为同志会会员。在韩志正的领导下，经常到街头巷尾宣讲国事时势和救国道理，以此唤起民众，使徐州革命声势大兴。1911年武昌起义胜利后，韩志正领导下的同志会的会员和进步人士更为活跃，他们宣讲武昌起义的伟大意义和全国形势，大造革命舆论，以迎接革命高潮的到来。1912年2月，韩志正与王锐生代表徐州人民欢迎辛亥革命军。[①] 后铜山县政府成立，韩志正任民政长，积极开展政权建设，维护社会治安，发展生产。

再如顾子扬，在1925年"五卅"惨案爆发后，与共产党人一起在徐州东门外召开民众大会，声援群众斗争。1926年出席了国民党第二次全国代表大会，后来担任过国民党江苏省党部执行委员。[②]

清末徐州一批有识之士赴日留学，回国后探求办学新路，邀请县内商界和开明士绅，兴办学堂，推动了徐州近代教育的发展。值得我们注意的是，这些留学回徐者中，许多通过创办教育，提高了个人的社会影响力，进而在革命与城市社会的急剧变动中充当时代潮流的引领者，成为城市中的精英分子，是城市政治与社会活动中举足轻重的力量。

---

① 吴书锦：《爱国志士韩元方》，《铜山文史资料》第3辑，第88页。
② 陆保伦：《徐州明清教育》，南京出版社1994年版，第97页。

第八章　物质文化的嬗变：交通工具与近代徐州城市社会变迁

　　不同国家或地区的城市，由于历史发展和文化传承等因素的影响，形成了不同的城市文化。中国城市在长久的发展过程中，形成了独特的文化传统，我们可以从物质文化层、制度文化层和精神文化层等三个层次分别描述中国城市文化的内涵与特点。

　　物质文化的变迁是城市社会文化变迁的重要内容，它更是社会变迁的重要动力和催化剂。以物质文化为视角考察城市社会变迁，更能深刻地理解城市社会发展变迁的根源和规律。当人们更多地将目光放在沿海发达城市的时候，我们也不应该忘记那些为数更多的发展缓慢、甚至停滞的城市。本章选取近代徐州的交通工具演变作为研究对象，希望能够从一个侧面来解说一个地理位置相对优越、经济发展相对落后的城市在近代化过程中的命运。

第一节　物质文化·交通工具·城市变迁

　　物质文化是文化人类学研究中提出的概念。诸如产品、器物、藏品等，都是属于物质文化的范畴。按照文化人类学的理解，人类所创造的文化大致可分为三个层次，即物质文化、社群文化（或制度文化、伦理文化）和精神文化。物质文化也称为技术文化，是人与自然关系的反映，包括人类在生产、生活以及精神活动中所采用的一切物质手段和全部物质成果，从衣食住行所需以至于现代科技均涵盖在内，所以它的内容丰富而多样。至于城市物质文化，是由城市中可感知的、有形的各类基础设施构成。物质文化的研究不仅是研究物质客体本身，还要研究物质背后人的行为，更要研究人的认知问题。①对城市物质文化的研究，当然也包括城市交通设施及其对社会变迁的影响。

交通工具是物质文化的重要内容。人类社会的交通工具并非仅为满足往来与交通的需要，它具有一定的社会意义。首先表现为具体的物态，具有外在的内容，如材料、样式、颜色等，服从于一定的社会功能。这些功能表现在两个方面，第一，对人而言，是出行的依托，是身份、地位的标志。第二，就社会生活而言，交通工具的生产、商业活动和使用者、经营者等方面的情况，是城市画卷的重要一页。所以，交通工具具有一定的社会意义，与旅行、历史地理、聚落设计、城乡布局，以及政治制度、经济形态、文化习俗等都有密切的关系。

交通工具是物质文化研究的一项重要内容，在从传统向近代的转型中，城市交通工具既有对传统交通工具的传承，又有新时代新产品的内在规律，其变迁从侧面反映了近代城市社会变迁的发展轨迹与特点。

从目前的研究状况看，对于近代城市交通工具的研究，城市史或交通史的研究成果较多地集中在人力车与电车等新式交通工具上，对于交通工具本身的变化与城市社会变迁的互动关系上，还缺少专门探讨。当然，有关论著对交通工具与新兴社会阶层的关系作了很好的分析。②美国学者全大伟（David Strand）以北京1920年代的人力车状况为视角，探讨了城市人口与政治的关系，为我们的研究打开了一扇窗户。③

---

① 庄孔韶：《人类学通论》，山西教育出版社2005年版，第151—152页。

② 王印焕：《民国时期的人力车夫分析》，《近代史研究》2000年第3期；邱国盛：《从人力车看近代上海城市公共交通的演变》，《华东师范大学学报》2004年3期；《人力车与近代城市公共交通的演变》，《中国社会经济史研究》2004年4期；《北京人力车夫研究》，《历史档案》2003年第1期；以及刘海岩：《电车、公共交通与近代天津城市的发展》，《史林》2006年3期。

③ David Strand: Rickshaw Beijing: City People and Politics in the 1920s, Berkeley: University of California Press, 1989.

任何社会变革都会在社会生活中有所显现，近代中国的社会转型主要的外因在于西方文明的进入，"西方各种新式器物、建筑样式、交通工具、娱乐方式、礼仪等纷纷登陆中国，使中国社会从价值观念到生活方式、日用器物到风俗习惯，都发生了重大变革"。[①]徐州城市物质文化方面的变化尤其表现在交通工具的变革上。在近代徐州，除了素为人知的火车以外，还有相继出现的三种新式交通工具——人力车、自行车和汽车——对普通市民日常生活产生了重大的影响。

第二节 步入近代的传统交通工具

徐州是历史名城，地当要冲，在很长的时间里，对外水陆交通发达，运输业繁荣，商贾云集，城市交通工具主要以车马为主。明清时期，商贾主要是骡车和马车，用以载人运物；官员士大夫主要使用马车；平民运输则以牛驾车。历代交通车辆的形式不尽相同，但牛、马、骡始终是主要动力。此外，民间的交通运输工具还有棍子、扁担、箩筐、篮子等。木制单人独轮手推车也称"洪车"，使用较为普遍。清代在府县交通要道和驿站码头都聚有许多洪车，等待雇用，如赣榆县东门外的小车班，下辖4个班，每班小车200辆，共计800辆洪车，担负全县官民运输之任。总班头宋怀宽，深得县衙信任。牛马拉动的三轮或四轮车称为"太平车"，有一牛或三牛拉的，多用于载人或运输农产品等货物。除了运物，有的车上设有帷盖，是为轿车，用于载客。[②]

晚清至民国初年，徐州的城市交通工具，主要是二人抬的轿子和做赶脚生意的毛驴。较有身份的人多坐轿子，平民百姓多骑毛驴，此外，就是极个别有钱人家自备的骡轿车和自家喂养的马匹了。到1920年代初期，轿子、毛驴、骡轿车及马匹等，都逐渐地被人力车所代替。

---

① 王瑞芳，《近代中国的新式交通·序》，人民文学出版社2006年版。
② 王林绪：《徐州交通史》，中国矿业大学出版社，1988年版，第121页。

一　轿子

轿子是中国传统社会重要的交通工具之一，也是传统文化的一个特色。在人们的眼中或心里，轿子似乎是与封建制度息息相关的，其命运似乎也应该是追随封建时代的消亡而结束。然而，即使进入民国，轿子依然存在，而且曾经流行一时。

轿子，古时称肩舆，是始于汉代的代步工具，它是一种木制或竹制的乘坐物，由人力肩扛而行。其形制大致有两种：一是不上帷子的亮轿，也称凉轿，颇似四川的滑竿；二是上帷子的暖轿，也称暗轿，通常裹以红布或绿布，轿顶有金属制作的宝珠，前面垂帘。抬轿者一般 2 至 8 人。官员所乘轿子，有四抬、八抬之分，民间多为二抬便轿。

徐州的轿子出现很早。据记载，在元代，轿子和车、马一样，已成为驿运的主要工具。当时的徐州驿站除设有马站、步站、水站外，还专设轿站 35 处，有轿 148 乘。著名的彭城驿除备有马、车、船外，还备有轿舆和轿夫。[①] 晚清时期，达官贵人和缙绅富户往往私人置轿，雇养夫役，以显示其富贵。清末以后，抬轿子逐渐变成一种专门行业，供人雇唤、租赁。进入民国，轿子在徐州的活动仍然十分频繁，并没有随着封建社会的瓦解而消亡，这种情况，与当时社会制度的变化没有关系，而与徐州的生产力发展状况是一致的。

那么，清末民初徐州的轿子是一种什么情形呢？

当时徐州的轿子有官轿、花轿、蓝轿等数种。其中花轿有 4 人抬的木质雕花轿和 2 人抬的绣花帷幔文明轿，主要用于嫁娶。民间平时代步用的是蓝布作帷幔的轿子。徐州还有一种医家私人轿子，一些挂牌开业的名医都自备蓝呢或黑呢小轿。据记载，在 1930 年代，徐州城隍庙街路南 80 多岁的李海楼老先生，每逢出诊都是乘坐 2 人抬的黑轿。该轿小巧玲珑，抬走迅捷，以应诊病之急。有些名医出诊时配 3 名轿夫，以便中途替换。其中 1 人奔波在前，一面吆喝行人避让，一面寻找病家，如在夜间出诊，还手提

---

①　《同治徐州府志》，卷十一《建置考》。

灯笼照明。① 每逢春秋佳日，善男信女，名媛娇娃，都要到徐州南郊踏青烧香，游山观景，他们常坐的也是这种轿子。

市民百姓的商业应酬，走亲访友，多乘蓝布小轿，俗称"客轿"。这种轿子三面嵌玻璃为窗，前覆轿帘，2 人抬杠。这是清末民初徐州城内主要的客运工具，多在车站、闹市供人雇乘。② 徐州市内还有专门供人租赁的轿店，如察院街的春和轿店，老东门的王家轿行，道衙门街的马家轿店，三马路的汪家轿店，中字街的义顺轿店等。近代徐州还有一个较为有名的轿行，就是苑家赁轿店，这是旧时徐州青帮头子苑玉春所开。当年苑玉春与其家人从山东逃荒到徐州做过"推脚"，后来经营过杠行和轿店。他的轿店一直坚持到解放。③

轿子毕竟是一种以人力代步的落后交通工具，行进慢，租金贵。与上海、天津等城市新式交通工具的较早盛行相比，徐州的轿子存在了更长时间。作为娶亲结婚使用的轿子，直到 1965 年才在徐州城内绝迹。

二　小车

徐州的搬运业虽有千余年的历史，但交通运输工具直到新中国成立之初都一直停留在原始落后、笨重的状态。徐州最早的搬运工具是扁担，肩挑人扛，后来是"土车"。近代徐州城市民间百姓最常用的载人运物工具，当属手推车，又叫小车、独轮车。在清代的北京，它主要被用来运载饮用水、煤炭、肥料等。手推车在上海被称为"江北车"，也称"羊角车"，因车夫多来自苏北乡村而得名。

徐州经营土车有一定规模者即"脚行"。徐州的手推车分为洪车和土车两种，一般是独轮木质结构。洪车车面中间扎着隔挡，以便装货，载重费力，推行时吱吱作响。这两种手推车大都为粮行、货栈在市区内使用的

---

① 陈德新：《徐州城市交通历史演变与发展》，《徐州史志》，1989年第3—4期，第92页。

② 同上。

③ 张耀宗：《徐州"杠行"头领苑玉春》，《徐州文史资料》第14辑，第115页。

运输工具。① 根据日本人在 1940 年的调查，徐州制粉行业较为发达，当时各家制粉工厂和磨坊，从城乡各地购买原料小麦，以及将面粉运销至城区居民商家处，当时运输工人使用的主要工具就是小车。② 例如，徐州宝兴面粉厂采用机器生产，每天进出货量达数十万斤，在厂里驻有 100 多名按量计酬的搬运工人，他们用独轮小车推着面粉到车站或市内市民商家送货。③ 根据 1945 年抗战胜利后国民政府的调查，徐州与周边各县、省内其他各地及山东鱼台等地的公路交通有了一定的发展，当时在这些道路上进行运输的就有大量小车，主要运送小麦、杂粮、菜蔬等农副产品。④1948 年，国共两党进行的淮海决战中，中共动用了大量民工支援前线作战。当时民工运送粮草弹药使用的主要交通运输工具是小车、牛车等。据《徐州史志》记载，在宿北战役中，潼宿地区支前民工达到 30 万人次，小车有 33120 辆，充分的后勤保障为战役的胜利建立了不朽的功勋。⑤ 这种相沿千年的装货少、费力大的"脚行"运输工具，在 1949 年后逐渐被胶轮大板车、平车所代替。

清末，从山东传来另一种木轮洪车，此车分单人和双人操作两种。木轮，无轴承，从木轮到车身都比土牛车大。单人推的洪车载重三百斤左右，双人操作的又名"二把手"。可载重五百公斤左右。1938 年，日军从济南带来了五人操作的大板车，这种车有两只充气胶轮，载重二千多公斤左右。1939 年又从济南来了一部分小平板车。此时洪车大部分改成平板车，载重三百公斤左右，两只充气胶轮，有轴承，操作时一人在前面拉，较洪车轻便，这种民间运输工具直到 1970 年代还广泛使用。⑥

平板车在淮海战役中发挥过重要的作用。1948 年 11 月，新中国成立前

---

① 江苏省徐州市交通局编史办公室：《徐州交通志》（未刊），徐州史志办档案室藏，第142页。

② 《满铁北支经济调查所关于徐州制粉工业立地调查报告》，中国第二历史档案馆藏，档案号2057—683。

③ 郭景山：《杨树诚与徐州宝兴面粉厂》，《徐州文史资料》第13辑，第164页。

④ 王维骊：《江苏北部各县交通调查》，中国第二历史档案馆藏，档案号398—8618。

⑤ 孙茂洪：《淮海战役中的徐州支前运输》，《徐州史志》1986年4期，第47页。

⑥ 同上。

夕，徐州市商车和平板车工人纷纷参加支前运输。1000 多名平板车工人由区长邵小平领导，在陈延、吕振东的组织下，把飞机场的 20000 多桶汽油运输到车站。另外，徐州搬运工人出动平板车 2900 辆，运送小米 375 万公斤，食盐 190 吨，汽油桶 373 万个，运送伤员 650 人，运枪支弹药难以记数。自 1948 年 6 月至 1948 年 12 月 7 个月的时间中，在支前运输方面共计组织平板车 4.76 万辆，运粮 0.65 亿公斤。[①]

1949 年以后的相当一个时期内，徐州的搬运业仍然依靠平车（3520辆）、大板车（78 辆）、驴车（38 辆）、洪车（40 辆）等来运输市内货物。[②]

三　脚驴

近代城市中，一般百姓的交通方式，除了步行外，还残留一种骑驴的方式。自古以来，徐州城乡就有以驴代步的风俗，以此为业者，称为"脚驴"。

清末至民国时期，徐州城内市民百姓习于乘坐脚驴。在清明和农历四月十五日城南泰山庙会期间，是做赶脚生意的旺季，许多经过打扮的毛驴，驮着衣着入时的男女，往来于山麓田野之间。此外，乘坐毛驴的，就是一些遇有红白喜事的人，或者是前往远乡催讨欠账的店伙。城里一些年轻小伙也喜欢雇个毛驴到郊外兜风，旅游爱好者也借以前往名胜之地如皇藏峪、圣泉寺、荆山桥、歌风台等处。[③]萧县大户段家出殡，该县杠头有意刁难事主，使得外棺下不了坑，造成半日不能埋土，目的是想多要工钱。有人建议到徐州城请帮会首领苑玉春出面解决。苑玉春得信后骑着毛驴赶到现场，最终解决了事情。[④]可以看出，毛驴除了平常百姓常用之外，一些有身份的人也作为代步工具。

1920 年代以前，徐州城内与附近乡镇有许多驴市，但那些驴市并不是买卖毛驴的市场，而是做赶脚生意的集散地。这种驴市生意较好，徐州城

---

① 徐州市地方志编纂委员会编：《徐州市志》，中华书局1994年版，第851页。

② 孙茂洪：《淮海战役中的徐州支前运输》，《徐州史志》1986年4期，第47页。

③ 董玉岭：《赶毛驴小考》，《铜山文史资料》第5辑，第160页。

④ 张耀宗：《徐州"杠行"头领苑玉春》，《徐州文史资料》第14辑，第116页。

的四关及城郊一带，约有二三十处，其中以西关外博爱街南头与新南门外边和牌楼子下涯三处最出名。①1921 年，褚玉璞、张宗昌的直鲁联军驻防徐州时期，市内有毛驴 300 多头，分散在徐州城四关和火车站附近，而且多是些躯体灵巧、前胸开阔、粉鼻大耳、毛有光泽的"跑驴"。它们是当时徐州城内主要交通工具之一。②

从事赶脚生意的主要有两种人：一是农民在收割以后，利用农闲时间，叫一些青年子弟，牵着毛驴到县城四郊一带去做季节性的赶脚生意，他们多跑短途；二是城郊一带的无业者，或没有土地、不善农活的乡民，他们为了养家糊口，便置个毛驴做长期性的赶脚生意，长短途都跑。③

脚驴在近代徐州一度兴盛的原因主要在于：一是毛驴比较驯顺，容易驾驭；二是费用比较低廉。1934 年出版的《徐州旅游指南》在介绍当时的城市交通时记载："本县（徐州当时属铜山县）城乡人民多以驴代步，营业者以前甚多，而且价廉。"④在民国初年，骑赶脚毛驴从北关到南关，只要五六个制钱。1920 年代后期，从内南门口骑到东车站，顶多也只要二三十个制钱。⑤因此，作为便捷、便宜的交通工具，脚驴受人欢迎也就不难理解了。

1920 年代后，徐州城内的脚驴逐渐走向衰落，这与政府管理有很大关系。当时政府有关部门曾告示不准赶脚的毛驴进城，原因是毛驴随地大小便，有碍公共环境卫生。城里的骡马轿车都须在牲畜腔后网一个布口袋，以便限制其粪便随地流落。后来有关部门为了增加税收，又准许做赶脚生意的花上一角钱到当地警察局去购买一张"营业驴票"，有了驴票，赶脚的毛驴就能进城了。⑥尽管如此，脚驴在徐州城内的衰落脚步并没有停止，主

---

① 董玉岭：《赶毛驴小考》，《铜山文史资料》第5辑，第156页。

② 江苏省徐州市交通局编史办公室：《徐州交通志》（未刊），徐州史志办档案室藏，第94页。

③ 董玉岭：《赶毛驴小考》，《铜山文史资料》第5辑，第157页。

④ 江苏省徐州市交通局编史办公室：《徐州交通志》（未刊），徐州史志办档案室藏，第94页。

⑤ 董玉岭：《赶毛驴小考》，《铜山文史资料》第5辑，第159页。

⑥ 董玉岭：《赶毛驴小考》，《铜山文史资料》第5辑，第160页。

要原因是徐州城市的逐渐繁荣，人口不断增加，城内人车往来频繁，脚驴无论是在那些较为狭窄的街巷还是闹市，都无法放步快跑，逐步退出舞台已经不可避免。

第三节　新式交通工具的引入与发展

近代中国，西风东渐，有一个从沿海到内地的渐进过程。旧古董与新玩意儿，或渐行渐退，或并行不悖。1914 年，徐州铁路通车，受天津、上海南北大城市影响日甚。与脚驴相比，较为先进的人力车更为适合在徐州古城的发展。随着人力车的兴盛，到 1930 年代后期，脚驴逐渐在城市里变得稀少了。徐州沦陷后，城内驴市消失。与人力车几乎同时发展起来的电车、汽车，开始占据城市交通运输市场的主要地位。

一　人力车

人力车与近代中国大多数城市都有着极为密切的关系，其兴衰也与近代许多城市的发展脚步联系在一起。

人力车是一种由弹性车轮、钢片弹簧悬挂装置、木制车厢组成的、以人力挽行的载客车，源自日本，故又称“东洋车”。1874 年，法国人米拉将人力车从日本引入上海，这是人力车传入中国的最早记录。之后，人力车在各地又有不同的名称，如北京、天津等地称“洋车”、“胶皮”，上海、南京等地因其车座漆成黄色，俗称“黄包车”。后来，黄包车成为这种车辆最为人熟知的名称。

人力车在徐州古城出现较晚。后人回忆，民国初年，陈调元驻防徐州，城里出现了为数不多的几辆人力车，当时很引人注目，那是从山东济宁过来的几个壮年人，拉着天津造的人力车来徐州兜揽生意的。①

---

① 董玉岭：《铜山的人力车》，《铜山文史资料》第10辑，第128页。按，这段记载的时间有错误之处，陈调元成为一方军阀，是在1925年以后的事情。

1919 年，老东门口的竹富昌从上海购买零件，组装人力车 10 辆，在徐州市始创人力车出租行业，店号名为"竹记车行"。以面粉为按照租价，日租三斤，夜租二斤。之后，"快利车行"、"张记车行"以及"福利昌""信昌"车行相继创办（见表 8—1），都拥有十几辆或二三十辆车子。此外，还有众多分布在城里关外的家庭出租户，一般都有一、二辆或更多的车子，如富贵街赵家公馆就有十几辆车子出租。[①]这些车行的人力车大都是从济南、北京、天津购买的。1920 年初，徐州人力车已有 500 多辆，分散在徐州东西南北四关一带和火车站附近。1934 年，地方捐税统计，城区人力车已发展到 1500 多辆。1920—1930 年代，地当苏鲁豫皖要冲之地的徐州，天灾人祸不断，四周各县逃到市区的灾民，谋生手段之一便是找保租车。到 1940 年初，徐州的人力车多达 4000 余辆。此后，由于时局动荡，军警滋扰，物价飞涨，捐税繁多，到徐州解放时，人力车减至 2500 余辆，工人 2600 余人。[②]

人力车成为城市主要交通工具之后，逐渐形成私人专用车和社会出租营运车两种。私车大都为权贵绅商之类人物自备。这种车与社会上的营运车相比，外观讲究，车身装饰华丽，雇用标致青年车夫，以车显贵。营运车有租赁车和自备车，自备车多为体面人物雇用为月包车。[③]

表8—1　　　　　　　1919—1948年徐州城区人力车出租车行登记表

车行字号	店主姓名	所在地址
竹记车行	竹纪昌	老东门口
快利车行		永康里
同豪祥车行	陈化雨	顺河街（南）
福利昌车行	刘夫昌	奎星巷

---

① 董玉岭：《铜山的人力车》，《铜山文史资料》第10辑，第129页。

② 江苏省徐州市交通局编史办公室：《徐州交通志》（未刊），徐州史志办档案室藏，第142页。

③ 江苏省徐州市交通局编史办公室：《徐州交通志》（未刊），徐州史志办档案室藏，第143页。

续表

信昌车行	张方田	永康路
义顺兴车行	王民中	大马路（西）
顺河祥车行	陈化荣	顺河街
庆记车行	王三福	锤河街
法顺公车行	王法才	大马路
顺河兴车行	王廷义	顺河街
赵记车行	赵传汝	太平街
万胜恒车行	张汉臣	开明市场

资料来源：王林绪《徐州交通史》，第143页。

　　人力车数量的增多，必然带来管理上的问题。按警察局规定，营运人力车必须具备车牌、车灯和号衣。车牌是用来检查人力车纳税的标志，车灯便于夜间拉客送货，号衣则是人力车夫身份标志，按同一样式，用蓝布制作，前后印有与车牌号相同的号码，遇有乘车过程中人、货受损情况，乘客可按号衣号码报案或追查。

　　1930年代，是徐州城区人力车发展的高峰时期。为整顿交通秩序，1937年1月10日，江苏省建设厅下达人力车停放办法的文件。徐州警察局据此做过如下规定：以火车站、汽车站、牌楼子、花园饭店、市区各十字路口作为人力车停车点；车辆要在马路十公尺以外停放，停放时，车夫不得远离车辆，不准拉空车沿街乱窜等。当局还对人力车收费价格做出严格管理规定。1930年，根据省建设厅车商造价训令，按公里计费办法，规定每公里收大洋五分，日伪时期以路段计价，但多以面议取费。①

　　人力车能在近代中国许多城市流行与发展，自然有很多原因。作为交通工具的一种类型，人力车的好处是明显的。与独轮车相比，人力车舒适得多。尤其是通过数十年的技术改进，人力车更适合乘坐。这种技术改进包括废弃外围箍铁的木轮，改用实心的橡皮轮，最后改用打气轮胎；增加了靠背，使乘客更舒适；原先又平又硬的车座改换成弹簧坐垫；添加了车

---

　　① 江苏省徐州市交通局编史办公室：《徐州交通志》（未刊），徐州史志办档案室藏，第144页。

灯等。①

从社会需要来说，近代的人力车"在一定程度上类似于现代的出租车。由于近代中国出租汽车发展的滞后，人力车扮演着西方出租汽车所扮演的那种角色。与小汽车相比，人力车速度尽管缓慢，但它极适用于北京、天津、南京等古老城市，因为那里狭窄的街道并不非常适宜机动车辆的快速行使，而这恰恰为人力车留下了发展的空间"。②徐州作为一座古老城市，人力车很长一个时期都属于比较先进的交通工具，正如同时期上海的电车是其先进的交通工具一样。

随着人口数量的增长，人力车和车夫的数量不断增加。城市中人力车的交易、租赁成为新兴行业，成为城市商业化的一部分。近代以前，徐州城区的范围很小，半径不超过2公里，一般人依靠步行、脚驴、小车便可满足需要。后来，由于城市空间的不断扩展，急需一种新型代步交通工具。人力车轻便快捷，可以通行大街小巷，乘坐者无须购车置轿，只需付很少的车价便可以车代步，所以极受徐州一般民众欢迎。这种情况在很多城市都是相同的。可以说，人力车的兴盛是近代城市化过程的一个缩影。

还要注意，人力车在近代城市兴起的重要原因不仅是乘客方便，而且，人力车业的经营效益比较好。徐州城市人力车的发展，促进了城市商业和运输业的发展。据一则报告称，十九世纪末，一辆日本制造的人力车售价15元，租一辆人力车（由车夫付给老板）每天400—600文，其中约有三分之一用于车辆保养。这就意味着出租一个月，老板就能收回投资，这之后，纯利润滚滚而来。③徐州城市中拉散座的大多是车行或个体出租户，按天付租金（俗称车份钱）。抗日战争以前，租一辆一般的车子（租车需按车子的成色好坏来收租价），每天要交车租两角钱，后来涨到两角五分，到了1930年代后期，因物价持续上涨，又改为以实物折价计算，通常是面粉。

---

① 卢汉超：《霓虹灯外——20世纪初日常生活中的上海》，上海古籍出版社，2004年版，第63页。

② 王瑞芳：《近代中国的新式交通》，人民文学出版社，2006年版，第25页。

③ 上海市出租汽车公司党史编写组：《上海出租汽车人力车工人运动史》，中共党史出版社，第74、79页。

二　汽车

汽车作为城市交通工具，在徐州没有得到很好的发展。

马车、人力车、三轮车虽比轿子先进，但他们毕竟都是以人力和畜力为动力，与电车、汽车等机动车辆相比，仍然属于比较落后的交通工具。因此，真正代表中国交通工具重大进步的，是电车、汽车的出现。作为内陆城市，徐州出现汽车要晚于其他城市，如成都 1920 年代出现了汽车，当时是"一辆美国制造的卡车第一次作为交通工具"，引来了许多"好奇的人"观看。成都人把卡车叫作"洋房子走路"或是"花轿打屁"。[①]

徐州城区最早出现的公共汽车，是 1935 年由私商购置营运的。营业不久，因影响人力车工人收入，引起罢工，[②]结果市区公共汽车改为往返各县的长途客车。上下车的旅客车站，均在城外。因路况太差，常因阴雨受阻。再加上当时民生凋敝，乘客不多，营运不久，即告停业。1946 年、1947 年，先后有官私合办的"民生"等公共汽车公司，主要经营当时的中正路和中山路两条线路。当时所谓公共汽车，车况简陋，多用旧货车改造，车顶罩棚，车厢内铺席，生意惨淡，经营不久即停业。[③]

抗战胜利后，徐州市里的汽车主要作为对外运输工具，行驶在通往所属各县及外地的公路上，运输粮食等货物。[④]当时徐州有汽车 270 辆，而到了 1948 年底徐州解放前夕，仅有 193 辆。[⑤]近代上海、天津、北京等大城市，汽车都得到较大的发展，徐州情形无法令人乐观。原因在于两个方面，一是如前所述，作为先进的交通工具的引入，汽车在徐州的发展必定会受到依赖人力车等生存的苦力们的反对和抵制。二是为当时的徐州生产力水

---

① 王笛著、李德英等译：《街头文化：成都公共空间、下层民众与地方政治，1870—1930》，中国人民大学出版社 2006 年版，第 180 页。

② 类似的情况在裴宜理的著作中有很好的论述，参见裴宜理著、刘平译《上海罢工——中国工人政治研究》，江苏人民出版社 2001 年版。

③ 江苏省徐州市交通局编史办公室：《徐州交通志》（未刊），徐州史志办档案室藏，第 153 页。

④ 王维骃：《江苏北部各县交通调查》，中国第二历史档案馆藏，档案号 398—8618。

⑤ 江苏省徐州市交通局编史办公室：《徐州交通志》（未刊），徐州史志办档案室藏，第 37 页。

平所决定。徐州城市"街道之狭小",道路建设不能满足汽车的需要。沙公超曾就电车在中国近代城市发展的命运与状况做过深刻的分析。他指出中国城市街道"仅能容轿舆之往来,较大者亦仅够人力车之通行"。而街道的根本改造,是一项"巨大之工程",需要拆城拆屋和"绝大之权力",因此,电车和汽车在近代很多城市"似无发达之希望"。①工商业的发展程度相对落后,城市化水平低,人们乘坐汽车出行的可能性就很小。作为一种新型交通工具,汽车本来应有广阔的前景,从而成为城市公共交通的主干。但任何一种事物都不能脱离其具体的社会环境,汽车在近代徐州城市遭受冷遇是近代徐州城市发展缓慢的真实写照。

第四节 交通工具的变革与徐州城市社会变迁

交通工具作为一种物质文化,是一个具有适应性的、相对稳定的一体化体系,但是当它所适应的环境或人类对这些环境的看法发生变化时,它也会随之发生变化。因此,文化的变迁是一个必然过程。文化变迁指的是技术、社会、政治、经济组织以及行为准则等方面所发生的变化过程。②近代徐州城市交通工具的近代变迁,与社会环境的变化密切相关。

城市交通工具的发展,反映了近代城市的进步。从人抬的轿子,到人拉的洋车,再到机动的电车和汽车,从一个侧面反映了城市新旧文化交替的过程。交通工具本身在城市中的发展也是一个曲折的适应过程,它不可避免地存在与城市发展不相协调的一面。尽管如此,它最终促进了近代城市的崛起和文化的交流,深刻地改变着城市社会。

一 城市发展带动了城市交通工具的变革

近代徐州城市本身及当时所处的时代发生了急剧变革,这种环境变化

① 沙公超:《中国各埠电车交通概况》,《东方杂志》23卷第14期,第47页。
② 马广海:《文化人类学》,山东大学出版社2003年版,第398页。

促使徐州城市社会文化的变迁。城市交通工具适应着这种环境的变化，一方面沿袭传统的交通工具，另一方面又受到外来文化的冲击与融合。徐州城市交通工具发生的变迁，明显地带有时代的特征，而且，徐州城市交通工具文化的变迁具有与其他通商大都市不同的特点。近代徐州城市物质文化的变迁，经历了一个从传统到近代的缓慢过程。

近代徐州城市交通工具的变革受到诸多社会条件的制约。虽然铁路与煤矿是近代徐州城市形成的亮点，但总体而言，徐州近代工商业没有成规模地发展，城市人口虽有所增加但缺少活力，经济萧条，城区没有得到扩展，市民收入低下，在这种情况下，人们更多地选择轿子、小车、人力车这样费用较低的交通工具。同理，电车与公共汽车之所以没有在徐州城市得到发展，主要就是因为近代徐州城市工商业发展落后，城市化水平低下，没有众多工厂工人的出现，因而也就缺少了使用的需求。

交通工具的变革与发展，还受到城市道路条件的制约。徐州系古城，进入近代，街道与城市面貌状况几乎没有什么进展。而且，近代徐州屡受兵灾水患的破坏，作为城市骨架的道路设施，根本没有得到正常发展。至1949 年，全市只有道路 31 公里，路面结构中除部分板石铺砌和简易碎石路面外，土路面占近 50%，沥青路面只有 0.63%。城区道路不仅质量低劣，而且分布不均，表现为东密西稀，从道路规格看，干道少，贯通道路少，小路多。① 这种道路状况极大地限制了城市交通工具尤其是先进的交通工具的发展。

但我们也要看到，近代化变革在很多方面推动了徐州城市交通工具的演进。轿子在近代徐州城市中一度兴盛，与社会政治制度变革与等级制度、观念的动摇有着密切关系。轿子在封建时代是受到严格的等级制度制约的。到了清末和民国，社会制度发生根本性变动，平等思想在乘坐交通工具方面也得到了一定体现，只要可能，任何交通工具几乎都是可以乘坐的。这是政治社会的变迁对交通工具的影响。

近代徐州交通枢纽地位的确立与发展，一定程度上促进了徐州城市工

---

① 陈德新：《伸展着的城区道路》，《徐州史志》1987年第1期，第5页。

商业的发展，由此带动了徐州城市交通工具与运输业的发展。徐州由于津浦、陇海铁路的交汇，交通形势出现了新的变化，初步形成了我国东部铁路交通枢纽，为徐州资本主义工商业发展创造了有利的条件。1911年津浦铁路建成通车，徐州东关建成火车站。1915年陇海铁路徐汴段通车，徐州北站建立。附近贫民纷纷到车站接送客商与货物。轿子、人力车、平板车等交通工具得到进一步的发展。

1922年，徐州被开辟为商埠，从东门到东站间的废黄河滩辟为商埠区，商业逐渐发展。而城北关和东关之间的坝子街一带成为一大粮食市场，形成铜山县东北乡农村产品集散中心，推进了徐州城市搬运业的发展。①

1938年徐州沦陷后，日军开设的国际运输公司主宰了徐州的搬运业。当时徐州的粮行、粮栈发展较快，全市有130多家，大量吸纳了城乡贫民加入搬运工作。②

二　交通工具的变革改变着城市社会

近代徐州交通工具的发展，促使城市社会结构发生变化，促进了交通运输业的发展，在一定程度上改变了社会心理与习俗。

1. 社会结构的变化

城市近代化发展，交通工具的变革，使原有的城乡社会阶层出现分化，同时城市中新的社会阶层开始出现。

轿子与人力车的发展，使近代城市社会出现轿夫与人力车夫等苦力阶层，数量庞大并且在城市生活中十分活跃，是近代城市社会结构中的重要一环。

人力车是近代城市重要的交通工具，是穷困民众的谋生之路。由于农村经济的普遍萧条，许多入城的农民都将拉车视作谋生途径（就像现在许多进城的农民工从事建筑行业一样）。随着人力车的激增，人力车夫不断增

---

①　徐州市地方志编纂委员会编：《徐州市志》，中华书局1994年版，第848页。

②　江苏省徐州市交通局编史办公室：《徐州交通志》（未刊），徐州史志办档案室藏，第75页。

加，改变了城市社会阶层的构成。徐州的人力车夫与他们的上海、北京同行有许多相似处，但也存在显见的差异，主要的差异在于车夫的来源。根据1935年人力车夫工会会员名册显示，在1200名会员中，铜山籍的962人，山东的236人，河南的5人，安徽籍1人。因此，徐州城市里的人力车夫主要来自本城及附近（包括邻近的山东地区）乡村。[①]这和同时期北京、上海的情况有所不同。北京人力车夫大多是本城人，农村来的不到四分之一，上海几乎所有的车夫都直接来自农村，尤其是苏北地区，成为上海最贫穷的移民。

此外，由于交通运输业的发展，特别是粮食贸易及粮食加工业的发展，近代徐州城市中使用小车等交通运输工具的脚行搬运工人迅速发展，人数较为庞大，成为徐州一个重要的社会阶层。

2. 交通运输业的发展

汽车作为近代先进的交通工具，对中国近代城市发展与社会进步产生了重要影响。尽管近代徐州的发展相对滞后，但是汽车对近代徐州城市发展还是有着重要作用的。汽车引入徐州后，带动了徐州城市运输业的发展。徐州汽车运输始于1930年代，有官办的和商办的专业运输企业。日伪时期，徐州官办运输公司有20家：国际运输公司国际运输会社支店、华北运输股份有限公司徐州支店、华北交通株式会社徐州驿、徐州交通株式会社徐州铁路办事处、华北交通株式会社徐州自动车营业所、华北交通汽车站、北支自动车工业株式会社徐州营业所、中华航空株式会社徐州飞行场、中国航口株式会社徐州出张所、毛达斯汽车修理场、丰田汽车修配厂、四达汽车材料行、大和汽车商行、兴亚汽车公司、协和公司、信康运输公司、江北汽车运输商行。这些运输企业承担了大宗运输业务的主要部分。

抗战胜利后，徐州市内汽车运输业有了进一步发展，当时汽车公司有：大华汽车公司、光明汽车行、万盛车行、汇通汽车行、鲁南汽车公司、中美汽车材料行、中美汽车营业处。另有交通部公路总局第一区公路工程管

---

① "铜山县人力车夫职业工会档"（1935年4月），中国第二历史档案馆藏，档案号422—6—936。

理局徐州公路总段，交通部公路总局徐州营业所，交通部公路总局第一客运徐州南站，交通部第一运输处，徐州营业所长途汽车营业社。商办的汽车公司有合众汽车公司、天新公司、新海公司、铜山公司、青年公司、豫合公司、济南公司等。各公司的车辆有多有少，有的三五辆，有的十辆八辆，总计约270辆。

3. 社会心理与习俗的改变

交通工具的变革往往会导致城市社会生活方式与生活习俗的变化。近代徐州城市轿子兴衰与社会风俗关系密切。城市里办红白喜事都离不开轿子。凡嫁女娶妇，新娘必凤冠霞帔，乘坐花轿。有钱人出殡送葬办丧事，轿子排成一字长蛇阵，供有死者遗像或神主牌位的轿子叫"魂轿"，古铜色，蒙上黑缎棺罩，前扎龙头，后扎凤尾，36人抬杠。丧家女眷乘坐轿顶全蒙白布的"丧轿"，送葬妇女则乘坐轿顶半蒙白布的"客轿"。穷人出殡，只有一顶蓝棺罩布的丧轿。[1]妓女出堂则可坐一般平民不得问津的绿呢官轿，招摇过市。

当徐州城市里人力车盛行时（一种时尚），人们又开始有选择地使用人力车。原来乘坐轿子的优劣反映了人们社会身份与地位的差异，此时开始变为以乘坐何种人力车来反映人们的社会差异。当电车、公共汽车出现时，人们也表现出了强烈的好奇心。[2]即使在今天，品牌对于车行一族而言是最重要的。

城市交通工具从轿子到人力车、电车，构成近代徐州公共交通演化的几个关键性的环节。其中每个环节，或者说每一次变革，都导源于近代徐州城市发展的内在需要，不但推进了近代徐州的城市化，也推动了市民心理、习俗的改变与调适。

受各种社会条件的制约，交通工具在不同城市里的命运是很不相同的。徐州城市近代人力车的发展相对落后于上海、天津等大都市。从时间

①　王林绪：《徐州交通史》，中国矿业大学出版社1988年版，第123页。
②　近代社会变迁中引领潮流的服装、发式、口号、小说等"时尚"与政治文化的关系是很有趣的，可参见澳大利亚学者费约翰著、李恭忠等译：《唤醒中国——国民革命中的政治、文化与阶级》，三联书店2004年版。

上来看，北京在 1886 年就出现了第一辆人力车，而徐州到民国初年才开始出现。还有，近代徐州城里出现过轿子、小车、人力车等交通工具，并且成为主要的城市交通工具，而西洋马车没有出现，其他先进的近代新式交通工具如汽车、电车等在徐州古城没有得到迅速发展，与上海、天津、北京等大城市明显存在着差异。这在一定程度上反映了近代徐州城市发展的落后状况。

考察近代中国城市的交通工具，我们还可以看到，一方面，新旧交通工具在近代城市中的发展常常是并行不悖的，另一方面，先进的交通工具的出现有时并不占据优势，如人力车在 1910 年代已经出现，但当时轿子、脚驴、小车较为流行，到 1920 年代人力车才逐渐在徐州盛行起来，而电车与公共汽车始终没有成为徐州市内交通的主力。

由于不同的城市在近代社会环境与条件存在很大差异，城市社会文化的变迁轨迹也是不同的。近代徐州城市社会经济的近代化，由于特殊的地理格局与社会背景的制约，发展缓慢。尽管如此，交通工具的逐步革新毕竟带来了许多新气象。近代徐州的道路经历了土路、碎砖路、碎石路到柏油路的变迁，与此相适应，徐州城市的交通工具也经历了从轿子到马车、人力车的变迁。从人力、畜力拉动的车子，再到机动的汽车，这不仅是工具的进步，它也从一个侧面反映了中国近代城市转型的轨迹，折射出新旧文化演进的复杂历程。

结　语

近代中国城市的发展受到多种因素的影响，如外国资本主义的入侵、西方文化的冲击、地区传统经济发展的程度以及地区文化传统等。在不同地区，各种因素发挥着不同作用，并相互影响，形成不同的合力。正是这种不同的合力推动着各个城市的发展走着不同的道路，取得不同的结果。

一　近代徐州城市功能的转变

传统的徐州城市是军事重镇和地区政治中心，军事因素和政治因素对徐州城市发展和社会变迁起着重要作用。随着经济社会的深刻变动，徐州逐渐由传统军事中心和区域政治中心城市向近代工商业城市转变，其经济功能在缓慢增强。近代的徐州城市政治、军事色彩极为浓厚，长期保存着大量的传统因素。

徐州在明清以来就是苏北的重要政治中心，设有道、府等诸多衙门机构。徐州军事地位更为突出，自古以来是兵家必争之地，其军事得失事关全局，历代常驻以重兵。明代设有徐州卫和徐州左卫、徐淮兵备道。清代设有徐州镇总兵，并派大量的八旗兵、绿营兵、湘军、淮军驻扎徐州。许多重要的军事统帅都将指挥部设在这里，如胜保、僧格林沁、曾国藩、李鸿章、鲍超、刘铭传、李昭庆、郭松林等。进入民国以后，战争不断发生，徐州的军事地位依然受到重视。在徐州的驻军频繁更换，十分庞杂，革命军，辫子军，北洋军第二路军，陆军第 5 师、第 7 师、第 10 师，安国军第一方面军、第二方面军、第七方面军都曾在徐州驻扎。张勋、冯国璋、张

敬尧、孙传芳、张宗昌、卢永祥等著名军阀都曾在徐州留下踪迹。①南京国民
政府时期，国民党的徐州驻军有增无减，许多国民党的高级将领都率部驻
扎过徐州，如李宗仁、白崇禧、何应钦、刘峙、胡宗南、顾祝同、张自忠、
汤恩伯、杜聿明等。徐州一带常常云集几十万大军。因此，徐州军事中心
地位依然十分重要，并影响着近代徐州城市社会的发展。徐州经济功能在
很大程度上依赖军队消费，以至于刺激徐州商业、服务业畸形繁荣。据记
载，民国时期徐州菜馆增至 200 余家，饭店摊点 1000 余户，浴池发展到 38
户，从业人员 2000 余人。②由于近代徐州城市功能具有很强的军事、政治色
彩，所以城市经济为本城市居民服务的比例较重。由于服务对象更多是军
队、官员，所以徐州商业主要是以吸引外地商品为主，服务本地消费者为
主，这种内向型的经济功能，实际上是很脆弱的。

尽管如此，徐州向工商业城市转变的趋势不断增强，经济功能在不断
加强。手工业、工业不仅厂家数量在增长，而且采用机器生产和资本主义
工业管理方式的企业、工业和手工业不断增多。在商业和服务业上，徐州
更有大发展。不仅有山东、山西、浙江等外地商人来徐开店做买卖，而且
百货业等新式行业越来越多，商人的地位有了很大提高。此外，城市服务
业比以往也有了发展。

二 影响近代徐州城市社会发展的因素

近代徐州城市功能的转变是缓慢的。在这种转变中，有诸多因素在起
作用。其中主要的有以下几个方面：

第一，交通的变革是徐州近代发展的动力。

铁路的修筑和开通，使徐州成为新式交通枢纽。交通条件的变革是近
代徐州城市发展与社会变迁重要的推动力。水路交通的发达与否决定着古
代徐州城市的兴衰，明清的漕运对徐州古代城市的发展也有着非同寻常的

---

① 李近仁：《民国前期徐州驻军与调防概况》，《徐州文史资料》第13辑，第96—
180页。

② 徐州市地方志编纂委员会编：《徐州市志》，中华书局1994年版，第956页。

意义。然而清末水运的衰落一度使徐州城市走向衰落。近代化的交通体系的形成在一定程度上加强了徐州与徐属各地的联系，同时也大大改善了徐州同江苏其他各地以及与周边邻省地区如山东、河南、安徽之间的交通环境，从而在一定程度上推动了徐州近代工商业的发展。然而在近代相对优越的交通条件下，徐州却没有得到迅速发展。

第二，区域经济发展状况是左右徐州近代城市发展的关键性因素。

区域的经济社会状况不仅制约着城市的规模和地位，也对城市的工业和商业结构产生重要影响。徐州所处的苏北地区经济发展程度低。区域内的经济能力保持较低的水平，而没有一定规模的商品生产能力和消费能力，难以给徐州城市提供大量的原料和产品，也很难消纳足够徐州城市生产的消费品。

1980年代，人们对作为欧亚大陆桥的出海口的连云港寄予厚望，希望其能成为"真正的东方大港"，然而20年过去，连云港没有出现人们所期待的腾飞。其没有得到真正发展的原因在于苏北地区的许多货物、资源分流到南北各大港口城市，而最主要原因却在于苏北地区商品经济的不发达，不能提供更多的出口物资，也无法消费太多的进口物资。[①]其实，近代徐州拥有铁路交通枢纽这一有利的交通条件，却没有得到迅速发展，其根本原因同样在于徐州周边的区域经济的落后，社会发展的滞后，不能从资源和市场上为徐州的发展提供有利的条件。前面文中已经谈到，徐州手工业、工业是以农副产品加工业为主，如面粉加工业、酒油业等，其原料主要来自周边农村地区，而这些地区的农副产品还有很多是销往上海、青岛等城市的。徐州周边地区也是城市工商业的重要销售市场。因而，徐州城市的经济发展在很大程度上是依赖于广大的农村地区，这使得徐州城市的发展必然受到农村经济和社会的极大影响。当自然灾害、战乱对周边农村地区造成极大破坏的时候，生产停滞，农民更加穷困的时候，徐州经济的发展必然受到极大的挫折。

---

① 吴松弟：《中国百年经济拼图——港口城市及其腹地与中国现代化》，山东画报出版社2006年版，第20页。

　　第三，灾荒与战争是影响近代徐州城市发展的重要因素。

　　战争对经济的破坏是全方位的。战争不仅是对本地区物力、财力的消耗，而且是人力资源的消耗。不仅对徐州地区农业上造成了直接的破坏，而且对城市本身产生了极大的打击。1938 年 5 月，国民党军队为阻止日寇南下徐州，炸开茅村西侯家林故黄河堤坝，使附近地区庄稼颗粒无收等。频繁的自然灾害使徐州经济遭受惨重的打击。自然灾害中首推水涝灾害一项最为严重。徐州受灾达 445 次之多，次为旱灾达 133 次。而且旱涝灾害的发生愈到近代愈是频繁。据气象部门对 1470 年以来近 500 年旱涝史料频数的统计，徐州大涝年占 9％。大旱年占 7％，正常年景占 55％，偏涝和偏旱年份分别占 27％和 23％。由此可见，徐州的涝年、旱年均占比较大。①《徐州百年大事记（1880—1988）》载："1921 年 3 月 3 日，沛县暴雨，并降大冰雹，最大的如拳头，人畜伤亡惨重。接着 6 月份沛县沿湖地区又发生蝗灾，蝗虫飞起，遮天盖地，庄稼尽被吃光。"历史上一些灾害性事件往往是连续发生，在水涝及战后常常伴随着瘟疫的发生，这更进一步加重对经济的破坏程度。如 1911 年，铜山、沛县、邳州、睢宁、宿迁大水灾之后又流行瘟疫，以致发生人吃人的现象，饥民为求生存，纷纷加入了革命。自然灾害、战乱使近代徐州地区的经济状况一再恶化，进而严重地影响着徐州城市社会经济的发展和城市社会的变迁。

　　第四，上海、天津等发达地区的辐射是近代徐州城市社会变迁的外部促进力。

　　这种外在的影响涉及经济、社会、文化各个领域。徐州大量的农产品销往上海，农产品加工业的产品多以经上海、天津、青岛出口到国外，如肠衣加工业、制蛋业就是很突出的例子。当然，很多国外商品从上海、天津等地贩运到徐州销售。如钟表业，民国初年到抗战胜利后，从 10 多家发展到 113 家。②规模较大的钟表店，全是宁波帮开设的，尤其任氏投资最多。

---

　　①　刘作宾：《徐州的涝与旱》，《徐州史志》（试刊）1986 年 1 月，第49页。
　　②　冯姬等口述、董玉岭整理：《徐州钟表业的过去》，《徐州史志》1987 年第 2 期，第8页。

据说他们把家乡的房子和土地变卖精光，携款来徐的。还有上海宁波帮财团的支援，因而他们开设的店资金雄厚，周转灵活，货源充足，品种齐全，在业务上和同行竞争，占有绝对优势。抗战以前，钟表业经营的各种钟表全是进口货，瑞士产最多。购者多是机关上层人物和军官家属以及官绅富商的太太们。钟表多是从上海、青岛、济南等地购进，由外商洋行代办。亨得利和亨达利两家，和上海的亨得利、亨达利有着股份和业务关系。①这对近代徐州城市商品结构的变动以及新式商业经营方式的出现产生了重要影响。

徐州城市工业大多数技术设备是上海等发达地区引入的。1882年，徐州煤矿"钻地、提水各项机器"购自上海瑞生洋行。②徐州电力企业徐州电灯厂的发电机来自南京，耀华电灯公司的发电机购自上海，贾汪电厂的设备源于天津。③宝兴面粉厂的钢磨及炼油设备分别从天津亚美洋行和上海礼和洋行购入。④徐州近代工业的发展还得到发达地区的资本支持。如1897年，广东商人吴味熊在粤东集股80万元，接办徐州煤矿，创办贾汪煤矿公司。⑤1931年，上海实业家刘鸿生斥资80万创办华东煤矿公司。徐州煤矿还较早地实行了股份制，引入了资本主义工业管理方式。

再以纺织业为例，发达地区对徐州纺织业给予了有力的支持，如上海等江南地区和济南等北方城市的纺织业为徐州城市发展纺织业树立了成功的榜样，不仅为徐州提供棉纱等原料，而且直接在技术、资金、管理等方面支持徐州纺织业的发展。徐州织袜业的针织设备大都购于济南。还有织布机的改进、缝纫机的使用等都受到上海、济南等城市纺织业的影响。因此，经济发达地区城市对徐州经济辐射使徐州纺织业得到较快的发展。发达地区的技术、资金等方面的支持极大地推动了徐州近代工业的发展。

---

① 冯姬等口述，董玉岭整理：《徐州钟表业的过去》，《徐州史志》1987年第2期，第9页。
② 《东方杂志》卷26 第5期。
③ 赵耀煌：《徐州解放前的电力发展概况》，《徐州文史资料》第7辑，第1—6页。
④ 邢鉴泉：《回忆徐州宝兴面粉厂》，《徐州文史资料》第3辑，第94页。
⑤ 胡恩燮：《灌叟撮记》，第11页。

　　在交通工具上，徐州的人力车主要是来自天津、上海等地。上海的电影业、报纸、戏剧对近代徐州文化娱乐都产生了重要的影响。徐州电影院最早的机器设备和影片是来自上海。这是一种外力的影响。但对徐州近代的发展是极其重要的。它是徐州从传统到现代转变重要的外部促进力。

　　此外，城市教育的变革、交通工具的演变等方面的因素对徐州城市社会的近代变迁产生了重要的影响。

参考文献

古籍

1.《孟子注疏》，中华书局 1957 年版。

2.（汉）司马迁撰：《史记》中华书局 2005 年版。

3.（晋）司马彪撰：《后汉书》，中华书局 1965 年版。

4.（晋）陈寿撰：《三国志》，中华书局 1984 年版。

5.（后晋）刘昫等撰：《旧唐书》，中华书局 1975 年版。

6.（梁）沈约著：《宋书》，中华书局 1974 年版。

7.（北魏）郦道元著：《水经注》，华夏出版社 2006 年版。

8.（北齐）魏收撰：《魏书》，中华书局 1974 年版。

9.（唐）房玄龄等撰：《晋书》，中华书局 1974 年版。

10.（唐）魏征等撰：《隋书》，中华书局 1979 年版。

11.（唐）李吉甫：《元和郡县图志》，中华书局 1983 年版。

12.（唐）杜佑撰：《通典》，中华书局 1984 年版。

13.（宋）苏轼著：《苏轼文集》，中华书局 1986 年版。

14.（宋）欧阳修、宋祁撰：《新唐书》，中华书局 1975 年版。

15.（宋）欧阳修撰：《新五代史》，中华书局 1974 年版。

16.（元）脱脱等撰：《宋史》，中华书局 1977 年版。

17.（元）脱脱等撰：《金史》，中华书局 1975 年版。

18.（明）宋濂等撰：《元史》，中华书局 1976 年版。

19.（清）陈芳绩撰：《历代地理沿革表》，上海商务印书馆 1935 年版，《丛书集成初编》本。

20．（清）张廷玉等撰：《明史》，中华书局 1974 年版。

21．赵尔巽等撰：《清史稿》，中华书局 1977 年版。

22．（清）徐文范撰：《东晋南北朝舆地表》，商务印书馆 1937 年版，《丛书集成初编》本。

23．（清）杨晨撰：《三国会要》，中华书局 1956 年版。

24．（清）顾祖禹：《读史方舆纪要》，中华书局 1955 年版。

25．（清）《德宗实录》，中华书局 1987 年版。

26．（清）张之洞撰、王树楠编：《张文襄公全集》，文海出版社 1970 年版（近代中国史料丛刊）。

27．（清）刘锦藻撰：《清朝续文献通考》，浙江古籍出版社 2000 年版。

28．（清）胡恩燮：《白下愚园集》，南京图书馆藏。

29．（清）冯煦：《冯煦奏稿》。

30．胡碧澄：《灌叟撮记》，南京图书馆藏。

档案、志书、报刊资料

1．中国近代史资料汇编编辑委员会编著：《海防档》，台湾"中研院"近代史研究所，1957 年。

2．王维骃：《江苏北部各县交通调查》，中国第二历史档案馆藏。

3．《世界红卍字会中华总会组织工作概要》，上海市档案馆藏。

4．《世界红卍字会慈业工作报告书》，上海市档案馆馆藏。

5．民国教育部：《第一次中国教育年鉴》（民国 23 年）。

6．《满铁北支经济调查所关于徐州制粉工业立地调查报告》，中国第二历史档案馆藏。

7．《徐州典当业调查》，江苏省档案局藏。

8．《徐州市银楼业》（1947 年），江苏省档案局藏。

9．《徐州市国民银行登记》（1947 年），江苏省档案局藏。

10．《铜山县公路材料》（1947 年），江苏省档案局藏。

11．《铜山县市政材料》，江苏省档案局藏。

12.《铜山县交通材料》，江苏省档案局藏。

13.《铜山县工商材料》，江苏省档案局藏。

14.《江苏省铜山县社会救济事业协会》，江苏省档案局藏。

15.《徐州商业登记》（1947），江苏省档案局藏。

16.《徐州市工厂登记》，江苏省档案局藏。

17.《铜山县公路》，江苏省档案局藏。

18.《铜山县交通》，江苏省档案局藏。

19.《江苏省灾害救济实施办法》，江苏省档案局藏。

20.《徐州市难民招待及遣散》，江苏省档案局藏。

21.《徐州难民疏导办法》，江苏省档案局藏。

22.《徐州市善救协会》，江苏省档案局藏。

23.《徐属水灾》，江苏省档案局藏。

24.《徐州史志》

25.《江苏省志·商业志》

26.《徐州市志》

27.《江苏粮食志》

28.《徐州金融志》

29.《徐州轻工业志》

30.《徐州教育志》

31.（民国）实业部国际贸易局:《中国实业志（江苏省）》，台北：宗青图书出版公司，1933年。

32.《江苏通志稿·学校志》，中国第二历史档案馆藏。

33.江苏省徐州市交通局编史办公室:《徐州交通志》（未刊），徐州史志办档案室藏。

34.《徐州文史资料》

35.《铜山文史资料》

36.《商务官报》

37.《时报》

38.《申报》

39.《大公报》

40.《民国日报》

41.《中央日报》

42.《东方杂志》

43.《江苏》

44. 孙毓棠编:《中国近代工业史资料第一辑》,近代中国史资料丛刊续编,文海出版社1983年版。

45. 中国社会科学院近代史研究所、中国民国史研究室:《中华民国史资料丛稿·大事记》,中华书局1978年版。

46. 江苏省实业厅编:《中华民国商业档案资料汇编》,中国商业出版社1991年版。

47.《中国县银行年鉴(民国三十七年)》。

48. 汪敬虞:《中国近代工业史资料》,科学出版社1957年版。

49. 陈真:《中国近代工业史资料》,三联书店1961年版。

50. 宓汝成:《中国近代铁路史资料》,中华书局1963年版。

51. "青州"建设研究会编:《徐州概况》,徐州市档案馆藏。

52. 中国人民银行上海市分行编:《上海钱庄史料》,上海人民出版社1960年版。

专著

1. 隗瀛涛主编:《近代重庆城市史》,四川大学出版社1991年版。

2.【美】罗兹·墨菲(Roads Murphey):《上海:现代中国的钥匙》,上海人民出版社1986年版。

3.【美】施坚雅(G.William Shinner):《中华帝国晚期的城市》,中华书局2000年版。

4.【美】罗威廉(William T.Rowe)著:《汉口:一个中国城市的商业与社会,1796—1889》,鲁西奇译,中国人民大学出版社2005年版。

5.【美】罗威廉(William T.Rowe)著:《汉口:一个中国城市的冲突与社区,1796—1895》,鲁西奇等译,中国人民大学出版社2008年版。

6.【美】鲍德威（David Buck）:《中国的都市变迁：1890—1949年山东济南的政治与发展》，张汉等译，北京大学出版社2010年版。

7.【美】魏斐德（Frederic Wakeman Jr.）:《上海的警察：1927—1937》，上海古籍出版社2004年版。

8. 梁元生著:《上海道台：研究转变中社会之联系人物　1843—1890》，陈同译，上海古籍出版社2003年版。

9.【美】马丁（Brian G.Martin）:《上海青帮：1919—1937年的政治与有组织犯罪》，美国加利佛尼亚大学出版社1996年版。

10. 王笛:《街头文化：成都公共空间、下层民众与地方政治，1870—1930》，中国人民大学出版社2006年版。

11.【美】卢汉超著:《霓虹灯外：20世纪初日常生活中的上海》，段炼等译，上海古籍出版社2004年版。

12. 曾业英主编:《五十年来的中国近代史研究》，上海书店2002年版。

13. 张仲礼等主编:《东南沿海城市与中国近代化》，上海人民出版社，1996年版。

14. 张仲礼等主编:《长江沿江城市与中国近代化》，上海人民出版社2002年版。

15. 隗瀛涛:《中国近代不同类型城市综合研究》，四川大学出版社1998年版。

16. 茅家琦等著:《横看成岭侧成峰：长江中下游城市近代化的轨迹》，江苏人民出版社1993年版。

17. 何一民:《近代中国城市发展与社会变迁》，科学出版社2004年版。

18. 忻平:《从上海发现历史：现代化进程中的上海人及其社会生活》，上海人民出版社1996年版。

19. 刘海岩:《空间与社会：近代天津城市的演变》，天津社会科学出版社2003年版。

20. 何一民:《变革与发展：中国内陆城市成都现代化研究》，四川大学出版社2002年版。

21. 沈毅:《近代大连城市经济研究》，辽宁古籍出版社1996年版。

22．郝良真、孙继民：《邯郸近代城市史》，测绘出版社，1992 年版。

23．陈荣华、何友良：《九江通商口岸史》，江西教育出版社 1985 年版。

24．张仲礼：《近代上海城市研究》，上海人民出版社 1990 年版。

25．虞晓波：《比较与审视——"南通模式"与"无锡模式"研究》，安徽教育出版社 2001 年版。

26．皮明庥主编：《近代武汉城市史》，中国社会科学出版社 1993 年版。

27．罗澍伟主编：《近代天津城市史》，中国社会科学出版社 1993 年版。

28．李玉：《长沙的近代化启动》，湖南教育出版社 2000 年版。

29．王林绪主编：《徐州交通史》，中国矿业大学出版社 1988 年版。

30．赵明奇主编：《徐州自然灾害史》，气象出版社 1994 年版。

31．刘怀中编著：《古今征战在徐州》，解放军出版社 1988 年版。

32．邓毓昆、李银德：《徐州史话》，江苏古籍出版社 1990 年版。

33、南京师范学院地理系江苏地方史研究室编：《江苏城市地理》，江苏科技出版社 1982 年版。

34．蔡云辉：《战争与中国近代衰落城市研究》，社会科学文献出版社 2006 年版。

35．王守中：《近代山东城市变迁史》，山东教育出版社 2001 年版。

36．刘定汉主编：《当代中国的江苏》，中国社会科学出版社 1989 年版。

37．小田：《江南乡镇社会的近代转型》，中国商业出版社 1997 年版。

38．万灵：《常州的近代化道路：江南非条约口岸城市近代化的个案研究》，安徽教育出版社 1999 年版。

39．【日】斯波义信：《宋代江南经济史研究》，江苏人民出版社 2001 年版。

40．张海林：《苏州早期城市现代化研究》，南京大学出版社 1999 年版。

41．王树槐：《中国现代化的区域研究，江苏省》，台北："中研院"近代史研究所 1984 年版。

42．李长傅编著：《江苏省地志》，台北呈文出版社有限公司印行，据民国二十五年铅印本影印 1983 年版。

43．江苏省社会科学院"江苏史纲"课题组：《江苏史纲》，（近代卷），江苏古籍出版社 1993 年版。

44. 陈怀荃著：《黄牛集》，安徽教育出版社 2000 年版。

45. 杨宽：《战国史》，上海人民出版社 1980 年版。

46. 邹逸麟主编：《黄淮海平原历史地理》，安徽教育出版社 1997 年版。

47. 马正林主编：《中国历史地理简论》，陕西人民出版社 1987 年版。

48. 萧国钧：《春秋至秦汉之都市发展》，台北商务印书馆 1984 年版。

49. 白寿彝著：《中国交通史》，商务印书馆 1993 年影印第 1 版。

49. 戴均良：《中国城市发展史》，黑龙江人民出版社 1992 年版。

50. 宓汝成：《帝国主义与中国铁路》，上海人民出版社 1980 年版。

51. 陈峰：《漕运与古代社会》，陕西人民教育出版社 2000 年版。

52. 中国公路交通史编审委员会：《中国古代道路交通史》，人民交通出版社 1994 年版。

53. 孙敬之主编：《中国经济地理概论》，商务印书馆 1983 年版。

54. 张冠增：《城市发展概论》，中国铁路出版社 1998 年版。

55.【美】托马斯·哈定等：《文化与进化》，浙江人民出版社 1987 年版。

56.【美】罗兹曼：《中国现代化》，上海人民出版社 1989 年版。

57. 唐力行：《商人与中国近世社会》，浙江人民出版社 1993 年版。

58. 范金民：《明清江南商业的发展》，南京大学出版社 1998 年版。

59. 王振忠：《明清徽商与淮扬社会变迁》，三联书店 1996 年版。

60. 王日根：《乡土之链：明清会馆与社会变迁》，天津人民出版社 1996 年版。

61. 常宗虎：《南通现代化（1895—1938）》，中国社会科学出版社 1998 年版。

62. 万明：《晚明社会变迁——问题与研究》，商务印书馆 2005 年版。

63. 韩大成：《明代城市研究》，中国人民大学出版社，1991 年版。

64. 虞和平：《商会与早期中国现代化》，上海人民出版社 1993 年版。

65. 何炳棣：《中国会馆史论》，台湾学生书局 1966 年版。

66. 马敏、朱英：《传统与近代的二重变奏：晚清苏州商会个案研究》，巴蜀书社 1993 年版。

67.【澳大利亚】费约翰著：《唤醒中国——国民革命中的政治、文化与阶级》，李恭忠等译，三联书店 2004 年版。

68. 马广海：《文化人类学》，山东大学出版社 2003 年版。

69. 上海市出租汽车公司党史编写组：《上海出租汽车人力车工人运动史》，中共党史出版社 1991 年版。

70.【美】裴宜理著：《上海罢工——中国工人政治研究》，刘平译，江苏人民出版社 2001 年版。

71. 王瑞芳：《近代中国的新式交通》，人民文学出版社 2006 年版。

72. David Strand. *Rickshaw Beijing: City People and Politics in the 1920s.* Berkeley: University of California Press，1989.

73. 庄孔韶：《人类学通论》，山西教育出版社 2005 年版。

74. 王卫平、黄鸿山：《中国古代传统社会保障与慈善事业——以明清时期为重点的考察》，群言出版社 2005 年版。

75. 邓云特：《中国救荒史》，商务印书馆 1993 年版。

76. 李文海：《中国近代十大灾荒》，上海人民出版社 1994 年版。

77. 敖文蔚：《中国近现代社会与民政》，武汉大学出版社 1992 年版。

78. 王孝通：《中国商业史》，上海书店 1984 年版。

79. 杨端六：《清代货币金融史稿》，三联书店 1962 年版。

80. 熊月之主编：《上海通史》，上海人民出版社 1999 年版。

81. 汪汉忠：《灾害、社会与现代化：以苏北民国时期为中心的考察》，社会科学文献出版社 2005 年版。

82. 严昌洪：《20 世纪中国社会生活变迁史》，人民出版社 2007 年版。

83.【美】费正清：《剑桥中国晚清史（上、下）》，中国社会科学出版社 1985 年版。

84.【美】费正清：《剑桥中华民国史（上、下）》，中国社会科学出版社 1994 年版。

85.【美】亨廷顿：《变化社会中的政治秩序》，北京三联书店 1989 年版。

86.【美】布莱克：《现代化的动力》，四川人民出版社 1988 年版。

87.【美】R.E. 帕克等：《城市社会学》，华夏出版社 1987 年版。

88.【美】巴顿：《城市经济学》，商务印书馆 1984 年版。

89. G.William Shinner.*The City in Late Imperrial China*. California:Stanford University Press，1977.

90. Mark Elvin and Willim skinner.*The Chinese City between Two Worlds*. California:Stanford University Press，1987.

学术论文

1. 张冠增：《城市史的研究——21 世纪历史学的重要使命》，《神州学人》1994 年第 12 期。

2. 陈绍棣：《加强城市学和城市史的研究》，《中国史研究》1989 年第 3 期。

3. 皮明庥：《城市史研究略论》，《历史研究》1992 年第 3 期。

4. 何一民、曾进：《中国近代城市史研究的进展、存在问题与展望》，《中华文化论坛》2000 年第 4 期。

5. 毛曦：《城市史学与中国古代城市研究》，《史学理论研究》2006 年第 2 期。

6. 余明侠：《左宗棠和徐州近代化煤矿》，《史林》，1987 年第 1 期；《抗日战争时期的徐州煤矿》，《江海学刊》，2005 年第 4 期。

7. 孙海泉：《胡恩燮父子与徐州煤矿的现代化》，《徐州教育学院学报》，1999 年 2 期。

8. 余明侠：《晚清时期（1882—1911）徐州近代工业发展概述》，《学海》2000 年 1 期。

9. 肖爱玲：《徐州城市地理浅论》，陕西师范大学硕士论文。

10. 史念海：《秦汉时代国内都会之分布及其交通之路线》，《文史杂志》第三卷 1，2 期合刊，1944 年 1 月。

11. 姜新：《漫长的序曲——江苏铁路初探》，《徐州师范学院学报》1988 年第 1 期。

12. 彭安玉：《近代江苏市镇化初探》，《江苏社会科学》1993 年第 4 期。

13.《城市史研究》第 1—23 辑。

14. 任云兰：《民国灾荒与战乱期间天津城市的社会救助（1912—1936

年）》,《中国社会经济史》2005 年第 2 期。

　　15．王印焕:《民国时期的人力车夫分析》,《近代史研究》2000 年第 3 期。

　　16．邱国盛:《从人力车看近代上海城市公共交通的演变》,《华东师范大学学报》2004 年 3 期。《北京人力车夫研究》《历史档案》2003 年第 1 期。

后　记

　　本书是在我博士论文的基础上修改而成的。本书虽然耗费了我大量的精力，但我总觉得其离预想的目标相差太远。本书从选题、研究思路到篇章结构的安排、理论主旨的升华，导师刘平教授都提出了很好的设想和思想。由于我资质愚钝，学力有限，未能很好地领会老师的思想和意图。因此，本书在篇章结构、具体内容等方面存在很多缺憾。无论如何，刘平老师的倾心指导与严厉鞭策，对于文章的完成与能力的锻炼都是极为关键的，也是我应该永远铭记在心的。对于刘平老师多年来学习上和生活上给予的关心和帮助，我深表感谢！

　　在博士论文开题时，李文海教授、吕伟俊教授、于化民教授、路遥教授给我提出了许多宝贵的意见，使我受益良多；在博士论文的写作、修改及答辩评阅过程中，郭德宏教授、王国平教授、胡卫清教授、徐畅教授、赵兴胜教授、刘培平教授、刘天路教授等诸位老师给我提出了很多中肯且极为宝贵的建议和指正，使我受益匪浅。我在此对诸位老师的无私帮助表示衷心的感谢！

　　我要特别感谢我的老师杨绪敏教授。多年来，杨老师对本书的写作和出版都极为关心，给予了很多鼓励和支持。徐州师范大学的余明侠教授在资料的搜集和文章的思路与框架等方面给予我很多指导，姜新教授在论文具体章节的撰写上，提出了很多建议，对我帮助极大。在此，我向二位老师表示感谢！

　　感谢同门师妹孙向群、杨颖和师弟李关勇、吴昊翔，他们在博士论文写作和修改过程中给予我很多帮助，对我助益颇多。我还要感谢那些为我调查和查阅资料提供帮助的人们，在这里就不一一提及他们的名字了。

感谢淮北师范大学政法学院对出版本书的支持，也感谢多年来给予我关心和帮助的淮北师范大学的诸位师友。感谢中国社会科学出版社武云老师为本书面世付出的辛勤劳动！

最后，我还要感谢我的妻儿。他们的鼓励和支持，是我不断前进的动力源泉，也是我学业顺利完成的有力保障。

赵良宇

2015 年 8 月 22 日